高中化学新课程课堂教学的创新与实践

蒲生龙 ◎ 著

辽宁教育电子音像出版社

图书在版编目（ＣＩＰ）数据

高中化学新课程课堂教学的创新与实践 / 蒲生龙著
. -- 沈阳：辽宁教育电子音像出版社，2021.10
ISBN 978-7-83007-411-1

Ⅰ．①高… Ⅱ．①蒲… Ⅲ．①中学化学课－课堂教学
－教学研究－高中 Ⅳ．①G633.82

中国版本图书馆CIP数据核字(2021)第211673号

出 版 者：辽宁教育电子音像出版社
　　　　　（地址：沈阳市皇姑区黄河南大街85号）
印 刷 者：辽宁鼎籍数码科技有限公司
发 行 者：辽宁省新世纪教育科技发展有限公司
幅面尺寸：185mm×260mm
印 　 张：14
字 　 数：280千字
出版时间：2022年8月第1版
印刷时间：2022年8月第1次印刷
出 版 人：宋开永　王晓虹
责任编辑：李　磊　姜舒严　王雪岩　姜　巍
印刷监制：孙兆楠
装帧设计：翰文汇

书 　 号：ISBN 978-7-83007-411-1
定 　 价：58.00元

联系电话：024-86310776（发行部）
　　　　　024-86241711-610（编辑部）

如发现印装质量问题，请与印刷厂联系调换。
电 　 话：024-85908193

前　言

　　大自然非常奇妙，人们对自然充满着探索的兴趣，每时每刻都会有无数双眼睛看着大自然的变化，并试图观察与看透其中的奥秘；同样，大自然每天也会有无数个惊人的景象被人们所发现，人们对此充满了欢呼与惊喜。化学是一双非常深邃而美丽的眼睛，让人们能够用它独特的视角来观察与理解世界。

　　与其他学科相似，化学的宗旨是为了更好地服务于人类，窥探这个世界的奥秘。辩证唯物主义告诉我们，不同的物质构成了这个美妙的大自然，同时，物质也在不断地发生变化；物质的发展并非杂乱无章的，它有着本身较为独特的规律。世界的本质是物质，物质是人类生存发展所必须存在的，而化学的不断发展与进步不仅指导人们更好地认识自己，更加促进了社会的发展与进步，为人们的生活提供了重要保障。现阶段，化学在多学科中起着重要的奠基石的作用，在众多领域中发挥着自己的力量，为多领域中问题的解决提供了重要方式，为人民的幸福生活、社会的和谐稳定、资源的可持续发展贡献了重要力量，具有独特的魅力。

　　化学属于自然科学的范畴，其主要研究范围是微小层次，如分子、原子等，旨在揭示物质的本质与其变化规律。化学的主要研究方向是物质，为人类正确地认识世界提供指导，为人类改造世界提供正确的技术指导。化学这一学科不是在近代出现发展的，它具有悠久的历史，并针对不同时期的社会发展提供相应的技术手段，是判断一个社会发展程度的一项重要标志。

　　由于时间的仓促与作者能力的局限性，本书难免存在一些不足之处，欢迎各位读者提出宝贵意见进行指导斧正。

目 录

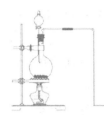

第一章 魅力化学——化学价值体现

第一节 绿色化学思想

一、绿色化学思想概述

绿色思想作为化学教学中的重要指导思想，在教学过程中，需要将化学中的人文需求与学科自身特点进行充分有效结合，教师通过绿色教学思想培养学生的绿色化学意识。而在高中学生的学习阶段，绿色化学作为一个较为完整的理论体系，实现了将科学教学模式、指导思想以及技术的完美融合。

高中阶段的素质教育教学模式与传统教学模式不同，在学生对于基本知识准确掌握的同时更要求学生对于化学的基本性质、发展规律、变化原理有一定的了解，从化学对人们生活带来的影响来充分分析，为化学存在的危险进行有效的规避，最大限度地发挥化学学科的积极作用；在学生的实践操作中，应将化学理论与实践有机结合，做到从实践中来到实践中去，从实践中加强学生的可持续发展思想，将环境保护与化学学习进行有机结合，将绿色化学思想根植于学生的内心深处，使之成为学生在未来生活、工作中的"潜意识"，使学生能够以自身实践行动践行环境保护与绿色化学的理念。将教学工作与实践活动相结合，对教师的工作提出新的要求，教师要在教学工作中对学生进行着重培养，使其养成良好的分析判断能力，将可持续发展的理念落实到实际的工作学习中。

二、以《课程标准》为依据的绿色化学教育思想

《课程标准》中指出，学生对待科学要有一种尊重、严谨的态度，在日常学习与生活中要注重科学观念的养成，并以此作为学生认识自然、社会、技术的指导思想，培养学生的科学思想与理论。《课程标准》中对教师的工作提出了一定要求，要求教师在教学工作

中帮助学生充分提升探索能力，使他们能够充分掌握未来工作学习所必需的专业知识与学习方法，通过社会实践，培养学生的社会责任感，同时提高学生的动手能力、实践能力。可持续发展理念在现如今的教学工作中逐渐开展，化学教育也是如此。绿色化学教育是其在发展道路中的必经之路，教育者应当通过对现阶段绿色化学所使用的技术进行优化选择，对与绿色化学理念不相符的技术进行改造与排除。

《课程标准》中提出了"绿色化学"的概念，并对其进行了归纳概括，这从一些高频绿色化学思想词语的出现中便可得知，例如，书中出现10次的"可持续发展"一词、出现9次的"综合利用"一词、出现6次的"环境保护"一词、出现5次的"绿色化学"一词、出现4次的"防治"一词、出现两次的"再生利用"与"利用效率"一词，从上述词语中均可体现绿色化学的重要性，除上述词语之外，"环保""健康""循环利用"等词也在书中不断出现。

在《课程标准》中，不同的课程模块对学生的学习目标有着不同的要求，例如，要求学生养成良好物品使用习惯、提高学生环保意识与生活品质的"化学与生活"模块；要求学生正确认识社会发展与当今科技技术水平发展程度之间的关系，对学生的社会责任感进行培养，提高学生的创新精神的"化学与技术"模块；要求学生加强自身安全意识、树立环境保护、绿色化学理念的"实验化学"模块。上述模块作为学生大纲中的新增内容，随着绿色化学理念的形成，逐渐展开对学生进行相关意识领域的培养，这同时也意味着学生的化学教学正式进入到一个全新的阶段。

三、新教材中关于绿色化学思想的认识

高中教学作为化学教育的重要阵地之一，在绿色化学教学中扮演着重要角色。学生使用教材的内容较之前发生了极为重要的变化，更能够体现绿色化学思想，有利于教师团队在日常教学工作中对教材进行合理利用。

以高中化学教材为例，人教版对于"绿色化学"的介绍主要体现在必修一、必修二中，如下所示：

1. 必修 1

第一章"从实验学化学"——以实验为手段，对环境问题、材料问题与绿色化学问题进行探讨。

第二章"化学物质及其变化"——从日常生活、农业、科学技术等方面对氧化还原反应进行探讨。

第三章"金属及其化合物"——金属是不可再生资源，既要最大限度地提高它的利用率、挖掘它的潜力、开拓它的新功能，同时又要加强废旧金属回收再利用。

第四章"非金属及其化合物"——通过实验了解氯、氮、硫、硅等非金属及其重要化合物的主要性质，认识其在生产中的应用和对生态环境的影响。

2. 必修2

第二章"化学反应与能量"——认识人类在解决能源危机、提高能源利用率和开发新能源等化学科学与技术方面所做出的特殊贡献,引导学生关心能源、环境等问题。

第三章"有机化合物"——了解生态环境的破坏与保护、燃烧的污染与治理、白色污染与综合治理、室内化学物质的污染与健康、煤的综合利用和开发、温室效应、人体营养与化学等内容。

第四章"化学与自然资源的开发利用"——了解高分子材料在生活等领域中的应用及可能带来的环境问题,认识含硫、氮氧化物形成酸雨及其化学控制的原理,分析水华、赤潮等水体污染的原因。

教学中应立足这些显而易见的绿色化学内容,进行绿色化学教学设计,在课堂中开展绿色化学教育。

四、高中绿色化学思想的建构途径

1. 对传统教学思想进行转变

在以往的传统教学模式中,教师的工作重点是向学生讲述相应的化学原理,使学生能够化学基本用途。现阶段,人们对于学生学习中的重点内容进行了重新规划,更看重学生综合素质的发展,因此,教学工作中教学理念的转变变得尤为重要,为了使绿色化学思想深入到学生课堂中,必须进行教学理念的转化,这就对教师的教学工作提出了新的要求,教师在教学工作中需要进行教学任务的权衡,在保证学生牢固掌握基础知识之外,将相关知识与实际生活进行有效结合,注重知识的实际运用,提高学生的综合素质,为学生将来的工作生活打下良好的基础,从而更好地服务社会。总而言之,绿色化学理念的发展与应用,不仅顺应学生综合发展的要求,更为促进社会更好发展打下良好基础。

教师在将理论与实践相结合的过程中,可以从教学任务中的小事入手,如,在教导学生进行化学相关实验时,应注重对在实验过程中产生的残留物质进行收集,并在实验结束后进行相应的处理;如收集到的实验液体时,可以利用化学物质本身的特性;如对酸碱反应进行处理,降低相关残留物对环境所产生的不利影响。

2. 对教材中所隐含的绿色化学思想进行发掘

在学生使用教材进行学习的过程中,除去显而易见的"绿色化学"知识外,还有许多不易察觉的相关理念与思想隐藏其中。例如,在"有机化合物"的讲解过程中,可以以"塑料"作为典型,教师在讲解过程中可以以其"回收利用"为题,发挥学生主观能动性,对其利用途径进行论述,使学生们认识到废旧物品循环利用的重要性;在"化学与能量"相关内容的讲解过程中,可以就"燃料利用效率"这一点作为研究对象,使学生研究"清洁能源的利用效率""电池"等实验项目,并将结果与生活相联系,使学生通过自我思考,提出自己的想法和意见。通过上述教学模式的应用,能够使学生认识到绿色化学存在于生活的方方面面，与每个人的生活息息相关，进而使学生们了解到环境保护与资源的合理利用对可持续发展的重要性。

除此之外，能够在学生学习中应用教学素材进行"绿色化学"知识扩充的场景比比皆是：如在"氮和硫的氧化物"的学习中，教师可以组织学生对"大气污染"这一问题进行探讨，就"如何减少大气污染"这一讨论题目，从不同角度出发，引导学生提出不同的问题解决方法并研究其原理；再如对于"废水处理""土壤污染"等问题，可以集思广益对解决方法及其应用意义进行讨论；再如对于全球变暖问题，教师可以适时提出"二氧化碳可以进行压缩，从而成为超临界流体，能够作为一种良好的绿色化学溶剂进行使用"。教师在教学过程中，对于教材中所隐含的绿色化学思想，能够扩展学生知识面，深化学生的"绿色化学"思想理念，提高学生的"绿色化学"思维能力。

3.将绿色化学思想引进到化学实验中来

实验作为化学这一学科的基础，与化学有着最为密切的联系。将"绿色化学"理念与实验相连接，能够加深该思想的记忆。为了更好地将绿色化学理念与实验进行有效结合，应做到以下几点：

（1）对学生的绿色化学理念进行培养

化学这一学科是以实验为基础的，而在化学这一学科的学习过程中，化学实验是其重要组成部分，将绿色化学理念融入学生的化学实验中是教学工作中的重中之重。在教学工作中，学科教育与现阶段学科的发展并非完全同步，化学学科在教育工作中存在着一定的滞后性，在学生的学习中，教师对于培养学生绿色化学意识起着至关重要的作用。因此，教师在实际教学工作中要有意识地对学生进行"绿色化学"意识的培养，在进行相关化学实验中教师应当以身作则，对学生行为进行正确的示范与积极的引导，例如，使用"回收""拒用""减量""再生""循环"等原则解决实验过程中所产生的污染问题，使学生在学习过程中能够受"绿色化学理念"潜移默化的影响，增强学生日常生活中的环保意识。关于"试验中有毒、有害物质的使用与处理"的相关教学，上课伊始教师应对学生的使用与相关操作步骤进行严格规定，教导学生正确使用相关实验器材，并正确放置实验物品；在实验结束后，对实验室进行通风处理，保持实验室内空气清新，避免学生不小心接触到残留的有毒气体，造成身体损害；对实验中所产生的废水、废气、废物按照相关规定进行正常处理，并对实验器材进行彻底清洗。

（2）将绿色化学原理与实验相结合，对实验过程进行改进

①将化学实验方法进行多样化处理

实验方法的多样性是指在化学实验的操作过程中，对于同一个化学实验可以使用多种不同的方法及其相关药物进行操作，在保障实验正确性的前提下优先选择符合绿色化学理念的方法进行实验操作。

②教师演示实验设计

在进行化学实验过程中，一些化学实验所使用的实验设备较为复杂，具有一定的操作

难度与危险性，一旦操作不当容易对环境产生不利影响。这种实验在学生进行操作之前，教师应该为学生进行实验示范，如"气体的爆炸实验""金属物质在相关气体中的燃烧实验""硫酸反应实验"等危险的实验操作时；在实验进行之前，教师应对学生操作相关注意事项的叮嘱；在实验过程中，要充分体现"环保意识""安全意识""经济意识"。上述类型的实验由教师进行演示具有更好的安全性与有效性，能够节省更多的实验时间、降低实验过程中药品、产物等为环境的污染，能够更好地指导学生学习。

③对学生随堂实验进行设计

教师在对学生进行化学课程的讲述时，可以在课程中添加随堂实验。学生随堂实验的难度一般偏低，设计内容应当具有足够的安全性与趣味性，目的是增加学生的学习兴趣与对未知事物的探索。在教师的指导下进行随堂实验，学生的动手能力能够得到充分调动，学生的学习兴趣更加浓厚，从而运用所学知识获取新知识。如在"一定浓度溶液的配置""酸碱中和反应""硫酸脱水吸水实验"实验中，教师均可以进行学生随堂实验设计。通过学生随堂实验，一方面能够使学生掌握新知识的学习方法，另一方面该方法能够从多方面对学生综合能力进行培养，通过亲身经历的方式使学生感受到绿色、环保与安全的重要性。

④学生分组实验

在相关课程的学习完成后，可以对学生进行分组实验，从而做到对新知识的巩固记忆，加深学生对于新知识的理解。在进行学生分组实验时，按照《课程标准》的规范与要求，学生应做到以下几点：

在实验开始之前，学生应对实验中所应用到的相关知识进行充分掌握，发挥自己的主观能动性进行思考，对实验过程中相关药品的使用、反应物的排放问题进行充分考虑，将"绿色化学理念"应用到分组实验中。

在实验进行过程中，要对"绿色化学理念"进行充分体现，首先，在试剂的使用过程中要做到合理调配试剂使用量，从而避免参与反应试剂过多所带来的不必要麻烦与试剂浪费情况的发生，在实验过程中可以将试纸进行均分，将试剂进行少量多次取用；其次，在实验中实验器材的选择上，应尽可能地选择操作简单、适用方便、性价比较高的器材，在条件允许的情况下可以做到废物利用；最后，对于在实验过程中产生有毒气体的实验，在实验过程中必须有气体的吸收步骤，并对有毒气体进行处理，将其转化为无毒气体之后进行排放，对于实验过程中所产生的废物，在实验过程中进行统一处理，避免因错误处理而对环境造成污染。

在实验结束后，学生对实验结果进行报告，其中应对绿色化实验问题进行进一步的探讨，对实验中所存在的问题进行归纳总结，以便于进行实验的改进。

（3）对药品进行绿色化利用

在实验过程中，在保障实验结果准确性的前提下，应尽可能少地使用实验药品，使实验中相关试剂的使用达到最低标准。对于相同化学实验而言，药物的使用越少，实验过程中所造成的污染就越小。因此，"微型化学实验"与"微量化学实验"的实行能够最大限度减少实验中药品的消耗。

微量化学实验的含义是指在实验过程中使用较小容量的相关设备与仪器，在使用相同的实验方法与操作步骤的基础上，能够有效减少实验过程中药物的使用。在人教版必修1的教材中，关于溶液浓度的配比从原先的 $1mol \cdot L^{-1}$ 改为现在的 $0.25mol \cdot L^{-1}$；在使用浓硫酸进行脱水实验中，蔗糖的用量变成原来的二分之一。上述实验虽然药品的剂量减少，但对于小试管实验而言，其结果并未受到相应影响。

微型化学实验是在微型仪器中进行的化学实验。在实验过程中，微型化学实验减少了实验过程中相关试剂的使用量，避免了浪费与环境污染等情况的发生，在实验过程中，更能体现绿色化学的理念，能够增强学生对于环境保护的相关意识。通过对常规实验与微型化学实验进行对比，结果发现，微型化学实验中所需要的药品剂量更少、具有更高的安全性，更适合学生进行操作。

[案例] 制取氯气并对其进行检验

制取氯气：将少量的高锰酸钾粉末加入到微型烧瓶中，并使用分液漏斗将浓硫酸加入到烧瓶中，观察烧瓶中的反应。将烧瓶中的氯气使用集气瓶进行收集，使用方法为排饱和食盐水法，这时可观察到集气瓶中出现黄绿色气体。

检验氯气性质：将氯气与氢气按照 1 : 1 的比例充入到微型透明盒中，在距盒子10cm 处将镁条点燃，可观察到有爆炸发生，盒子被弹起。

优点：在实验过程中减少了药品的使用量与有毒气体的产生，降低了操作过程中的危险性，在保障环境清洁的同时加强了学生操作的安全性。

将微型化学实验与常规化学实验进行比较，有利于学生环保意识的养成，使绿色化学的观念得到有效增强。

4. 将绿色化学理念渗透在元素及其化合物教学中

[案例] 以酸雨教学为例

二氧化硫是导致酸雨产生的主要因素，而化学燃料的燃烧则是二氧化硫产生的重要原因。高中阶段对于学生了解酸雨问题的情况没有过多的要求，仅在教材中介绍了减少二氧化硫排放的相关措施：①在生产生活中对于含硫量较低的燃料进行优先使用，如天然气、低硫煤等。对含硫量较高的燃料如石油、煤等在使用前进行脱硫或在使用后对其所产生的废弃物进行处理后再排放。在此内容的学习中，学生学习兴趣较高，教师可以引导学生进行相关资料的收集，并进行相关数据的处理，对于学生收集汇总的信息进行报告，从而增强学生学习的积极性。对学生进行相关引导，从不同方面进行总结、对比，协助学生对物质转换网络图进行构建。

在课程结束后，对当堂课学习内容进行归纳反思。一方面，教师要在课堂中把握好节奏，张弛有度，与学生之间能够进行良好的互动，能够充分发挥学生的能动性，着重培养学生对于信息的汇总与处理能力，对学生问题分析、语言表达能力进行引导。另一方面，在对本节课进行学习的过程倘若仍有一定的不足之处，应当是本堂课对于酸雨问题的预防及其治理方面的要求较浅，在实际教学工作中，教师可以从多方面对如何减少污染源这一问题进行充分讲解，使学生绿色化学理念得到深化。在时间或硬件条件允许的情况下，教师可以从网上查询酸雨的相关情况，在网络教学环境下与学生共同完成当堂课的学习，深化教学目标，提高教学效率，培养学生绿色化学思想。

5. 在命题中对绿色化学思想的比重进行调整

经相关研究发现，绿色化学思想在近些年高等学生的考试中有着较为广泛的体现，因其所包含的内容较为复杂，所涉及的知识面较多，在学生考试中所出现的形式较为多变，通过进行知识的汇总，发现其主要考查方向为"三废"处理、新型能源、有机化学、STS。

这就要求教师在对学生进行知识讲解的同时，应重点将绿色化学相关知识的学习比重进行调整，在常规测验中增加占比，提高学生对于相关知识的重视，从生活的方方面面入手，将绿色化学理念根植于内心深处。在学生相关课程作业完成后，教师可以引导学生对大自然进行探讨，令其感受到绿色化学与日常生活的联系，对其所具有的重要意义进行深入了解。

作为现阶段化学教育的一个新的命题，绿色化学教育正在逐渐发展。在教学工作中，教师应将绿色化学理念与日常教学工作进行有机结合并渗透于课堂中，对绿色化学理念进行学习，从自身出发，提高环境保护精神，为社会的可持续发展贡献出自己的一份力量。

第二节 社会视域下的化学

一、化学的价值

化学属于自然科学的范畴，其主要研究范围是微小层次，如分子、原子等，旨在揭示物质的本质与其变化规律。化学的主要研究方向是物质，为人类正确的认识世界提供指导，为人类能动地改造世界提供正确的方向。化学这一学科不是在近代出现发展的，它具有悠久的历史，并针对不同时期的社会发展提供相应的技术手段，是判断社会发展程度的一项重要标志。

与其他学科相似，造福人类、更好地为人类服务是化学发展的直接目的。随着化学科学的不断发展与进行，化学为社会的发展与文明进步提供了重要支持，现如今，化学存在于人们生活的方方面面之中，人们的衣、食、住、行均离不开化学的身影。化学能够帮助人们对新材料进行研发、对新能源进行开采，有利于人与自然的和谐共处，达到可持续性发展的目的，化学能够帮助人们治愈疾病，保持身体的健康，提高生活质量。化学作为一门具有较强综合性的学科，为人类服务，是社会发展与人类文明进步的关键。在生产生活中，化学的使用能够帮助农民增加粮食的产量，从而避免饥荒的发生；在服装行业，化学对材料的种类进行了丰富，使人们的衣着出现多样化、衣物颜色变得丰富多彩，能够对人的不同个性进行体现；在疾病治疗方面，随着化学的进步，药物的种类得到了不断的发展，曾经在人类中大范围爆发的传染病得到了有效控制；在日常生活中，各种化学合成品的出现丰富了人们的生活，使生活质量得到了极大提高。现阶段，如果化学在人们生活生产离开了化学，那么将会造成严重影响，人们生产生活得不到保障，直接威胁人们的生存。

化学是把双刃剑，在给人们带来生活便利的同时，也对环境造成负面影响。随着现代化学的快速发展，打破了原本的生态平衡，严重威胁人们的身体健康。在化学生产的过程中，大量的废气、废水、废物等排放进水、土壤、大气中，给生态环境带来了严重负面影响，有毒物质在大气、水、土壤中进行堆积，影响人们的身体健康，并成为当今世界所共同面临的严重环境问题。

目前，化学发展所带来的环境问题已经对人类自身的生存与发展造成威胁，为工业文明的发展遮上了一层灰色的面纱，对化学及其相关产业的发展提出了新的要求。怎样对化学这把双刃剑进行有效控制，最大限度地发挥其积极作用，最大限度地降低其负面影响，这是个发人深省的问题。当然，现阶段环境危机的形成原因不仅仅由于化学工业的发展所致，人类自身生产活动所造成的森林砍伐、土地荒漠化、水土流失等也是其重要原因。因此，绿色化学这一理念一经提出，便得到了广泛认可，人们利用这一理念主观能动活动提供指导，从而达到保护环境的目的。

（一）促进社会的发展

1. 化学的形成与发展

化学的形成和发展有着源远流长的历史。化学不是在近代凭空出现的，它在人类社会的早期与自然斗争中已经存在，并在当时社会环境中得到了充分运用。人们通过化学进行生产工具的制作，从而更好地对大自然进行认识、了解以及改造，其中，人类历史上所能追溯到的最早化学实践是能够使用火。

火作为自然界中常见的化学现象之一，它是由于空气中的氧气与可燃物质进行充分接触所发生的化学反应，火的本质是进行能量的转化。在火燃烧过程中，化学能逐渐转换为热能与光能。在远古时期，火的使用标志着人类社会的发展进入了一个新的阶段，同时也是远古时期化学的开端。时间追溯到公元前 1500 年，这时候的人类已经学会利用火制造陶器、烧制金属，能够从粮食中对酒进行提取，通过远古染色技术给丝麻上色。但这个时期，人们对于化学知识并不了解，完整的化学体系尚未出现。

时间追溯到公元前 1650 年，在之前的 150 年内，社会上炼金术、炼丹术盛行，而随着时代的发展，于公元前 1650 年走向衰败，但其在实践中所蕴含的化学理论，在冶金与医药方面得到了充分运用，从而为化学成为一门真正独立的学科提供了丰富与实践基础。

近代化学的提出与发展最早是从 19 世纪下半叶开始的。自此之后，不断有相关理论与研究的出现，为近代化学的发展添砖加瓦，例如，玻意耳在 1661 便提出元素这一概念；拉瓦锡通过燃烧实验建立了氧化理论；道尔顿原子学说的提出；阿伏伽德罗的分子学说的创立。最终，第一次国际化学家大会在 1980 年召开，为近代化学理论的形成奠定了基础，从此近代化学的发展走向了轨道。

在原子 - 分子论的基础上，近代化学进入到快速发展时期，由于科学理论基础的奠定，电化学、光谱学不断诞生，人们在研究中不断发现新的元素，从而促进了元素周期表的形成，一定程度上促进了近代物理学与化学的形成与发展。时间追溯到 20 世纪，在这个快速发展的 100 年里，化学与其相关产业取得了优异成绩，为社会的发展与人类文明的进步做出重要贡献，并对未来社会发展产生深远影响。

（1）化学的萌芽时期

①是古代化学的开端——火的利用

根据现有资料记载，人类最早使用火进行生产生活的记录可追溯到 150 万年之前。人们最初对于火种的获取方式较为原始，通常是在雷电击中树木或树枝摩擦引燃可燃物后，从中获取火种。人们在获取火种后对其进行保管，使其保持燃烧的状态，但这种方式对于火种的使用存在较大的局限性。随着时间的不断发展，人们开始使用钻木取火的方式进行火种的获取。钻木取火方式的利用，使人们有足够的火种可以用来生产生活，例如，用来驱赶猛兽、在寒冷的时候进行取暖或对食物进行加热等。随着火在远古时期的广泛应用，标志着人类社会发展逐渐进入到一个新的阶段，使人们从茹毛饮血的社会环境中脱离出来，是人类社会的一次伟大进步，同时也是远古人类对于化学研究的开端，是人类早期能源利用的开端。

在社会文明高度发展的今天，火的使用于我们而言仅仅是一种最基本的实践方式，但在远古社会却有着跨时代的意义。火的应用使人类饮食习惯得到了改变，人们逐渐有条件食用熟食，减轻了胃肠道的负担，促进了人体对于营养物质的吸收，有利于人类生命的延长、大脑的进化；远古时期，人类居住的处所通常比较潮湿，火的使用改善了居住环境，提高了生存率；在掌握了人工取火方法后，远古时期人类的狩猎范围得到了扩大，火可以用来驱赶猛兽，从而保证自身的安全；随着火的不断运用，人们的生产工具得到了改善，在实践中人们发现，通过火对石料进行燃烧之后，石料会裂开，人们通过对裂开的石料进行加工，便会得到坚硬的石器，这便是新石器时代的标志。人们通过用火将黏土进行烧制，从而形成了陶器。利用火对矿石进行提炼，得到了金属，并由此对社会的发展产生了深远影响。

②原始化学的航程的开启——炼金术与炼丹术的发展

时间进入 1500 年，在这一时期，炼丹术、炼金术在社会上逐渐盛行开来。随着人们对于长生不老药的追求，人们的实践热情空前高涨，虽然最终结果均以失败告终，但人们在化学实践的过程中发现了能量转换之间的关系，为后期化学的发展积累了宝贵的经验。

进入 1650 年，炼金术与炼丹术逐渐走向衰败，但其在实践中所蕴含的化学理论在冶金与医药方面得到了充分运用，从而为化学成为一门真正独立的学科提供了丰富与实践基础。

（2）近代化学的孕育和建立时期

近代化学的提出与建立可追溯到 17 世纪下半叶，这个过程可分为两个时期，分别是前期（17 世纪下半叶—20 世纪初期）的孕育、启蒙时期与后期（19 世纪中期到 20 世纪初）的丰富、发展时期。

（3）现代化学时期

在 1979 年西博格教授（诺贝尔化学奖获得者，美国著名化学家）在美国化学会成立 100 周年的会议中曾说道：人类进步与发展的关键是化学。在当今社会中，化学已经渗透到人们生存与发展的方方面面，从最基本的衣、食、住、行到国防、能源、资源利用、材料、医药、信息、环境保护等方面都离不开化学的参与，化学是一门综合性的学科，是一种实用性的科学，为人类社会的进步与文明的发展息息相关。

化学的存在能够改变人类的生活方式，促进生活质量的不断提高。从科学角度作为独立学科登上历史舞台之后，相关从业者通过对化学进行研究，从中不断发现一些不属于自然界的新物质，极大地丰富了人们的生活。截止到 21 世纪初期，已有超过 3000 万种的新物质在人类的研究与实践中被发现或合成，为人类的物质生活提供了便利。例如，在生产生活中，化学的存在使农药、化肥等在农业生产中得到有效运用，能够帮助农民增加粮食的产量，从而避免饥荒的发生；在疾病治疗方面，随着化学在医疗行业中的不断应用，药物的种类得到了不断的发展，有效抑制了病毒与细菌的传播，为人体的健康提供了有力保障；在日常生活中，各种化学合成品的出现丰富了人们的生活，各种新能源、新材料的不断出现使人们的生活质量得到了极大提高。现阶段，对化学进行有效应用，能够有效促进社会发展，做到对环境的保护性开发与利用，从各方面完善人们的生活。

化学并不是独立存在的，它作为一门基础科学，与天文学、物理学、自然地理学、生物学之间存在着密切联系，并在其发展的过程中不断丰富，使众多与之有着交叉关系的学科出现，如宇宙化学、大气化学、生物化学、海洋化学、地球化学等，促进了地质、生物、海洋、航天等学科的发展与相关技术的进步。物理学及其相关研究在 20 世纪初得到了飞速发展，催化剂、溶液理论以及物质结构等领域不断丰富与完善。而量子理论的提出与建立，加强了化学与物理学之间的联系，从而为本领域中的众多难题逐渐找到了问题解决的思路，对相关行业的发展与完善起着一定的促进作用，使相关理论体系得到了发展与完善。随着地质学、生物学等学科同化学之间联系的不断加深，为之前许多无法解决的问题提供了问题解决的思路与方法，使各学科的相关理论体系得到了完善，对各学科之间的发展起到了良好的促进作用。例如，分子生物学的建立离不开生物学研究的发展，而核酸化学是促进生物学得到进一步发展的关键。化学的发展不仅关系到当今社会的发展，更是未来社会发展的前提。

2. 化学对人类社会发展的促进作用

（1）化学带来社会的进步

化学从古至今逐渐经过了古代社会化学的早期积累、化学在近代作为独立学科进行快速发展时期、现代化学的不断丰富与完善，从始至终，化学的发展不断推动着社会文明的进步，与社会的发展紧密相连。作为科学技术发展的基础与物质文明进步的动力，化学的发展有着至关重要的作用。在当今社会，与化学相关的产业与技术的应用早已遍布人们生活的各个角落，化学与其他学科进行有效结合，逐渐形成一股强大的力量，为人类认识自然、改造自然提供了强大的技术支持。目前，化学不仅仅存在人们的衣、食、住、行之中，化学的存在也为国家众多领域的发展提供了有力支持，有利于科学技术的发展，发展国民经济。从人类生存发展的自然环境到社会文明的不断进步，化学的存在与发展不断促进着社会的发展与变革。

①化学与人类的衣、食、住、行

衣服作为生活的必需品，是人类生存与发展所必需的基础用品。在技术手段不发达的过去，用于人类衣服制作的面料主要为棉、麻、丝、毛等，而面料的组成以各种自然界所存在的高分子材料为主。如羊毛纤维、棉纤维等这些天然材料。现如今，人类衣服的材料较之前已经发生了翻天覆地的变化，随着化学的不断发展，服装行业中衣服制造材料逐渐由传统的棉、麻、丝、毛等向合成类材料转变，尼龙、涤纶等合成材料逐渐成为服装生产中的宠儿。尼龙、涤纶等合成材料都是从石油等原材料中提取而来，利用化学知识进行人工合成而来，"太空棉"在人类的生活中被不断使用，有着较低的重量与较好的保暖能力，深受人们的喜爱，对于传统的棉麻材料，在进行服装生产之前通过化学手段进行处理，穿着更加舒适，可以呈现出不同的色彩，体现人的独特个性。

"食"是人类生存发展的基础，在人类的生活中扮演着重要的角色，"粮袋子""菜篮子"的不断丰富与发展是人类美好生活的前提条件。农药与化肥的使用增加了粮食的产量，解决了人们的温饱问题，使人们吃得饱，而各种调味剂、添加剂的使用丰富了口味，使人们吃得好。农药、化肥、食品添加剂、调味剂的来源大多是经过化学加工而来，一般在自然界无法直接获取。

人类生活质量判断的重要指标是居住环境。早期，人类居住在洞穴中，随着技术的发展与建筑材料的不断丰富发展，水泥、油漆、钢筋、玻璃等合成材料逐渐得到了应用，并逐渐改善人们的居住环境。

随着时代的不断变迁，便捷的交通一直是人们的重要需求之一，尤其是在当今社会中，出行便捷的重要性变得尤为突出，代步工具与各种动力能源不断发展，作为延伸产品，汽油、润滑剂、防冻剂等产品种类不断得到发展，这些都是通过化学提取而来。

②化学与材料

材料的用途较多，但其目的都是用于零件、器械、物品或对其他产品进行生产。材料具有多样性，不同材料的特点与性质均有所不同，化学研究能够针对材料的不同特点以及性质对材料进行合理利用，从而得到一件件不同用途的产品。化学是材料研制的基础，更是对其性质进行研究从而发挥其特点的重要前提。材料的特点以及其性质是由材料的内部构造所决定，而化学研究的主要目的之一便是了解物质的结构与组成。化学作为材料科学发展的重要基础，为材料科学的发展提供了重要支持。

随着科学技术的迅速发展，国际竞争也变得越发激烈，海洋、生物、能源、空间、信息等领域是各国竞争的重点。材料的发展为高新技术的产生与发展提供了重要物质基础，新型材料的出现带动了计算机的发展，为信息技术的发展创造了有利条件。纳米材料作为当今社会材料研究的热点，主要是由纳米级的晶体进行聚集而成，在高科技技术领域如航天领域的应用有着重要意义。

③化学与能源

我们将能够为生产生活提供能量的自然资源称为能源。在当今社会的生产生活中，能源占据着极为重要的地位。现阶段，人类所使用的能源以石油、煤、天然气为主，这些化石燃料都属于自然界的不可再生资源，它们在自然界中的储备量较为有限，其形成过程需要经过较长时间，而随着人类数量的增长与生产生活方式的不断变化，对其开采量不断增加，资源枯竭危机不断加深。因此，在提高保护环境、节约能源的同时，各国正在积极寻找与开发进行能源对这些不可再生资料进行替代。电池作为新型能源的一种，电池的类型较多，太阳能电池、合金电池都是其重要组成部分。化学的应用有利于能源的节约，通过对燃油进行乳化等措施能够有效提高能源的利用率。

④化学与信息

信息技术的产生、发展与化学存在着不可分割的联系。信息通过载体或者介质进行数据的储存或者传输，介质与载体的性质及其特点对信息技术的发展起着重要作用，影响着数据的传输与存储。利用化学技术进行物质的合成能够制造出符合信息传输与储存的合成材料。合成材料的种类众多，其组成结构各不相同，能够满足不同行业及其用途。例如，通过对超导体进行合成，可以在雷达中进行运用，从而使其灵敏度得到提高，增加作用效果；通过对光导纤维进行合成，能够使信息传输上升到一个新的高度；在大规模集成电路中半导体作为基本零件进行使用，在信息的显示、储存、加工等方面发挥着重要作用。

⑤化学与环境

化学是把双刃剑，在为人们的生活提供便利的同时不可避免地对环境造成了污染。化学的使用虽然导致了环境的污染，但在环境的污染治理方面依然离不开化学。要想从根本上对化学污染这一难题进行解决，就要在化学的应用中践行绿色化学理论。例如，在冰箱使用的早期，氟利昂作为制冷剂，在冰箱使用过程中得到了广泛的应用，但随着相关研究的进行，研究人员发现氟利昂的使用会对臭氧层造成破坏，造成臭氧层空洞，进而，科学家们开始进行无氟冰箱的研发，在追寻新型制冷剂的过程中，人们希望研发出性价比较高、不会对人与环境造成负面影响的制冷剂，这个过程中离不开化学的参与。

（2）化学为人类创造了一个新的"自然界"

进入到 20 世纪以来，科学技术的发展进入到黄金时期，同时，化学也迎来了快速发展的 100 年，在这一时期，化学取得了无比辉煌的成绩，极大地促进了人类社会的发展与进步，开创了一个新的化学世界。美国《化学文摘》（*Chemical Abstracts*）在 1900 年的报道中指出，已有 55 万种化合物通过化学手段从自然界物种中分离或通过人工合成而来，通过半个世纪的发展，到 1945 年，已有 110 万种化合物通过化学手段提取而来，在 1970 年，这个数字增长到 236.7 万种，在之后的时间里，新的化合物增长速度不断增加，并保持着 10 年翻一倍的速度进行增长，在进入 21 世纪以前，这个数字已经达到了 2340 万种。在 20 世纪，为满足人类的生存与发展所需，已有 2285 万种通过化学手段合成而来，但在 20 世纪之前，人类对于化合物的认识数量仅为 55 万种。通过进行数字的对比，化学在进入 20 世纪以来的发展可以用"空前辉煌"来形容。

3. 化学是 21 世纪的一门中心学科

（1）化学影响着其他行业的发展

随着时代的不断发展，人们对于化学研究的深度也在不断加深，一些化学反应的规律逐渐被人类发现、掌握，人类逐渐在认识化学的基础上，对其内在的本质及其变化进行揭示，这个过程为农业、能源、工业、环境保护等学科的发展提供了客观条件，对其他学科的发展起到了良好的带动作用。例如，以化学等为基础的学科与材料科学进行交叉研究，对各种性能的材料进行研究，从而得到适合各行业发展所需要的合成材料；化学与生物学进行联合研究，对生命的本质及其奥妙进行探讨。

（2）化学是一门中心科学

化学有着承上启下的作用。对研究对象的相关研究层次进行划分，按照研究的难度能够分为上、中、下游三个层次，其中上游包括物理学与数学，中游是指化学，下游指生命、环境、材料等方面。对于上游的研究相对而言较为简单，但具有一定的深度，下游的研究具有一定的困难度，过程较为复杂，在对下游进行研究的过程中，除了对本身知识与方法的运用之外，通常需要寻求上游的帮助。化学研究作为中游的存在，处在研究的中心位置，是连接其他两层的必经之路，有着不可替代的作用。与其他学科不同，化学这一学科出现消亡的可能性极小。化学的服务对象是人类，其存在目的是解决人的生活需要，指导人类进行更好地生存。现阶段，化学出现在我们生活的方方面面，人类的衣、食、住、行都离不开化学这一学科的参与。胡亚东教授作为我国高分子化学家，他曾经说过，我们现在的生活与化学的发现程度密切相关，各种化学产品充斥着我们生命的各个方面。作为世界的朝阳产业，生命科学、空间科学、信息科学等被赋予了重要使命，而化学与这些蓬勃发展的朝阳产业有着极为密切的联系并产生了一些在当今社会发展中极为重要的交叉学科，如量子化学、生物化学等。

在 21 世纪的现在，化学与其他学科之间的交融趋势越来越明显。在众多生命研究、材料研究的团队里，化学从业人员是不可缺少的存在，在相关研究工作中起着极为重要的作用，对交叉领域中众多疑难问题的解决提供了思路引导与技术支持，为问题的解决贡献着自己的力量，尤其是在现阶段基因工程以及大脑功能的研究方面言尤为重要。化学的不断进步，对于其他学科的发展有着一定的促进作用，反之，化学技术的发展也可以以其他学科的进步来带动。从不同层面进行分析，一方面，科学家对于能量转移与电子转移的过程研究已经有着重要的进步，另一方面，科学家对于电子的运动与分子间的作用力的研究已经进入到正轨。随着技术的发展，化学家们对于不同过程都能够进行相关研究，对慢过程进行描述，对超快过程进行跟踪等，这些研究的进行，能够在一定程度上帮助人们对于物质的内在变化规律进行揭示。化学在发展过程中不断从其他学科中进行理论与方法的借鉴，从而促进自身体系的发展完善。

（二）改善人民的生活

1. 化学的实用性和创造性

人类生活、生产的方方面面都离不开化学的参与。

我们在吃完食物后，对于未吃完的食物通常使用密封袋进行密封后放到冰箱内冷藏或冷冻，从而保持食物的新鲜程度。在粮食、蔬菜、水果的种植过程中，通过使用农药对病虫害进行消灭，使用化肥令其可以更好地进行生长。在动物的养殖过程中，添加维生素用于疾病的预防，通过药物对患病的动物进行治疗。牛奶作为现代人早餐的常见饮品，在奶牛产下牛奶后，便会有相关人员使用化学手段对其进行安全性检测，为人类食品的安全性提供了重要保障。人类目前便捷的交通离不开交通工具的普及，而飞机、汽车、火车的制造离不开化学技术的参与。我们每日所阅读的报纸、所使用的办公用具、生活用品、化妆品都与化学有着密切联系，离开化学相关物品，人类很难在当今社会生存。

2. 化学与人类健康

在维持人类健康方面，化学起着极为重要的作用。现阶段，医药、生命科学等领域的研究工作少不了化学的参与。例如，在生命科学的研究过程中，化学技术及其手段对于生物过程的探索而言是必不可少的。在人的生活中，每时每刻都在进行着各种各样的反应，化学在这一过程的探索提供了基础，能够使对生命的研究深入到原子、分子水平。在 20 世纪，人类对于双螺旋结果进行了揭示，对人类遗传密码进行破译，利用其特点与规律对特定物质进行合成，对人体内环境及其物质转化过程进行探索。

对生命科学而言，有机化学的重要性尤为重要，二者有着密切联系。对生命物质进行深入研究是有机化学所存在的最初意义，在过去的几十年里，生命科学的相关研究进入到一个全新的方面，人们对于有机化学研究中的相关手段、方法进行改进，对相应的理论进行丰富与完善。

（三）提升学生的科学素养

1.科学素养的含义

随着当今科学技术的进步与发展，对现如今的科学教育进行改革，其中科学素养（Scientific Literacy）是其中的最重要也是最基本的一个目标，也是提高教育质量与进行科学普及的重要基石。但目前而言，对于科学素养的表述存在一定的差异性，不同文献有着不同的解释，在现阶段对于科学素养的解读存在着一定争议性。

因为相关研究者在研究方面、研究层次上有着不用的立足点，因此对这一概念的解读有一定的差异。但根据以往研究人员对科学素养内涵的解读，大致可以分为以下几点。

早在1966年，佩拉（Pella）等人以经验为基础对科学素养进行了最早的定义。他们在对相关论文进行研究的过程中发现：对于科学基本概念、本质、与社会关系、与人类关系以及相关伦理道德而言，有着一定科学素养的人对其理解有着明显的优越性。

经过近十年的发展，在1974年，在佩拉的研究的基础上，沙瓦尔特（Showalter）对于科学素养的含义进行了进一步的深化，他认为，科学素养可以进行不同维度的划分，拥有以下特征的人才具有科学素养：（1）能够对科学的本质进行正确的认知与理解。（2）能够利用相关概念、理论等对神秘的宇宙世界进行探索。（3）能用正确运用科学进行问题的解决，对宇宙进行进一步的探讨。（4）能够对价值进行遵守，从而正确地对宇宙进行探索。（5）对于科技事业以及先关社会关系能够做到正确理解与欣赏。（6）拥有正确的宇宙观，并穷其一生进行相关领域的扩展。（7）拥有相关的实践操作能力。

当一件事物的内涵发展到一个极为丰富的程度时，这时人们希望对此事物进行一个高度的总结与概括。

而对于科学素养做出总结与概括的是米勒（Miller, J. D.），人们将对其概括简称为"米勒界定"。"米勒界定"是对20世纪中所提到的科学素养高度总结、分析与概括，并将其与现阶段的社会发展相结合，主要分为以下方面：（1）对科学本质的理解。（2）对科学知识的理解。（3）对当代生活的影响。在对人们进行科学素养的调研过程中，因"米勒界定"具有高度的概括性与总结性，因此成为众多国家对于形成科学素养调查问卷的主要理论依据，我国的"公众科学素养调查"也是如此。

2.化学对学生科学素养的促进作用

相关研究人员指出，化学教学在学生的教学工作中有着极为重要的优越性，不仅使学生对于相关知识进行掌握，更能对学生的思维方式与学习方法进行训练，从而使学生养成科学精神与优秀品德。通过化学教学，学生能够较为直观地对化学世界进行体验，对学生的学习兴趣与积极性进行调动，从而达到学生对于科学知识的牢固掌握、科学能力的提高、科学方法的训练，最终达到培养学生科学素养的目的。

随着课程改革的有序进行，对于化学课程改革的目标也得到了确认，全面提高学生的科学素养成为化学课程改革的核心问题。根据教育部发布的相关课程标准，对化学课程提出了新的要求，如何对学生的综合素质进行提高成为化学课程教授过程中的关键问题。虽然对于科学素养这一概念现阶段并没有一个十分准确的判定，但从学生的课程目标入手，我们可以将其进行不同维度的拆分，通过"情感、态度与价值观""知识与技能""过程与方法"等方面完成对学生的培养。值得注意的是，"科学素养"在这里的定义带有一定的化学特质，是指人的科学能力与品质，是经过系统教育而形成的、适合当今社会与时代发展的能力，主要由学科知识、品质、能力、方法、意识所组成，为形成正确的价值观而服务。

化学是一门自然科学，主要从微观世界的角度对物质的本质及其内在变化规律进行研究。化学学习的目的是对世界进行正确的认识，运用正确的世界观与方法论对客观世界进行探索、改造，化学教育对于学生的影响是持久且深远的。与一般学科不同，化学研究对象具有一定的特殊性，这就对化学思维提出了一定要求，需要在微观粒子与宏观物质之中进行一定的思维变化，也决定了在宏观物质中微观思想在研究中的重要性。如果学生对于此种思想不能很好的掌握，对于相关结构概念不能进行正确组建，在学习过程中对于化学中微观粒子之间的作用以及在宏观世界中的反应不能正确体会，容易忽视物质内部微观世界的精妙之处，感受不到化学的独特魅力。物质的性质是由内在的组成所决定，是物质组织结构的客观体现，反映了物质的客观规律。在进行化学研究的过程中，物质具有多样性，而物质多样性不仅体现在种类上，更体现在其性质上。不同物质都有自己独特的内部构造，不同的内部构造又决定了物质的性质，物质的性质对这一规律进行了客观反映。因此，在认识物质的过程中，我们可以通过物质的外在构造进行认识，也可以从物质的化学属性进行认识，所有物质都有着自己独特的属性。

在应用化学对问题进行解决的过程中，不同的观念对应着不同的知识，将相关知识进行联系、组合、排列，从而将知识转换为解决问题的钥匙，帮助人们找到问题解决的正确方法与途径，为问题的解决提供指导。化学观念在指导人们正确认识世界、改造世界的同时，对学生的思想更能产生一定影响，有利于学生优秀品质与科学精神的形成，从而获得科学素养以进行更好的发展。

在学生的相关化学课程中，主要反映了以下思想：

（1）原子经济性。

（2）元素。

（3）物质变化。

（4）世界统一于物质。

（5）物质分类。

（6）物质结构层次性。

（7）物质多样性与规律性相统一。

（8）原子经济性。

（9）物质无限可分。

（10）合理利用化学资源。

（11）元素周期律。

在学生的相关化学课程中，主要反映了以下化学方法：

（1）化学实验法。

（2）物质内部相互依存的认识方法。

（3）宏观、微观相联系的思维方法。

（4）化学模型法。

（5）物质定性与定量相结合的认识方法。

（6）元素单质位、构、性相互依存的认识方法。

（7）物质分类。

（8）物质与能量守恒的方法。

在对物质进行认识与实践的过程中，相关化学思想与观念得到了有效应用，这就是化学方法。化学方法的应用具有较强的可操作性，外部特征较为明显，能够在问题的解决过程中为相关人员进行一定的指导，有利于行动效率的提高。

从本质上来说，化学思想与方法均为意识形态在人脑中的客观表现是组成系统观念的重要成分。化学思想与方法的应用能够对学生的思维进行引导、对学生行为进行干预，有利于学生正确价值观念的形成，为学生实际问题解决提供了重要途径，为学生的客观实践活动提供了发展的动力，有利于学生专业知识的提升与科学素养的养成。

总而言之，在科学素养的形成过程中，化学观念的应用起到了一定的促进作用。

二、化学中蕴含的辩证唯物主义思想

哲学史对世界发展影响深远，哲学思想理论中包含了对世界万物、社会发展、自然规律等一系列内容，对人类思想进步起到重要作用。中国是社会主义国家，社会主义核心价值观是辩证唯物主义哲学思想实践的结果。辩证唯物主义对社会发展有着重要指导意义，也是人类探索自然宇宙的基础，任何事物发展都离不开辩证唯物主义思想。化学属于世界自然科学，是对客观事物的研究，在其思想理论中同样包含着哲学思想。因此，在我国化学教育教学理论中，辩证唯物主义思想随处可见。中学期间的化学教学是化学启蒙教学，中学化学教师在授课时，要充分结合辩证唯物主义思想，正确且科学地引导学生打开化学世界的大门，感受化学世界的魅力，激发学生对化学的兴趣。与此同时，在教学时也要让学生充分使用辩证唯物主义思想来学习化学，解析化学难题，通过辩证唯物主义方法论对教学内容进行研究，提高教学水平，构建有特色的中学化学教育教学体系。

目前，我国教育教学体系仍不够完善，教育教学方式仍以传统教学模式为主，中学化学教学同样如此，教学思想单一，没有与哲学思想充分结合，影响了教学思想的丰富性。要彻底改变化学授课教师的教学思想，使哲学思想融入其中较为困难，其主要体现在以下三个方面：

第一，哲学思想虽内容丰富，但其与人们的日常生活比较遥远，且哲学思想理论更复杂，尽管化学授课教师了解哲学思想对教学的重要性，但也没有合适的教学方法与哲学思想匹配，难以在教学中应用。

第二，化学教师在制定教学课程和选择教学素材时，往往选择更为通俗易懂的内容，因此部分教师很难选择具有哲学思想的教学内容或素材进行讲解，缺乏哲学思想教育方法。

第三，部分化学教师在选用哲学思想内容进行教学时，因其自身对哲学方法论内容了解不够深刻，无法将素材中真正的哲学思想和哲学方法准确教授给学生，影响教学效率和教学质量。

我国普通高中化学教材中对中学阶段化学教学的思想理论做了阐述："中学阶段的化学教学，旨在培养学生的化学学习兴趣，提高学生认识世界、探索世界的积极性，使学生通过化学知识学习丰富自身能力，关注社会中与化学相关问题，树立爱国主义思想，构建正确的以辩证唯物主义思想为核心的世界观、价值观、教育观，为中华民族伟大复兴而努力，建立求真务实、不怕困难、顽强拼搏的意志力，通过自身能力推动社会进步，对社会和人类发展富有责任感。"其中就有辩证唯物主义的相关内容，也显现了在化学教学中辩证唯物主义哲学思想的重要性。

中学阶段化学教学中的辩证唯物主义思想教学，可以从化学与唯物论、化学与辩证法以及化学与认识论三方面进行。

（一）化学与唯物论

辩证唯物主义是马克思主义的核心，辩证唯物主义思想的基础就是唯物论。马克思唯物论认为，宇宙是由众多物质构成的，物质不会因人的意志转移而产生变化；世界是物质世界的思想也是化学学科的研究教学前提。化学是自然科学学科，随着人类科学技术水平不断提高，研究认为宇宙间所有物质包括人类，都是各个元素排列组成，是由分子、离子甚至更小的元素构成，只有从微观上研究各个元素，才能宏观上认识世界，了解世界。

1. 世界是由物质构成的

世界由物质构成是唯物论的核心论点，在化学的研究发展过程中，也逐渐证明了这一哲学论点的重要性。化学教学旨在教育学生要多角度认知世界，既要从宏观上进行研究，同样要在微观上对世界元素进行研究。化学实验是进行哲学思想实践的重要方式，对化学教学过程具有至关重要的意义，通过化学实验使学生相信微观世界的存在，将辩证唯物主义观念教授给学生。化学教师在课堂教学时，也要注意自身教学方法，教学内容和素材都要以客观事实为基础，不能引用没有事实依据的教学内容及素材，不可为方便教学而捏造不存的化学物质或化学反应。

2. 物质是运动变化的

化学学科所研究的不仅是单个物质或元素的状态，其是对世界间物质或元素状态以及各元素之间反应变化的研究。辩证唯物主义思想认为，世界中的物质，无论是细微的粒子还是人类或者更大的物质，都在不断变化和运动，这与化学教学研究思想相同。我国中学的化学教材内容都在讲述化学元素之间的变化，例如，电子时刻围绕着原子转动，碘液可以升华，酒香可以传播一定空间内的任何角落，等等，都是物质运动的科学事实，能够让学生通过化学学习正确认知物质世界。

3. 物质的变化是有规律的

人类通过研究物质的变化，发现物质的变化也是有一定规律的。化学学科中，化学反应就是两种或多种物质在一定条件下所产生的规律性变化。其中最常见的规律就是能量守恒定律和质量守恒定律，通过两种基本定律可以对符合规律的化学反应进行计算，解决化学反应中存在问题，从而更深入了解化学知识，提高化学综合能力。

（二）化学与辩证法

通过化学与唯物论可以得知，化学学科旨在研究世界宏观以及微观物质性质、组成、变化和变化规律，在研究过程中，需要通过辩证唯物主义中辩证法思想进行指导。化学教师在授课过程中，也要将辩证法思想理论与教学内容或教学素材相结合，制定符合辩证法思想的教学计划和教学方法，让学生可以正确认识辩证法思想，并通过教学让学生能够自己运用辩证法去解决化学问题，构建辩证唯物主义价值观念。

1. 矛盾的对立与统一

在唯物辩证法中，物质之间矛盾的对立统一规律是基础规律，也是核心规律。我国中学化学教学内容中，关于化学物质结构、性质、反应以及变化规律都与辩证法中对立统一思想相关。例如，教材中金属元素与非金属元素课程、还原与氧化课程、电解质与非电解质课程、化合反应与分解反应课程、水解反应与中和反应课程、离子键与共价键课程、酸性和碱性化学元素课程、氧化剂与还原剂课程等，这些化学性质之间既有统一性，又具有对立性。矛盾是可以互相转化的，因此不存在绝对的对立和绝对的统一。

2. 事物是相互联系的

唯物辩证法认为世界各事物之间都存在一定联系，这在高中化学教材和教学内容中也有所体现。中学化学教师在授课时，要准确认知各化学元素性质、变化、反应、规律以及结构之间的联系，从宏观和微观角度对化学问题进行分析，多角度、多层次的研究化学元素性质，研究问题时既要有整体性，也要分开研究，在解决化学问题前提下，了解整个化学问题过程，找到事物之间联系。要系统性的进行化学内容教学，将每节课的化学内容串联起来，构建完善的化学知识网络，将每节课的化学知识联系起来，让学生能够真正全面深入掌握化学知识，解决化学问题，例如化合物与非化合物课程与酸碱性化学课程之间的联系等。

3. 内因与外因

唯物辩证法强调事物产生变化的原因分为内因和外因两种，外因是物质产生变化的前提，内因是物质发生变化的依据。而外因只有在具备内因时才会有所体现。中学化学教学中，各化学反应变化也具有内因和外因，化学元素自身性质结构决定其内因，外部环境和相应条件决定了其外因，如相关物质需要在一定温度内或需要加入催化剂才会发生化学反应等。

4. 量变与质变

事物的变化存在一定自然规律，事物从量变到质变的过程普遍存在。在化学学科中，量变与质变的过程更为明显，通过化学元素之间反应变化教学，可以让学生了解量变与质变含义，丰富教学内容。恩格斯曾经对化学做出评价，其认为化学就是研究物质量变与质变的学科。在中学阶段的化学反应中，有因化学元素数量改变所引起性质变化的内容，如三氧化二铁与四氧化三铁，硫酸与浓硫酸，氧气与臭氧，一氧化碳与二氧化碳等；也有因化学元素排列方式等结构改变而引发的化学物质性质变化，如同分异构有机物、石墨与金刚石等。

无论是哪种物质变化，也都存在必然联系。量变与质变之间也会互相影响。物质数量变化会引起物质性质变化，反之物质性质发生变化，也会导致数量发生变化。在化学化合与分解变化中，就是量变与质变联系的体现。量变过程物质较为稳定，质变过程可以看作量变的起始点。两者可以相互转化，互相影响。

5. 否定之否定

唯物辩证法认为任何事物都有否定与肯定两方面，事物在运动、变化和发展过程中，不断否定，并因否定而提高，这也是自然界和社会的发展规律。否定之否定也引导了社会与人类进步思路。在化学世界中，也深刻体现了否定之否定的自然规律。

（三）化学与认识论

辩证唯物主义核心论点除唯物论和辩证法外，还有对事物的认识论。认识论认为世界是通过不断认识到实践，再通过实践认识，然后再实践的无穷无尽的过程。实践是检验真理的唯一标准，只有通过实践才能真正认知事物本质，在了解事物本质后，也要将其应用于实践中，以此来推动社会科学进步与发展。教育就是通过教学来使学生认识世界的过程，因此，教育教学工作离不开实践。在中学化学教学时，授课教师与学生都要保持求实的态度，通过教学内容去探究化学存在的意义，真正意义上地认识化学，掌握化学知识，并通过所学将化学知识应用于实践中。教学过程也要理论与实践相结合，通过各种形式化学实验让学生主动去探究化学知识，解决化学问题，提高学生动手实验能力，通过实践总结知识。化学教学是辩证唯物主义认识论的体现，旨在让学生能够通过学习化学内容认识化学，并将所学知识应用于社会实践中，推动社会发展进步。

哲学并不是对世界发展规律的总结，其本质目的是通过哲学思想去改变世界。从人类诞生以来，社会的发展都是人类与自然抗争的结果，只有不断去探究世界未知事物，通过实践认知事物，并根据相应规律改变事物，才是社会发展的基础。认识事物的过程也是不断提高自我能力的过程，在中学化学教学中，化学授课教师要科学引导学生如何正确认识化学，通过有效的学习方式让学生能够积极参与到化学学习中来，共同认知化学世界。

1.实验促进认识（理论）的形成

化学实验在化学研究和教学中具有重要意义，是化学研究的主要实践方法，同样也是化学认知的基础条件，使人们可以通过实验去探究化学奥秘，总结自然规律。

1661年著名化学家玻意耳通过对焙烧实验的研究，编写了《怀疑派的化学家》一书，该书主要内容就是对各类化学实验以及实验经验和方法的总结，奠定了实验在化学研究中的重要地位，因此玻意耳也被称为近代化学奠基者。

18世纪中期，物质的氧化理论被成功发现，其是由化学家拉瓦锡通过多次反复的燃烧实验所发现的，其实验过程严谨，注重定量实验方法，成功将原有的燃素论推翻，改变了世界化学认知，并根据化学实验总结出质量守恒定律，影响了之后化学领域发展。

19世界上半叶，道尔顿通过对气体进行实验并总结出原子学说。他通过实验得知化学物质发生变化是原子的排列结构改变，首次从微观角度对化学进行探究。1828年，维勒通过实验成功合成尿素，将原有认知下的化学有机物和无机物相结合，突破了其物质界限。1840年，化学家盖斯通过大量化学实验对能量守恒定律进行研究，最终总结出盖斯定律。

19世纪中叶，化学家开始着重对化学反应规律进行研究。1880年，化学家们通过应用伏打发明的伏打电池对化学物质进行电解，成功引发一系列化学物质反应，从而得到新的化学物质，从此解开了电化学的神秘面纱。1862年到1879年，化学家瓦格和古尔德贝格对化学反应的反应速率以及物质浓度进行研究，通过大量实验验证，总结出化学反应质量作用定律。1888年，夏勒特列提出了著名的夏勒特列原理，解释了化学实验中温度、气压等对化学反应平衡的影响。1889年，化学家阿累尼乌斯通过实验证明了化学反应速率与温度之间的联系。

化学学科在20世纪得到了飞速发展，同位素示踪法改变了原有的化学认知，推动了化学领域的进步，将化学研究从原子提升到分子。20世纪70年代，闪光光解技术也被应用于化学研究中，很多新的物质通过实验被发现，使化学研究进入到新的领域。

2.认识（理论）指导实践

化学领域的发展离不开化学实验，而实验的目的是对化学反应中规律变化的总结，从而形成了许多化学理论。化学学科形成初期，化学研究以化学实验为主，化学家通过各种类型和方法进行实验，通过实验得到某些化学物质或通过实验检验化学物质性质，缺乏相应的理论指导。而随着化学领域发展和研究水平不断进步，化学家开始着重对化学理论进行研究。思想理论是学科发展的基础，任何领域的发展都离不开健全的思想理论指导。理论是对实践规律的总结，能够准确定义化学领域中各种规律和物质性质。在化学领域发展过程中，理论对实验的指导是至关重要的，如元素周期表理论，对之后进行化学学习和化学研究都提供了重要帮助，推动了化学领域发展。

3.绝对真理与相对真理

随着人类社会进步和科学技术水平发展，越来越多的技术设备应用到化学实验中，可以使人们更加深入去认识化学、研究化学。通过更加多样化的实验，可以发现从未发现的物质和实验现象，这些物质性质和反应现象都需要通过化学理论进行准确定义，这也体现了化学理论的重要性。化学理论同样存在相对真理与绝对真理的关系，只有通过不断实践来进行验证，才能更加深入了解化学，认识化学。

在化学领域中，要对某一物质的性质和反应全面认知，并总结规律，这需要一个复杂的实践过程。需要人们不断进行实验，并总结规律，再将所总结内容应用到实验中。如对化学酸性与碱性物质性质的认识，起初通过尼乌斯的电离实验得知化学酸碱性，通过之后其他科学家不断实验，最终得出酸碱电子理论，其理论内容不断丰富，应用范围也不断扩大，人们对物质酸碱性的认知也不断提高，丰富了化学领域内容。

再如人们对共价键的认识过程。共价键是一种最为重要也最为常见的化学键，教科书对它的介绍符合共价键理论的发展历程。简单易懂的路易斯"八隅体"理论解释了非金属元素之间如何通过共用电子形成"电子稳定结构"；经典价键理论从电子云重叠成键的微观角度解释了共价键的实质；杂化轨道理论弥补了经典价键理论的不足，解释了共价键数目与键角的问题；价层电子对互斥理论推算出了分子的构型，从而推导出了中心原子杂化方式；分子轨道理论解释了氧气分子的顺磁性。共价键理论不断发展，人类对共价键的本质认识得更加深入。

三、科学品质教育

教育教学需要科学的思想理论引导，现代教育提倡科学教育和品质教育，在教育教学过程中，要时刻体现科学品质，将科学品质中的科学精神、科学方法、科学技能与科学知识融入教学中，引导学生以科学态度进行学习，培养学生科学精神素养，提高科学知识水平，掌握科学技能与科学方法，做到科学品质教育。科学精神代表着学生对待学习的态度；科学知识包含学生通过学习所掌握知识和方法；科学技能与科学方法指学生在学习中所运用的学习方法和学习技巧，锻炼学生思维能力。

科学品质教育是现代教育的教学基础，旨在通过科学方法引导学生进行学习，构建科学完善的教育教学体系。在中学化学教学过程中，化学授课教师应注重培养学生的科学品质，丰富课堂教学内容，制定科学的教学计划和教学任务，提高学生对化学学习热情，让学生走进化学世界中，去认知化学、了解化学，并通过化学学习和对化学的研究锻炼自身顽强拼搏、不畏困难、勤奋好学、实事求是的科学品质。让学生在化学学习中得到全面健康发展，培养学生综合素养。

（一）求真意识

求真意识是对各种事物变化与发展规律的探寻过程，在化学教学过程中，需要不断进行实验来总结化学规律，认识化学反应，探究化学物质性质。

科学的本质就是对世界自然事物真理的认知过程。科学理论以及科学概念的准确性都需要通过科学实验来证明。只有通过科学实验的验证后，才能确保科学概念和科学理论的真实性，而无法通过科学实验认证的理论会被摒弃。也正因为科学具有求真意识，才能使科学的公信力越来越强，能够引导社会和人类进步与发展。科学与其他理论的主要区别就在于其真实性，只有通过科学方法不断探求真理，也才能提高科学地位。科学的探究应从实践出发，需要符合相应自然规律，不能凭空想象，科学的探究要严谨且真实。马克思主义理论中对科学的解释是实验的科学，科学的诞生离不开科学实验方法的建立。科学的出现影响了世界的发展，人类对科学探寻的过程也推动了社会进步，同时科学技术水平的提高也鼓励人们去探寻更高的科学领域。19世纪末期，人类经历了一次前所未有的科学革命，各种新的科学技术形式改变了人们的生活，如放射性物质、X射线等，科学技术的发展也提出了许多改变人类世界认识的科学理论，如量子力学理论与相对论的出现。科学具有严谨性，任何科学理论的出现都必须具有求真意识，科学活动都要通过科学实验进行认证，因此对科学的研究需要实事求是，遵循自然界客观规律的同时，也要勇于突破传统价值观念，做到科学严谨的求真态度，不能急于求成，提出不符合自然规律的伪科学，如点石成金、点水变油等，对社会没有任何贡献和意义。

1. 化学实验是化学科学认识的源泉

实践是检验真理的唯一标准，任何真理都需要通过实践检验，在人类社会发展过程中，社会实践是推动社会发展进步的基础。科学实验是对科学真理探寻的实践活动，科学实验旨在通过实践探寻自然科学，认知自然科学并将自然科学应用于社会发展中，推动人类文明和社会进步。在化学领域中，化学实验对化学领域发展起到了至关重要的作用，特别是在化学教育教学过程中，化学实验可以提高学生学习热情，丰富化学课程教学内容，还能通过实验培养学生的求真意识和思维能力，锻炼学生动手实验能力，化学授课教师在实验过程中给予学生科学的引导，让学生掌握科学实验方法和实验技巧，通过实验让学生获取化学知识，解决化学问题，提高综合素养。

2. 化学实验是训练科学方法的有效途径

化学实验对化学教学具有积极作用。在中学化学教学过程中，化学实验对学生的基础化学知识、动手能力和化学实验方法都有相应要求，因此，在进行化学实验课程之前，化学授课教师需要科学引导学生，并将化学实验的实验内容、实验条件和环境因素准确教给学生，保障学生实验过程安全。在进行化学实验时，教师要时刻对每位学生化学实验操作过程进行观察，并对实验中突发事件进行妥善处置，学生要将实验过程中所用数据进行准确记录；化学实验结束后，教师要指导学生对实验设备进行清洗，将实验废料妥善处理，并将化学仪器有序存放，学生应将实验结果进行记录，通过数据计算、绘制图表等方式总结实验结果。一个完整化学实验过程可以让学生从思想理论到实验方法、实验技巧、实验方式、思维能力、计算能力以及应急处理能力等多方面得到进步，切实有效地提高学生化学实验能力，掌握化学理论知识。在化学教育中，化学实验教学的作用是显著的，既可以提升学生动手能力，也能培养锻炼其思维方式，具有显著优势和特点。

学生在探究化学知识和解决化学的过程中也要遵循实事求是的原则，在实验过程中要具备科学品质，端正态度，严谨认真地对待科学实验，对化学实验的每一步骤都要认真研究，数据记录保持严谨，按照实验要求和教师引导规范操作，避免因不当操作和其他因素导致实验失败，保障实验操作的安全性。

3.化学实验是养成科学态度的必由之路

中学阶段的化学是学生化学启蒙阶段，也是让学生打开化学大门、认识化学世界的基础，因此对学生化学学习兴趣的培养至关重要。在化学实验中，学生由于缺乏完善的化学理论指导，对化学实验结果兴趣更为浓厚，往往因此忽略化学实验过程，影响化学实验知识的学习，例如在化学实验中对实验结果中发光现象更为关注，忽略实验结果中新物质的生成。因此，教师应在学生进行化学实验时给予正确科学的引导，让学生严谨看待化学实验中每个细节，认真记录实践过程，总结实验结果，全面掌握化学实验中化学理论知识。

（二）批判和创新

在化学发展过程中，诸多化学家通过对世界物质的探寻和对真理的追寻，促使化学领域不断发展进步。这也体现了历代化学家勇于探索的创新精神和对旧事物的批判精神。老一辈化学家们求真务实、作风严谨、精益求精的科学态度值得我们学习，也正是因为化学家们具有这样的科学精神，才使得化学能够不断发展进步，逐渐改变人类对自然科学认知，通过化学改变世界。在中学化学教学中也需要保持批判与创新精神，培养学生科学品质，使学生在学习化学知识的同时能够将化学知识应用于社会中，推动社会进步发展。

1.敢于质疑与批判

自然界事物变化都存在一定规律，科学就是要通过仔细观察自然界事物变化，总结其规律，从而形成科学理论，并将理论应用于社会实践中，促进社会发展进步。在科学研究过程中，科学工作者需要保持严谨认真的态度和求真意识，不畏惧困难，面对各方压力时要保持初心，坚定不移地追求真理，不被强权所压迫，做出违背事实定律的事情。因此，科学研究要敢于批判不符合科学依据的论点，这也是重要的科学精神之一。

2.锐意开拓进取，敢于超越前人

人类文明发展过程就是人类不断认知自然并与自然抗争的结果，正是由于人类不断对前人的超越和创新，才推动社会不断向前。科学工作者在进行科学探索时，既要吸收借鉴之前科学家所总结的经验，还要具有自身独特见解，勇于创新，保持独立思维，通过自身努力发现新的科学成果，勇于创新、独立思考的科学精神有时比所探寻的科学结果更为重要。爱因斯坦是世界上最伟大的科学家之一，对世界科学有着重要贡献。其认为独立思考的能力比科学结果更有意义，世界是有限的，而人类的思维是无限的，只有通过丰富的想象力，才可以有去探寻世界、认知宇宙的动力，若仅依靠现有的科学理论，社会则无法继续发展。

3. 乐于研究

科学研究者在保持批判精神和自主思维的情况下，还需要拥有乐于研究、敢于探索的科学精神。人类天生就有对美好事物的追求，审美意识可以调节人们情操，提升人们综合素养。美好的事物可以让人身心愉悦，同时吸引人们去观赏，而科学就是要善于发现美好，并对美好事物进行探索，进一步去追寻美、研究美。在中学阶段化学教学中，授课教师也应着重培养学生审美情操，激发学生去探索美和研究美，在获取知识的同时发展其综合能力。例如，不同金属元素燃烧所产生不同颜色的火焰之美，硫燃烧时产生火焰之美等直观视觉体验。还有在化学实验中不同液体反应所产生颜色变化之美，化学反应所产生结晶之美，其有多边形、雪花形，都可以丰富教学内容，增加教学乐趣，培养学生乐于研究的意识。

科学的诞生就来源于人类对自然界的探索，其发展过程也是人类不断深入研究的过程，如我国所熟知的金、木、水、火、土五行，其就是古人对早期世界的探索，认为世间万物都是由这五种元素所组成，虽不够完善，但也体现了古人乐于研究，勇于探索的精神。而随着一代又一代科学家的研究，我们不仅准确地认知金、木、水、火、土的分子结构、原子结构，还在其中发现了夸克。而夸克的性质又如何，还需要科学家们不断研究，只有勇于探究，不断创新，才能促使科学不断前进，引导世界发展进步。

（三）团队合作

科学需要不断去追求真理，并通过实践活动去检验科学理论，这一过程中会遇到很多无法预知的困难，因此在科学研究过程中，也需要保有团队合作意识。科学研究一般也是以研究团队形式出现，团队各成员之间都有共同的信念、共同的科学研究目标，他们之间互相合作，团结一心，通过所有人共同努力取得科学实践成果。

1. 集体协作

在中学化学教学过程中，化学授课教师也要注重培养学生集体活动意识，通过课堂分组讨论、分组实验等教学方式，让学生形成团队协作意识，增强学生之间交流沟通，使学生认识到团队协作重要性。

首先，教师要在课堂教学内容中增加团队协作案例，使学生了解科学结果是科学研究团队所有智慧的结晶，是每一位科学研究成员不畏艰险、勇于付出、无私奉献的结果，科学成果属于科学研究团队每一位成员。如学生们熟知的诺贝尔奖获得者中，绝大部分得奖成果都是团队共同努力所得；又例如我国原子弹的研究过程，是所有科学研究团队包括军人、工人等所有人共同努力所获得，通过真实的案例让学生了解科学成果与团队协作是分不开的。

其次，化学授课教师还要通过组织各种形式的集体活动，让学生有机会参与到团队中，通过团队协作来解决化学问题。例如，授课教师可以在课堂中将学生分为几组，提出问题后让学生分组进行讨论，增加学生之间交流，培养其团队意识。教师还可以组织学生分组进行化学实验活动，对中学生而言，实验无法独自完成，需要分组进行。通过复杂的实验过程，让每组学生都体验团队协作的重要性，认识实验结果是小组中每位学生共同努力的结果。

化学授课教师在安排实验时，可选用例如"硫酸铜晶体里结晶水含量的测定"等较为烦琐的实验。实验过程较为复杂，且实验步骤更多，所用设备也较多，需要学生实验小组中每位成员各自分工，有学生需要清洗和准备实验仪器，有学生需要进行实验操作，有学生需要准确记录实验数据，有学生需要计算实验结果，让每位学生都积极参与到实验过程中来，增强学生之间交流和动手能力，让学生可以团结协作共同完成实验。

2.竞争与合作

在社会中，任何个人或者集体在保持合作关系同时，都存在相应竞争关系，科学研究也是如此。人类发展的历史也是竞争与合作并存，当发现利益和目标相同时，则会团结合作共同追寻，而发现两方利益相悖时，则会朝自己有利方向前进，形成竞争关系。

爱因斯坦和波尔都是世界上伟大的科学家，对世界科学领域有重要贡献和成就。爱因斯坦与波尔是多年好友，但曾因量子力学理论这一科学问题而产生争执，正是他们这种"亦敌亦友"的关系，体现了他们对科学严谨的态度，也成为他们思想产生的源泉。

1920年，年轻的波尔前往德国讲课，并在德国结识了爱因斯坦，二人第一次见面时就因为科学理论不同而产生了争执，但二人在科学研究方面有着共同的研究理念，从此二人这种"亦敌亦友"的关系保持了长达35年的直到爱因斯坦去世。在1920年~1955年期间，波尔与爱因斯坦因为科学的争论从未停止，只要他们见面，都会因为科学而表达自身观点。1946年爱因斯坦已经70岁了，在其生日当天，波尔专门为好友爱因斯坦撰写文章，文章除了表达对爱因斯坦祝福外，还带有自身科学论点简介，而爱因斯坦也对波尔文章进行激烈回复。他们无数次因为科学争吵，但这并没有影响他们的友谊，因为他们对科学都有着共同的信念，都是为科学研究而努力。

爱因斯坦是全球知名科学家，但其第一个诺贝尔奖获得过程却并不顺利，因为当时不少科学家对爱因斯坦提出的相对论存在怀疑，因此诺贝尔奖评委们为了避免引起争议，直到1922年才将上一年的诺贝尔物理学奖授予爱因斯坦，而把本年度诺贝尔物理学奖授予波尔。诺贝尔奖揭晓时爱因斯坦正在前往日本途中，并在飞机上得知自己被授予诺贝尔物理学奖，波尔在得知此消息后十分替好友爱因斯坦开心，因为可以说爱因斯坦是先自己一步获得诺贝尔物理学奖的，并第一时间写信祝贺好友爱因斯坦。波尔在信中说道，若没有爱因斯坦科学基础理论支持，自己无法取得如此成就。爱因斯坦在收到波尔的祝贺信后，也第一时间进行回复，爱因斯坦在信中说道，我在前往日本路途中收到了你的来信，看到信与我得知自己获得诺贝尔物理学奖同样开心，你说你取得成就都是因为我的科学理论基础，我认为都是您个人努力的成果。

中学化学授课教师在将上述真实案例讲给学生后，可以着重对波尔和爱因斯坦进行介绍。波尔是原子轨道理论的奠基人，其对世界科学所做的贡献是巨大的，波尔所生存的时代诞生了诸多伟大的科学家，这些科学家都有自身对科学独特的见解，为了验证自身科学理论而不断进行研究，形成一种良性竞争关系。而波尔与爱因斯坦的故事就证明了这一点，他们的争执都是在科学领域，而在私下却是好朋友，对科学求真的态度使他们保持各自不同观点，为了科学彼此竞争，这是真正科学精神的体现，也是值得学生学习的精神。

3.科学无国界

随着世界经济水平和科学技术水平发展，世界上各个国家之间联系逐渐频繁，每个国家都应建立良好关系，才能促使人类共同进步。科学研究不是服务于某个人、某个集体和某个国家，而是为全人类所服务，在科学面前，人类应该摒弃自身民族和国家身份，团结一心，共同探寻科学奥秘。人类文明发展历史过程中，每个民族和国家都做出相应贡献，都对世界发展起到了重要作用。在面对重大科学发现时，不应根据科学家国籍区别对待，而应该一视同仁，是全人类的宝贵财富。在近代科学研究过程中，科学研究团队成员也大都来自不同国家地区，他们都是为了统一科学目标而聚集在一起，共同努力，科学是没有国界的，只有全人类共同努力去追寻科学，探寻真理，才能使世界稳定发展。

现代科学研究中国家之间交流越来越多，中学化学授课教师在授课过程中可以对多国科学家合作获得科学成果进行讲解，让学生体会科学对人类的重要性，使学生真正了解科学是属于全人类的。

（四）献身精神

科学探索的过程有许多不可预知的困难，因此科学家们都需要有不畏艰难和勇于献身的精神，才能坚定不移地去探寻科学真理。科学研究可以说是人类认知自然的实践活动，只有对大自然的好奇不足以支撑其去进行科学探究，科学是服务于全人类的事业，对人类文明和世界进步有巨大贡献，在进行科学探究时，要时刻保持献身精神，为科学事业奉献一生，才能坚定不移地去探求科学，完成科学探究目标。科学工作者首先要保持强烈的事业心，科学是人类伟大事业，必须有坚韧不拔的意志力，面对科学探寻路上的种种困难，不畏艰险，去解决科学问题。居里夫人是世界上最伟大的女性科学家，其获得过两次诺贝尔奖，对人类有重要贡献，她认为从事科学事业，要将科学变为毕生追求，实现科学梦。

1.执着追求

科学工作者都保持着对科学的执着追求，从科学诞生以来，许多科学家对封建社会中的神学和宗教学说提出挑战，遭受常人无法忍受的惩罚和迫害，许多早期科学家甚至为科学付出生命。如年近七旬的思想家伽利略提出了日心说，与宗教地心说言论相违背，被封建宗教统治者囚禁一生，科学家布鲁诺坚信日心说理论，并在民间进行科普宣传，被宗教统治者判处八年监禁，被囚禁的布鲁诺没有屈服于宗教统治者，依旧保持着对科学真理的执着，最终被宗教统治者割掉舌头，并被烧死在罗马广场中央。

上述例子有许多，残酷的现实告诉人们，科学的发展并不是一帆风顺的，是由无数科学家付出生命代价所换来的，正是由于科学家们勇于追求真理的精神，才使得科学可以不断发展进步，形成了伟大的科学理念和科学精神，这一点比科学研究所得来的科学成果更为重要。中学化学授课教师在授课时可以讲述上述案例，让学生明白科学发展来之不易，让学生正确认知科学研究。

2.淡泊名利

淡泊名利是一种高尚的品德，指人在获得一定成就后，不追求虚荣和利益，仍然保留着对科学探索的初心。科学发展过程中，不少科学家都具有这样的特质，例如，爱因斯坦衣着简朴，居里夫人不在乎名利，法拉第清贫一生等。

化学热力学创始人吉布斯是化学领域伟大的化学家之一，其著作《论非均相物质之平衡》影响后世化学领域发展，也正是由于吉布斯的研究，才使得美国将理论教育纳入工程师教育中。

吉布斯在美国康涅狄格州出生，其父亲是耶鲁大学教授，年少的吉布斯就勤奋好学，其初期在霍普金斯学校就读，但其性格较为孤僻。1854年，吉布斯考入美国耶鲁大学，在大学期间吉布斯表现优异，多次获得学校奖学金，并以优异成绩毕业。1863年，吉布斯成功取得耶鲁大学工程学博士学位，其对齿轮设计的研究使其成为美国第一位工程学博士。

吉布斯在获得耶鲁学院博士学位后，在耶鲁大学留校做了两年拉丁文教师，随后又去哲学系做一年助教。1866年，吉布斯为了学习更多先进科学理念，决定去欧洲留学，在德国留学三年期间，其与德国著名科学家基尔霍夫、卡尔·魏尔施特拉斯等人的交流，使其在科学领域方面有了前所未有的提高。1869年，吉布斯离开德国回到美国继续在耶鲁大学教书，并在1871年正式成为耶鲁大学物理系教授，成为全美第一个物理学教授。值得一提的是，吉布斯在学校任职初期并没有任何薪资。

在学校任教后期，吉布斯开始了对系统热力学基础理论的研究，并开始寻找大量参考文献，并亲自进行大量实验来验证热力学基础理论。1876年，吉布斯在热力学基础理论研究中取得研究成果，并在康尼狄格科学院报发表了自己的研究成果《论非均相物质之平衡》，后吉布斯在1878年继续发表其关于该理论的研究结果，这次结果内容有300多页，其中的实验方法与计算公式被认为是化学领域最为重要的方法理论。在研究结果报告中，吉布斯提出了对化学势能、自由能的概念，并解释了化学表面吸附、化学平衡等现象的原因，影响了化学领域发展，对化学领域做出不可磨灭的贡献。吉布斯论文发表后一段时间内，美国科学家们并没有意识到其重要意义，也没有引起轰动。在1891年，吉布斯的研究结果被翻译为德文发表于德国，1899年吉布斯的研究结果被翻译为法文并发表于法国，吉布斯的研究结果被欧洲科学家广泛关注。

吉布斯的同事评价吉布斯时说道，吉布斯是"不享受荣誉的先知"。他们大都认为吉布斯对科学的执着态度毫无意义，而且工作成果发表后也没有得到人们重视，当时美国和世界科学家都没有重视其研究成果，对此他自己也要付很大责任，因为吉布斯性格低调，从来没有主动去介绍自己的科学成果，也没有花费任何时间和金钱进行宣传，也没有将理论发表于大学刊物中。

同事的话也证明吉布斯对科学的研究并不是为了获得认可和利益，他不需要被这个时代和其他科学家认可，他的研究目的只是为了解决自己心中疑惑，当自己的问题通过不断研究取得成果后，其会马上开始研究下一问题，对外界如何评价和看待毫不在意。吉布斯所发表的论文内容很少借鉴其他科学家的实验案例，因此其科学研究内容需要读者自行去解读，不利于理解。

吉布斯是世界上最伟大的化学家之一，其对化学领域有着不可磨灭的贡献。他平生不善与人交流，不注重名利，将毕生精力都投身到对科学真理的探索之中，并最终取得了伟大的科学成果。吉布斯在 1903 年 4 月 28 日去世，其终生都没有结婚，将自己完全置身于化学世界中，为化学世界奉献终生。中学化学教材中化学反应方向课程内容与吉布斯的理论有关联，授课教师在讲授这一内容时，可以将吉布斯的故事讲给学生听，让学生了解伟大化学家热爱科学，勇于奉献的一生。

3. 百折不挠

科学工作者在科学研究时并不是一帆风顺的，会遇到许多困难，因此科学工作者需要具备百折不挠的精神，通过智慧解决各种问题，得到最终科学成果。历史上任何科学发展都离不开科学家们的努力，都体现了科学家百折不挠的精神。中学授课教师在授课时，可以结合相应案例来介绍科学家们实验过程的艰难，培养学生坚韧不拔的精神。

居里夫人是世界上最伟大的女性科学家，其研究成果影响世界发展，对人类做出重要贡献。1898 年，居里夫人在实验过程中发现沥青矿石的放射性要远远大于其他含有铀元素的矿石，于是居里夫人提出了一个猜想，她认为沥青矿石中一定含有某种放射性高于铀的放射性元素。同年 12 月，居里夫人正式提出这种新元素存在，并将其称作"钋"。

居里夫人在试验期间，还发现了一种放射性更强的元素，放射性比刚发现的"钋"还要高，并将其称作"镭"。居里夫人将这两种元素提出后，许多科学家并不认同她的观点，他们认为若居里夫人通过实验发现了新的物质，应当将物质提取出来，并对物质性质进行明确检测，而居里夫人只是提到发现了两种新的物质，并没有将"镭"物质实物展示出来。

居里夫人为了回应质疑，决定通过实验将镭元素提取出来。沥青铀矿石在当时价格十分昂贵，居里夫人的经济条件并不富裕，很难通过金钱购买大量沥青铀矿石，为了完成实验，居里夫人不得不去矿场中捡沥青铀矿石残渣。在困难面前，奥地利政府决定给予居里夫人一定帮助，赠送了 1 吨沥青铀矿石渣，并答应在条件允许范围内，帮助居里夫人进行实验。居里夫人凭借顽强的意志力和对科学的探索精神，面对困难重重的实验从未放弃。为提取出镭元素实物，居里夫人需要将 20kg 的沥青矿石渣进行冶炼，经过几小时不间断的搅拌才能在其中提取到百万分之一克的镭元素。

居里夫人的实验一直持续四年之久，经过上万次不断重复实验，在消耗大量沥青铀矿石渣后，终于获取 0.1g 镭盐，并准确测量出镭的原子量，证明了居里夫人实验设想，镭元素是真实存在的。居里夫人的实验让全世界都开始关注镭元素放射性实验，改变了世界对放射性元素研究进程。科学家纷纷开始对放射性元素进行研究，在镭元素之后又相继发现了其他带有放射性的物质，推动了世界放射性领域研究发展。

居里夫人与科学家贝克勒尔在 1903 年共同获得诺贝尔物理学奖。1991 年，居里夫人由于发现放射性元素钋和镭再次获得诺贝尔化学奖，是第一位获取两个诺贝尔奖项的科学家。居里夫人改变了世界对放射性物质研究方向，并通过实验发现了放射性物质钋和镭，对世界发展做出巨大贡献，但居里夫人由于长时间研究放射性物质，身体一直处在放射性空间中，导致身体情况逐渐恶化，于 1934 年因恶性白血病去世。

除居里夫人的例子外，诺尔贝的案例也可以给学生起到一定引导作用。诺贝尔是世界著名科学家，以其命名的诺贝尔奖成为科学界的最高奖项，后世科学家都以能拿到诺贝尔奖为荣。诺贝尔对科学的探索也值得科学家和学生学习。

诺贝尔被称为炸药大王，在 1864 年瑞典斯德哥尔摩马拉湖有一艘船停在中央，居民都远远地看着这艘船，眼神中充满期待与恐惧，又不敢靠近，因为这艘船上的诺贝尔正在进行炸药实验。

诺贝尔之所以选择在远离人群的湖中央做实验，就是因为其认为炸药实验是一项危险性极高的实验。诺贝尔早期在自己实验室中进行炸药研究时，一次实验失误引发实验室爆炸，最终酿成五人死亡的惨剧，事故也导致诺贝尔父亲重伤，弟弟死亡。事故后的诺贝尔万分悲痛，但也没有影响他对于炸药研究的执着，周围邻居反对其在附近进行实验，诺贝尔便将实验转移到船上，困难没有阻止其进行炸药实验的脚步。

在诺贝尔进行炸药实验之前，历史上有很多科学家都研究和制造过炸药，如中国的黑火药和意大利的硝化甘油炸药等。硝化甘油炸药的爆炸性要显著强于黑火药，但其爆炸点不容易被控制，极易在运输或储存过程中发生爆炸，具有极高的危险性。诺贝尔想要发明人类能真正控制的炸药，因此其决定先从硝化甘油炸药开始研究。

炸药实验初期，诺贝尔首先尝试用黑火药来引爆硝化甘油，后来又通过实验发明了更容易控制的雷管引爆炸药。在实验初期取得进展后，诺贝尔遭遇了巨大挫折，实验中的意外爆炸让其大受打击。诺贝尔为了居民安全，只得将实验场所选在船上。诺贝尔对科学研究的执着让其坚持完成炸药实验，并在温特维根建立了世界上第一个硝化甘油炸药工厂。诺贝尔的炸药研究过程并不顺利，硝化甘油炸药的发明也引发一系列事故，炸毁了一列火车，在德国炸毁一家工厂，在海上炸毁一艘轮船等，这些事故的发生导致许多国家对硝化甘油下禁令，禁止制造并运输硝化甘油。

就是在世界各国逐渐放弃硝化甘油研究的时候，诺贝尔没有放弃，他认为如果不真正控制硝化甘油，事故就还会不断发生。于是诺贝尔开始通过大量实验研究，最终发现硅藻土可吸收硝化甘油，解决了困扰人类许久的硝化甘油运输问题。随后，诺贝尔继续对硝化甘油进行研究，并取得重要进展，其发明了炸胶，并将炸胶与樟脑、硝化甘油相结合，形成了烟火药。

诺贝尔与居里夫人都是学生熟知的世界著名科学家，通过对两位伟大科学家生平的介绍，可以让学生了解他们身上坚韧不拔、百折不挠、勇于探索的科学精神，科学探究的路上充满荆棘，要想探寻真理，就必须具备科学精神，披荆斩棘，完成科学目标。也正因为历代科学家具备这样的精神，才使得人类可以通过科学改变生活，促进世界发展。

中学化学教学中，授课教师除通过课堂讲述外，还可以通过组织化学实验来培养学生的科学精神。在中学阶段，学生接触实验内容较少，授课教师可以选择安排一次实验难度较大，步骤较为烦琐的实验，让学生分组去完成实验。在实验过程中，学生们一次又一次体验实验失败的挫折，且不能放弃实验，需要通过稳定自己心态，提高实验准确性，通过自身努力和团队协作顺利完成实验，当实验成功的那一刻，学生们会真切体会到科学家进行科学实验的艰辛，领会其科学精神，使学生能够更加努力专心对待化学学习，提高学习质量。

第三节 环境教育及可持续发展

一、环境教育

1. 环境教育体现了全面、协调的科学发展观

随着世界经济水平发展，人类生活方式发生较大改变，对生态环境的重视程度逐渐提高，提高每位公民的环保意识成为当下每个国家的目标，只有稳定生态环境，才能使人类文明不断生存与发展。环境教育也成了教育体系中重要组成部分。环境教育旨在通过让人类认识生态环境对世界发展的影响，提高人类环保意识，并通过先进科学技术解决环境问题，构建良好正确的价值观念。环境教育是综合教育学科，其内容丰富，包含了人与自然、人与社会和谐发展关系，体现了人类的历史使命和价值。

我国环境教育事业与西方发达国家相比较晚，随着我国对环境问题日益重视和对教育体制改革的进一步深入，环境教育已成为我国基础教育中重要组成部分。在我国中学化学教学中，环境教育内容也逐渐增多。我国中学化学教材中的每门课程都强调环保教育理念，让环境教育与自然科学教育相结合，提高环境教育地位。化学学科与环境教育之间有着密切联系，在化学教育中增加环境教育内容，可以从基础上提高学生环保意识，树立学生正确的价值观念，对我国未来发展具有积极意义。

2. 通过环境教育，增强环境责任感和使命感

化学学科属于自然科学学科，其对自然世界的探索与环境教育的生态环境研究理念相

同，因此在化学教学中开展环境教育可以真正发挥其教育价值。在中学阶段化学教学中，环境教育工作开展需要注意以下几方面内容：

首先，在现阶段化学教学中，提倡绿色化学理念，在开展环境教育工作时，要明白环境教育与绿色化学理念共通之处。在中学化学教材中，有关环境教育内容虽然多，但大都较为分散，没有一个完整系统的环境教育课程，很难直观给学生进行讲解。因此，化学授课教师在穿插环境教育内容时，可以先让学生了解绿色化学理念，通过绿色化学理念让学生明白节约资源、保护环境的重要性。化学教师还可以通过组织相关实验来让学生更为直观了解环境教育价值，以培养学生环保意识。

其次，我国中学化学教材中有关环境保护内容都是阐述某种化学物质或元素对环境所造成的危害，并没有提出如何解决环境污染问题，从而影响学生对化学领域判断，形成错误化学观念，不利于环境教育工作开展，无法达到其真正的目的。环境教育是一门综合性学科，在开展环境教育工作时，既要让学生认知环境污染对人类和社会发展带来危害，还要准确告知学生如何防止环境污染，通过技术手段改善生态环境，在培养学生环保意识的基础上，让学生可以通过不断学习来提高自身能力，并将所学知识应用于社会中，对世界生态环境保护做出贡献。这对中学化学教师提出更高的要求，在课堂讲解时，化学教师不仅要对教材中环境危害进行详细解释，还应从各个角度对环境污染原因和解决方法进行讲解，让学生全面了解化学对生态环境影响。例如，化学教师在讲解二氧化氮和二氧化硫对大气的污染时，就应对二氧化硫和二氧化氮产生原因进行讲解，并告知学生二氧化硫和二氧化氮会对生态环境造成何种危害，如会导致酸雨、污染土地等。最后，化学授课教师还应给学生讲解如何解决大气污染问题，让学生了解二氧化硫和二氧化氮污染防治措施，为增加学生学习热情，可以让学生观察生活中哪些行为可以改善大气污染，在授课过程中还可以穿插我国对二氧化硫和二氧化氮排放标准控制，让学生综合全面发展，真正起到环境教育目的，增强学生环保意识和责任感。

在高中化学教材必修一和必修二中有讲述关于碳排放、氮排放等元素对环境造成危害的内容，也有关于自然资源开发利用以及新能源对世界发展重要性的相关内容，以下通过三个案例来进行分析。

（1）酸雨

在高中化学必修一教材关于硫元素内容中，有提到酸雨形成主要原因是二氧化硫，化学教师在讲述这一内容时，就可以结合环境教育来进行讲解。首先，化学教师要给学生讲述酸雨的由来，酸雨一词是英国化学家史密斯提出的，其意义是指在降雨时，雨水的 pH 值（酸碱度）小于 5.6，呈酸性。随后，授课教师应着重介绍酸雨给人类所带来的危害，如酸雨可以致使森林树木枯死，严重威胁生态环境安全。目前，我国国土面积受酸雨危害影响严重的国家之一。在进行讲解时，教师可以借助多媒体视频、图片等更直观地展示酸雨对自然生态的危害性，加深学生记忆力。

当学生充分认识到酸雨的危害后，教师可以再向学生讲解酸雨的防治措施，让学生能够主动去学习，树立学生正确价值观念，培养学生环保意识。

（2）光化学烟雾

在高中化学必修一教材中有关于氮氧化物反应的课程，其中介绍了氮氧化物是形成光化学烟雾主要原因。教师在讲解这一课程时，需要向学生介绍化学烟雾的含义。化学烟雾并不像酸雨那样被人熟知，但其对生态环境危害与酸雨相比有过之而无不及，如历史上著名的洛杉矶光化学烟雾事件等，严重危及人类生存环境。化学教师还可让学生自己查阅资料来寻找光化学烟雾的影响，让学生积极参与到环境教育中来，体会到环境保护工作重要性。

（3）全球气候变暖

在高中化学必修一教材中有关于二氧化碳相关内容，而二氧化碳是导致世界气候变暖的主要原因之一。化学教师在讲解二氧化碳内容时，首先要讲解二氧化碳形成的原因和过程，再介绍二氧化碳超标对大气和生态造成影响。教师在授课时可以列举大量数据来证明二氧化碳的危害，短短几年的数据变化会让学生感到震惊，从而意识到全球气候变暖对人类生存的危害性，增强学生环保责任感。

3.通过环境教育，提升科学素养

环境教育目的是树立学生正确价值观念，培养学生环保意识，增强学生环保责任感，对学生未来发展具有重要意义。在现代教育体系中，环境教育既可以丰富教学内容，还能提升学生科学素养，对教育起到了积极作用。其作用主要体现在以下几个方面：

第一，通过在教学过程中加入环境教育，可以丰富学生课外知识，让学生在学习之余了解环境，并对人与自然关系有进一步认知。人类文明发展就是人与自然关系不断发展的结果，自然环境是人类生存和发展的基础，是密不可分的，只有准确认知人与自然关系，才能进一步去追求科学，探寻真理，推动社会进步发展。第二，环境教育还可以让学生在学习课本内容基础上，学习到更多关于环境保护知识和技能。环境教育需要学生真正走到自然中，去体会大自然魅力，通过各种实践活动直观感受环境保护重要性，增强环保意识，还应学会各种环境危害现象防治措施，提升学生环境保护能力。第三，环境教育在培养学生自身环保意识同时，还要让学生引导身边其他人也参与到环境保护工作中来，在日常生活中以身作则，宣传环保意识，提高环保责任感，成为社会榜样。

随着我国对环境保护重视程度提高，对公民个人素养也提出了更高要求。我国每位公民都需要具有环境素养，学生作为我国未来发展重要群体，更应当具备强烈的环境保护意识，这也是环境教育工作的目的。教师在教学时也要科学引导学生，提高学生环境素养和科学素养。

中学化学教师在授课时，就可以结合社会热点环境问题来讲解，既可以活跃课堂氛围，调动学生积极性，还能培养学生环境保护责任感。如在讲解胶体知识时，就可以结合雾霾问题进行讲解，给学生详细讲解雾霾的组成和形成过程以及雾霾对人体的危害等；为丰富课堂内容，让学生能更直观了解雾霾，教师可以播放雾霾纪录片让学生观看；教师还可以介绍世界各国政府以及环保组织对待雾霾的方式和防止措施，使学生了解世界对于解决雾霾问题的决心。此外，化学教师还可以组织学生进行课外实践活动，通过与大自然近距离接触来增强学生环保意识；还可以让学生在课外自己查阅相关资料和数据，让学生在课堂中展示自己所查阅资料内容，并将内容张贴于学校中，引起学生注意；还可以组织学生去社区进行环保宣传，通过向居民讲解环保知识，宣传环保重要性来提高学生环保责任感与使命感。通过积极有意义的课外实践活动既可以培养学生自主能力和沟通能力，还可以提升学生环保意识，对我国环保教育有着重要作用。

二、人与自然可持续发展教育

1. 可持续发展教育是落实科学发展观的重要手段

可持续发展是人类重要发展理念，在现代教育理念中，要遵循可持续发展规律，以可持续发展价值观念为核心，通过科学完善的教育方式培养教育学生，让学生可以树立良好正确世界观、价值观和人生观，为社会和科学发展做出贡献。

可持续发展是人类未来生存发展的前提，可持续发展教育是对人思想理念的教育，旨在培养后代独立人格思想和正确思想理念，让后代可以正确看待人与社会的关系以及人与自然的关系，合理利用资源，保护生态环境，进行科学探索，实现可持续发展。教育是实现可持续发展的重要手段，在教育中推行可持续发展观念，可以从基础上培育下一代思想观念，让下一代可以正确认知自我、认知世界。

可持发展教育不再是以环境教育为主的学科，其教育内容更为丰富，肩负着人类发展的重要使命，对未来社会经济建设和发展有着至关重要的作用。

我国正处于现代化建设重要阶段，对自然资源开发利用不断增加，环境问题成为我国面临的首要问题，同时，随着我国经济迅速崛起，面临的国际竞争压力也不断增高，在双重压力下，只有从根本上树立公民科学发展意识，培养科学发展理念，将科学发展作为引导我国未来发展的方向。

科学发展教育的核心思想是"以人为本"，在科学发展教育工作开始时，教师也要时刻强调以人为本，在教学过程中以学生为中心，围绕学生开展教育工作，将培养学生思维能力，提升学生科学素养和保障学生身心健康发展放在首位。科学发展教育旨在提高公民意识，提升公民综合素养，树立科学发展价值观念，将科学放在重要位置。因此，在现代教育体系中，要将更多的科学知识纳入教学内容中，让学生不仅可以学到基础书本知识，还应锻炼其独立人格，提升学生综合素养，为我国未来发展储备人才，实现真正可持续性发展。

2. 在高中化学教学中渗透可持续发展教育

（1）在化学教学中渗透可持续发展观教育体现了课程标准的要求

2003 年 4 月我国教育部门正式出版了全国普通高中化学实验教材《普通高中化学课

程标准（实验）》，这也标志着我国教育体制改革正在不断深入，化学课程在教育体制改革中具有重要意义。

课程的基本理念强调要立足于学生适应现代生活和未来发展的需要，构建"知识与技能""过程与方法""情感、态度与价值观"相融合的高中化学三维课程目标体系。基于以上理念，课程的总目标指出"课程以进一步提高学生的科学素养为宗旨，激发学生学习的兴趣，尊重和促进学生的个性发展，帮助学生获得未来发展所必需的化学知识、技能和方法，提高学生的科学探究能力"。在实践中增强学生的社会责任感，引导学生认识化学对促进社会进步和提高人类生活质量方面的重要作用，理解科学、技术与社会的相互作用，形成科学的价值观和实事求是的科学态度，培养学生的合作精神，激发学生的创新潜能，提高学生的实践能力。因此，课程内容在设置上力求反映现代化学研究的成果和发展趋势，积极关注与化学相关的社会现实问题，帮助学生形成可持续发展的观念，强化终身学习的意识等。课程结构必修模块中的"认识化学科学""常见无机物及其应用""化学与可持续发展"，选修模块的"化学与生活""化学与技术"和"有机化学基础"等内容全部以化工生产、生活实际中的常用物质和常见现象、当代重大的自然和社会问题及化学重要史料等为载体来设置。通过这些内容既可创设学习情境，充分调动学生学习的主动性和积极性，使学生积极参与学习过程，进行自主学习、探究学习和合作学习，增强创新精神和实践能力，形成科学的自然观和严谨求实的科学态度；又可帮助学生深刻认识化学和社会之间的相互关系，树立可持续发展的思想，逐步形成对有关的社会问题做出判断决策的能力，形成科学的态度和价值观。

综上所述，课程标准对可持续发展在高中化学课程中的作用进行了全方位的阐述，从课程的设计理念、思路、目标和内容编选上都强调了可持续发展教育的重要性，要求学生通过化学学习，形成可持续发展的态度与价值观，完善可持续发展的知识与能力，养成可持续发展的行为与生活方式。

（2）在化学教学中渗透可持续发展教育是落实三维课程目标的需要

著名思想家科沃达说道，可持续发展教育的本质是可持续发展的教育，同样教育的目的是可持续发展。因此，可持续发展教育要体现"情感、态度与价值观""过程与方法"以及"知识与技能"三个思想理念，实现三维目标教育。在中学化学教学汇总渗透三维课程目标对实现可持续发展教育具有重要意义。

（3）高中化学教科书中有关可持续发展教育内容的分析

化学教科书中有关可持续发展教育的内容是进行可持续发展教育的载体。今天，化学已发展成为材料科学、生命科学、环境科学和能源科学的重要基础，成为推进现代社会文明和科学技术进步的重要力量。化学与材料、生命、环境、能源紧密相关，而这几方面正是进行可持续发展首先要解决的问题。下面以材料可持续发展、能源可持续发展两个角度为例来梳理高中化学教科书（鲁科版）中有关可持续发展教育的内容。

①材料可持续发展

材料种类繁多，渗透到人类生产、生活的各个方面，不断推动着人们物质生活水平的提高和社会经济的繁荣。但随之而来的是材料广泛应用带来"大量废弃物"而导致的资源枯竭、环境恶化等问题。为解决这一难题，人类必须在产品、材料设计和使用方面进行观念上的根本变革。因此，人们将目光投向那些在整个寿命周期中对环境造成的负荷小、耗竭性资源再生循环利用率高的产品和材料。这类材料为环境协调性材料，简称环境材料。这是未来材料可持续发展的努力方向——寻求材料的合理开发、资源的循环再生利用，而且保证自然、经济、社会的可持续发展。

化学教科书中涉及无机非金属材料和金属材料、有机高分子材料及化合物、复合材料、生活中的材料等内容。

从上述内容我们很容易发现，材料科学在高中化学中占有重要的地位。学生需要通过学习明白材料是人类赖以生存和发展的基础，而新型的环境材料的开发和应用是解决材料可持续发展的途径。

那么，在化学教学中教师应怎样渗透材料的可持续发展呢？总体来说，化学与材料科学这部分内容在教学中应尽可能以学生活动为主、教师活动为辅，注重引导学生通过调查、资料收集等活动，认识身边的常用材料；结合现代材料的发展及其在生活中的应用，有重点地引导学生认识某些材料的特性，认识新型的环境协调材料的发展方向，从而对材料的可持续发展建立初步的认识。

例如，教师在讲解化学必修 2 教科书中的"塑料、橡胶、纤维"这一节时，为开阔学生视野，让学生认识到材料可持续发展的世界前沿科技水平，教师可做如下介绍：全球最大的化学公司之一的拜尔公司发明了化学新材料——高强度聚氨酯泡沫，这一技术可以广泛应用于新建房屋和旧房改造，仿佛给房屋"穿上了衣服"，这样的节能房屋被称为"2升房屋"，一年内取暖仅仅用不足 2 升的燃料，约是其他普通房屋的十分之一。再如，面对全球垃圾与日俱增而天然资源日渐枯竭的残酷现实，现在人们比以往任何时候都更加关心那些固体废弃物，力图构建实施绿色循环系统工程技术，从而获取绿色循环材料，如再生纸、再生塑料、再生橡胶、再生纤维、再生金属等。我国农用地膜覆盖面积居世界第一位，考虑普通塑料薄膜的替代品——可降解塑料是必然的选择。目前这一领域已取得令人满意的进展，现已投产的共聚型光降解塑料基本可以解决这一问题。

在选修 1 化学与生活教科书中的"认识生活中的材料"一课中，教师在介绍家居装修材料时可以给学生补充如下可持续发展材料的实例：2007 年的绿色合成路线奖颁给了美国俄勒冈州立大学与哥伦比亚木业公司以及赫克力士集团公司，他们合作开发了一种用大豆粉为原料制备黏合剂的替代品，这种新技术为木板复合材料的生产者和使用者提供了一种甲醛的替代黏合剂。同时，这也为大豆的销售提供了新市场，改变了大豆生产过剩的局面，增加了种植大豆农民的收入。

②能源可持续发展

从某种意义上讲，人类社会的发展离不开优质能源的出现和先进能源技术的使用。在当今世界，能源的发展、能源与环境的协调问题，是全世界、全人类共同关心的问题，也是我国社会经济发展面临的重要问题。随着社会的发展，能源的供需矛盾日趋尖锐。因此，如何合理地利用现有能源、开发新的能源是人类必须关注的重大社会问题。未来全球竞争的核心在高科技领域，新经济的增长点不再是过去的能源、原材料、劳动力密集的行业，而是知识和技术密集的行业。我们要实现可持续发展，也要高效利用能源、发掘新能源，走能源结构多样化、能源优质化的道路。

化学教科书中介绍的能源还有电能、风能、太阳能、氢能等新能源。

在化学选修 4 化学反应原理教科书中的"原电池"一节中，教师在介绍燃料电池时，可以介绍甲醇燃料的优点。首先，由煤制合成气生产甲醇，技术成熟，可以工业化生产，是煤的洁净利用的重要方向之一。其次，甲醇是清洁的汽油代用燃料。一旦燃料电池汽车在技术和经济方向拥有较强的竞争力，甲醇燃料电池将具有广阔的发展前景。

教师在介绍汽车燃料的清洁化时，可以介绍现代前沿的环境友好型机动车燃料：由菜油生产的生物柴油，由植物糖类生产的生物乙醇及其衍生物乙基叔丁基醚（ET–BE），以及由木质纤维素生产的生物甲醇及其衍生物甲基叔丁基醚（MTBE），它们都是清洁的汽车燃料的替代品。再如，2001 年上半年，国家批准了以玉米为原料的吉林燃料乙醇建设项目，可再生能源——乙醇汽油的应用在我国已经变为现实，并将形成全国推广的局面。

通过化学教学过程中对能源可持续发展的介绍，教师要让学生认识到我国要实现可持续发展，必须发展清洁能源，开发新能源，实现能源的可持续发展。

第四节 化学辉煌成就及爱国精神

对于学生的人文素养的培育和健康发展在新课程标准中是这样进行阐述的："在整个大的市场文化环境下，对高中化学课程体系进行建立和重塑，将化学教程中内涵与文化体现在大众视野，进一步促进化学教程培养学生精神的意义。"化学教程不仅要体验教学意义，还应该包含对国家民族的情感表现和热爱，对此也有具体地阐明："每个学生应该将热爱祖国和家乡，为国家富强、社会发展而不断努力，贡献自己力量，树立浓烈的责任感。"化学家戴安邦教授曾经讲过："对于化学教育来说，单纯进行知识传递并不够，而应在教授知识和技术的基础上，对思维扩展和训练方法进行培育，而且对于科学发展的理念和精神是更重要的体现。"化学教授傅鹰提到："化学的教授可以帮助人传递知识，而化学历史的发展和进步可以提高众人智慧。"

我国具有几千年的悠久历史，对于社会的进步和发展都离不开民族精神和爱国主义精神的推动，因此树立崇高的爱国态度和精神具有极高凝聚力，能够将全民族团结在一起。因此对于社会主义建设的发展，需要对祖国的花朵进行民族精神教育，让学生从内心深处热爱国家，热爱民族，建立崇高的爱国思想，将国家的利益和发展放在首位，在日常生活中以自己的行动力来证明，不断学习充实自己，为祖国的繁荣昌盛贡献自己的力量。

化学自身属性和特质，决定其本身教育内容中需要包含爱国主义精神教育的内涵。并且由于时代在不断进步，化学这门学科日新月异，技术不断提升，对其中爱国主义精神内涵的填充更应该丰富多彩。当前的化学教育，在知识讲解和技术教授过程中甚少包含爱国主义精神的传递，这对于学生学习化学来说是极为不利的，使得学生没有足够的责任心和动力，完成学习使命，为祖国发展而努力。这就对化学教师提出了更高要求，应该将历史与事件融合到教学中，帮助学生树立崇高爱国思想。因此在化学教学课程中充分融入爱国教育是十分必要的，能够弘扬和培育民族精神。

化学的教学内容中体现了大量的历史和材料，能够对人类整个发展进程进行表现和阐述，在社会不断摸索探究中化学家的精神和品德淋漓尽致体现出来，因此这些历史材料具有深远意义，能够帮助学生树立良好的价值观，提供精神层面的支撑。

在化学的教学内容中有很多爱国主义教育的案例和素材，因此化学教师应该积极利用这些内容对学生进行言传身教，不断创新教学模式，采用多种形式和方法，激发学生兴趣，帮助提高学生爱国主义精神，提高对祖国、对民族的热爱。

一、化学家的爱国主义精神

国内外有很多杰出的科学家、化学家，其中不乏爱国者，对于他们来说，从小就具有远大理想和抱负、一直对科学保持热爱的态度、一直热爱自己的国家是始终秉承的信念和坚持。

（一）我国化学家的爱国主义精神

爱国主义是指人民对自己的国家具有很深的依存性和依赖感，对自己的国家、民族和文化具有深切责任和认同，能够将精神凝聚团结在一起，保证国家荣誉和尊严的统一和发展。爱国主义是促进个人与国家关系的纽带和核心，能够约束个人的行为和道德，保证政治原则得以顺利执行，促进法律法规完善和效力。祖国是一个人立足的根本和起点，一个人在世界上生存和发展，需要物质条件和精神食粮，而这离不开祖国的支持。简单的爱祖国、爱家乡的话语也能看出祖国对一个人的重要性，只有祖国发展繁荣昌盛，才能有个人和小家发展的空间，因此国家的利益应该放在首位，爱国不仅仅是一种精神，更是应该履行的义务和责任，是每个人都应该做到的基本要求。

热爱祖国是一件具体且需要付诸实践的事情，不是抽象难以理解的事物。祖国的河山、同胞感情以及民族文化都是不可分割的整体，同时每个人的命运与国家发展是密不可分的，因此每个人都应该关心国家发展和前景，将国家至高利益放在首位，为祖国强盛不断努力，贡献自身力量，只有国家更加富强，个人才能有更多发展进步机会。

所谓对国家产生认同感，就是要每个人对国家文化以及政治立场做到接受和承认，对国家有深刻依赖感。只有对国家产生认同才能将国家看作自己的家一样，能够自发热爱自己的国家和人民，在出现问题时能够站在国家角度捍卫民族尊严，这才是对祖国发自内心的热爱。对国家产生认同感能将自己的精神和国家、民众的精神凝聚在一起，能够产生强烈号召力和精神感染力，尤其是像我们国家民族众多，文化复杂，更需要培养民众对国家认同感以及深刻凝聚力，这对祖国的发展具有深远影响。

著名化学家田中群曾经说过，人们对他的看法不应该发生改变，在他看来生活并没有因为当上院士而发生改变，这是因为即便换了岗位也不代表智力和能力有质的飞跃。田中群在年轻的时候也跟大部分人一样，下乡、插队，但是这并没有让他气馁，而是更加磨炼意志，认为自己正是因为这段经历而珍惜生活，更为坚强，懂得如何为人处世。

田中群是经历"文化大革命"后第一批努力考入大学的人，本科毕业于厦门大学，后又继续留校攻读硕士学位，后来经过自己努力，考入英国南安普敦大学跟着导师弗雷史门继续攻读博士学位，其导师是著名的皇家学会院士，史上第一个将激光拉曼光谱应用于电化学进行研究的学者，因此田中群也第一时间就接触到电化学内容，并走在研究前沿。一直到1987年，田中群博士毕业后回到中国，准备奉献自身才智和能力，后来他在"表面增强拉曼散射（SERS）"方面研究做出杰出贡献，当选为中国科学院院士。其研究内容主要是讲述了表面增强拉曼散射效应能够导致分子在金属层面的拉曼信号远远超过液体或者气体中的传播，甚至能够高达上百亿倍。而这个研究在化学界引起极大风波并得到了广泛的关注，突破了以往的研究，使得人们可以采用技术检验单个分子。因为这项研究之前，化学家都普遍认为只有金、银、铜才能具有这种特性，而田中群则证明除了这三类金属，还有很多金属例如铁、铂等依旧存在这种属性。

从这方面就很容易理解田中群所从事的表面增强拉曼散射研究的意义：作为极高灵敏度的化学和生物传感器，只需极少的量，就能获得有关分子结构细节的拉曼谱图。它已被成功地应用于糖尿病的血糖和肿瘤细胞的快速检测，当然，还有检验微量毒品和炸药及无损伤地鉴定古画等其他用途。

人们普遍误解以为，科学家只要灵感迸发就能取得突破性进展和结论，但是现实都需要长久的经验积累和不断试验，才能获得成功，田中群就是其中一个个例，在成功的路上遇到很多坎坷与问题。

就像之前阐述的内容，在20世纪末，有很多研究表面增强拉曼散射研究的化学家认为研究已经没有必要进行，从而转移自身研究方向和内容，甚至连田中群的导师，当初开创表面增强拉曼散射研究领域的先导者，也曾一度要放弃，认为没有研究的价值。

即便其导师觉得此项研究没有价值，但也教会了田中群不要轻易相信权威，因此毕业回国后，田中群依旧相信此项研究具有深刻影响和价值，决定继续从事这方面研究，在其看来只要能够证明过渡金属表面可以产生拉曼散射效应，就能够对化学各项研究和应用于不同领域产生帮助，尤其是催化、电池和腐蚀等行业中。一开始研究的前三年，田中群在此方向并没有获得实际进展，这对于他来说也是沉重打击，而这方面研究的化学家转方向的有很多，田中群开始自我怀疑，是否应该继续走这条路，因为一旦这项研究没有任何价值，他将一生一无所获。

经过长期的思想斗争后，田中群还是决定继续这项研究，在他看来，表面增强拉曼散射的原理在没有被完全解释清楚之前，所有结果都是未知的，不能轻易放弃，并且他对这个研究内容充满了兴趣，认为在某些粗糙的金属面，有些分子能够达到之前信号强度的百万倍，这之间肯定隐藏着某些不被人知的科学秘密。

在田中群看来，做研究并不仅仅是为了结果和成功，而是在整个探究和试验的过程中，充满了不确定和乐趣，有时候会碰撞出意想不到的火花，并且在不断科研试验的过程中，能够磨炼自身技巧和能力，提高自身技术水平。最终田中群获得了自己想要的成果，1995年开始，田中群带领科研小组建立多种制作表面的方法，并且在多种过渡金属例如铁、铂等表面取得拉曼光谱信号，通过不断计算和实验证实了其表面确有数千甚至数万倍的增强效应，为了获得这个成绩，整个团队付出了无数的汗水和心血。有时候同事让其休息，但是田中群始终处于紧张工作中，为工作付出了自己的全部。

通常一个人在获得很高的荣誉后，周边环境会因此发生变化，很多人难以抵抗诱惑，但是熟知田中群的人都深刻了解其的自制力和能力，对于一个很长时间不求结果沉迷科研的探索者来说，试验和科研是他的全部，如果因为院士的职位轻易迷失，别说别人，哪怕他自己也难以接受。

田中群在国外进行研究，学习国外知识和技能后，最后毅然决然回国报效祖国，将自己的才能和知识都奉献给了祖国，奉献给母校厦门大学，这个案例作为教学内容传授给学生，可以让学生充分体会爱国主义的精神。

（二）外国化学家的爱国主义精神

文化的影响十分深远悠长，不论对一个国家还是民族来说，都是重要精神纽带和核心。在一个大的文化背景下，人们会因此对社会产生认同感和依赖感，具有凝聚时间空间的力量。因此要想保证社会秩序的稳定和和平，离不开文化的调节和灌输，这是一个国家对民众培育民族影响力和精神意识的基础前提。对于一个国家来说，培养民众对国家、民族的认同感，不仅需要法律法规强制与约束、公民自我道德的规范，还需要塑造一个文化浓厚的氛围。只有当这种文化情绪到处可循时，才能渗透到民众日常生活中，帮助人们形成文化思维，逐渐培养对国家的认同感和依赖感。

广为人知的居里夫人于波兰华沙出生，父亲是中学教师，家中兄弟姐妹一共五个，而居里夫人是年纪最小的一个，从小就表现出超出常人的聪明与才智，才中学毕业就能拿到含金量极高的奖章，一心渴望求学，在当时的环境下要想上大学只能去国外，这并没有击垮居里夫人，她选择打工攒钱，为出国做准备，后来到巴黎上大学，取得了物理学硕士和数学硕士双学士，后来居里夫人找到一个志同道合的伙伴结为夫妻，走上共同探索科学的道路。

1898 居里夫人在试验过程中发现了比铀放射性强的元素，两个人便一直想办法通过各种实验将其分离出来，甚至将几千克的矿石进行成分分组，过程漫长又困难，终于将这种元素分离出来且沉淀在硫化铋中。最终法国科学院根据此研究发表报告正式命名这种元素为钋（Polonium），命名的方式是以两个国家名字来参考。

Polonium 一词正是从居里的祖国波兰（Polonia）一词而来。它的元素符号因而定为 Po。要知道钋在沥青铀矿中的含量仅仅是一亿分之一，用一般的化学方法把它富集起来其艰巨程度不可想象。

爱因斯坦曾经写过一本专门悼念居里夫人的作品，其中就给予居里夫人崇高评价：爱因斯坦认为像居里夫人这样伟大的科学家即便一生结束后，人们对其怀念的原因不应仅包含她在科研方面所取得的巨大成果，还应包含着她为时代、为社会发展所做出的伟大贡献。加之其本身也具有非常崇高的品格，更应得到正视与认可。所以在进行化学周期元素这方面内容教学的时候，教师可以举居里夫人的例子帮助学生记忆，并且能够激发学生崇高爱国主义精神，能够坚定学生从事科研和科学创新的信心。

二、我国辉煌的化学成就

对于我国古代科技做出的成果，李约瑟给予极高评价，他认为由中国完成的科技和发明，不仅仅促进西方科技与文明进步，更是推动了整个世界向前发展的脚步。

（一）古代中国辉煌的化学成就

之前在中国漫长的几千年岁月中，对于中国化学内容和教育主要体现在火药、造纸、制陶、药学等方面，专注化学技术和工艺的传承和教授，并且流传出很多广为人知的著作，例如《抱朴子内篇》《天工开物》等，其中蕴含很多化学方面知识，具有深厚文化传递内涵和意义。而直到新中国成立以后，对于我国化学教育就进入了一个新的时代。

教师在对学生进行知识传授时，可以在内容中引入大量的历史上关于化学方面的案例，比如在上"铝金属材料"一课时，可以以"马踏飞燕"和"沧州铁狮子"为例，将我国古代冶金技术和成就向同学们展示，让同学们深刻了解到我国古代冶金技术的高超和劳动人民的智慧，而讲述钢铁冶金方面时，可以以古代的冶炼生铁技术为例，详细阐述我国冶炼生铁和炼钢技术，远超国外几千年，足以证明我国群众的能力和智慧是无限的，让学生产生浓厚的民族自豪感。比如在教授"硅酸盐材料"一课中，可以将我国化学历史发展传输给学生，比如我国在新石器时代就开始烧制陶器，商代就能制造瓷器，宋朝的官窑瓷器、元朝的青花瓷制作都十分精美华丽，明清时期更是发展到顶峰，从西方国家对中国的英语命名足以看出我国烧制瓷器的高超技术。让学生充分了解化学在我国历史发展中的重要性和意义。在教授"饮食中的有机化合物"一课，可以向学生讲述我国酿酒的历史，比国外最早的还要早上一个世纪，蒸馏分离技术在国际上也是领先地位。而有关石油方面内容教授时，教师可以告知学生我国在西汉就已经发现石油且用来做能源和燃料。并且在我国已存著作中就有写明，《梦笔溪谈》中首次提出石油这个词，对于石油可以促进燃烧的性质做了详细阐述。足以看出我国古代人民具有极高智慧和行动力，在化学各领域做出极高的贡献和价值。将此类知识传递给学生，可以提高学生的学习积极性与兴趣，产生浓烈的爱国情怀，为祖国发展和强大而努力、而自豪。

英国哲学家弗兰西斯培根曾经对我国的三项发明印刷术、指南针、火药给予高度评价，认为这三项发明对整个世界进程带来了完全不同的改善，一是带来了学术知识方面的进步，二是对航海产生推动，三是给予战事带来更多的方式。马克思认为，这三项发明对世界发展和人类文明进程造成不可估量的影响，甚至影响各教派、国家关系、人类和平等。火药、印刷术、指南针这三项发明带来的是资产阶级社会的到来，指南针为世界打开新的市场，逐渐造成殖民地与半殖民地的存在，而火药的出现使得整个骑士阶级彻底粉碎磨灭，印刷术则推动了教育事业的发展以及文化结晶著作的留存。总而言之，科学复兴与发明被这三项发明狠狠冲击，是精神发展和社会进步重要支撑。

在教学过程中，如教授化学元素硫的时，教师可以给学生拓展火药的发明与发展史，延伸到我国的四大发明内容上，改变了整个世界的进程，让学生对我国科技进步感到自豪和认同，进一步激发内心爱国主义精神，更加热爱祖国、热爱民族。

（二）新中国成立以来中国辉煌的化学成就

新中国成立以来，我国经济稳步发展，科技不断进步，化学科技也进入飞速发展时期。1965 年研发合成牛胰岛素，这在世界上是第一个先例，研发出人工合成且具有活力的蛋白质。1972 年有新的发展——青蒿素，这一发现拯救了数百万人生命，对全球产生深远意义。1981 年成为世界上第一个人工合成核糖核酸的国家，促进了医药学的进步和发展，应用到众多领域，带动经济产业进步。同一时期，我的钢铁、煤炭、农药、材料、水泥等工业也飞速崛起，尤其是钢铁的产量多年位居世界首位。进入 21 世纪，我国不断提高我国国防能力，研发制造多种新型武装设备，武装军队。这都是由于科学发展的进步和提高带来的成果，而化学在其中的作用功不可没，例如新型炸药、智能材料等都离不开化学的研发和实验。在对学生进行化学知识教授时，将这些内容体现其中，可以让学生充分了解化学的重要性，理解到我国工业、国防的飞快发展，祖国的强大和能力，增强学生对祖国的热爱和使命感。

中国科学院生物研究所等多个单位在经过长达 6 年的研究和奋战，于 1965 年 9 月 17 日利用人工办法合成了蛋白质结晶牛胰岛素，并且具有生物活性。这一壮举使得我国成为世界上第一个利用人工方法合成蛋白质的国家，在当时是最大的具有活力有机物。蛋白质研究一直被喻为破解生命之谜的关节点。胰岛素是蛋白质的一种。由此，胰岛素的人工合成，标志着人类在揭开生命奥秘的道路上又迈出了一步具有重大意义。在"饮食中的有机物"一节教师可以向学生重点介绍这项科研成果，增强学生的爱国主义情感发挥重要的作用。在选修阶段进行化学药品与健康相关内容的教学时，教师可以向学生介绍屠呦呦率领其团队发现青蒿素，并于 2015 年获得诺贝尔生理学或医学奖的事迹。通过对屠呦呦克服种种困难发现抗疟药物青蒿素过程的具体阐述，学生深刻理解了爱国主义的内涵。

第五节 化学发展中的挑战

一、21 世纪化学的四大难题

随着世界科学研究不断深入，科学领域也面临着挑战。21 世纪初期，生物学界和物理学界都提出了在 20 世纪研究目标和所面临挑战，而唯独化学领域没有科学家提出化学研究所面临的主要问题。化学领域研究真的没有研究目标吗，下文对此进行详细探讨。

1. 化学的第一根本规律——化学反应理论与定律

化学学科属于自然科学，其主要研究世界各物质元素变化过程，总结物质变化规律。在化学领域中，化学的反应理论与定律是化学研究的第一根本定律。人类在化学领域研究已经持续很久，并取得了相应成就，许多领域实现了质的突破，但还没有真正完全了解化学反应理论与定律，还处于研究探索阶段。因此，在今后化学领域发展和研究过程中，对化学反应理论的研究依旧是化学家们所面临的主要问题和挑战；如如何对化学反应进行有效控制，怎样计算化学反应速率，如何准确地使催化剂应用于环境，两种物质之间是否会产生化学反应，等等，都继续通过实验研究去解答。（1）充分了解若干重要的、典型的化学反应的机理，以便设计最好的催化剂，实现在最温和的条件下进行反应，控制反应的方向和属性，发现新的反应类型、新的反应试剂；（2）在搞清楚光合作用和生物固氮机理的基础上，设计催化剂和反应途径，以便打断二氧化碳、氮气等物质稳定分子中的惰性化学键；（3）研究各种酶催化反应的机理。酶对化学反应的加速可达 100 亿倍，专一性达 100%。如何模拟天然酶制造人工催化剂是化学家面临的难题；（4）充分了解分子的电子能级、振动能级和转动能级，用特定频率的光脉冲来打断选定的化学键。

2. 化学的第二根本规律——结构与性能的定量关系

这里"结构"和"性能"是广义的，前者包含构型、构象、属性、粒度、形状等，后者包含物理、化学和功能性质以及生物和生理活性等。这是 21 世纪化学应该解决的第二个难题，与这一难题相关的研究课题有：（1）分子和分子间的非共价键的相互作用的本质和规律；（2）超分子结构的类型，生成和调控的规律；（3）给体－受体作用原理；（4）进一步完善原子价和化学键理论，特别是无机化学中的共价问题；（5）生物大分子的一级结构如何决定高级结构？高级结构又如何决定生物和生理活性？（6）分子自由基的稳定性和结构的关系；（7）掺杂晶体的结构和性能的关系；（8）各种维数的空腔结构和复杂分子体系的构筑原理和规律；（9）如何设计、合成具有人们期望的某种性能的材料？（10）如何使宏观材料达到微观化学键的强度？例如，"金属胡须"的抗拉强度比普通的金属丝大一个量级，但还远未达到金属键的强度，所以增大金属材料强度的潜力是很大的。对这一个难题的解决比对第一个难题的解决更为迫切，因为它是解决分子设计和实用问题的关键。

3. 活分子运动的基本规律

充分认识和彻底了解人类和生物体内活分子的运动规律，是 21 世纪化学亟待解决的第三个难题。与这一难题相关的课题有：（1）研究配体小分子和受体生物大分子的相互作用，这是药物设计的基础；（2）搞清楚光合作用、生物固氮作用，研究能否在化学工厂中，在温和的条件下，实现这两个催化反应；（3）搞清牛、羊等食草动物胃内酶分子如何把植物纤维分解为小分子的反应机理，为充分利用自然界丰富的植物纤维资源打下基础；（4）人类的大脑是用"泛分子"组装成的最精巧的计算机。彻底了解大脑的结构和功能是需要脑科学、生物学、化学、物理学、信息和认知科学等交叉学科共同来解决的课题；（5）了解活体内信息分子的运动规律和生理调控的化学机理；（6）了解从化学进化到属性和生命起源的飞跃过程；（7）如何实现从生物分子（Biomolecules）到分子生命（Molecu-lar Life）的飞跃？如何制造活的分子，跨越从化学进化到生物进化的鸿沟？（8）研究复杂、开放、非平衡的生命系统的热力学、耗散和混沌状态、分形现象等非线性科学问题。

4. 纳米尺度的基本规律

纳米分子和材料的结构与性能关系的基本规律是 21 世纪化学应该解决的第四个难题，也是物理学需要解决的重大难题之一。现在中、美、日等国都把纳米科学技术定为优先发展的技术。在复杂性科学和物质多样性研究中，尺度效应至关重要。尺度的不同，常常引起主要相互作用力的不同，导致物质性能及其运动规律和原理的质的区别。纳米尺度体系的热力学性质，包括相变和"集体现象"的铁磁性、铁电性、超导性和熔点等与粒子尺度都有重要的关系。当尺度处于量子尺度和经典尺度的模糊边界中，此时热运动的涨落和布朗运动将起重要的作用。例如，金的熔点为 1063℃，纳米金（1~100 nm）的熔点却降至 330℃；银的熔点为 960.3℃，而纳米银（1~100 nm）的熔点为 100℃。

二、化学是把双刃剑

人类社会不断进步发展离不开科学研究与发明，科学技术的进步引领了人类社会进步，并促进人类社会发展，也改变了人们日常生活方式。人类文明发展过程是认识自然并与自然抗争的过程，随着科学技术水平提高，人们已经可以正确处理人与自然关系，这也使人类对未来发展充满信心。但从 20 世纪开始，人类与自然的矛盾再次显现出来，越来越多的自然挑战使人类遭遇了前所未有的环境压力，如自然资源危机、生态环境危机、地球生态环境失调、全球气候变暖、大规模杀伤性武器、核武器泄露等，都严重危害人类生存环境安全，这些问题的出现，也让人们改变了固有的看法，开始寻求新的科学探索。化学领域的发展让人们开始有了新的思考，如今提到化学，人们首先想到的不是化学给人类的贡献，而是化学所引起的负面影响，如环境污染问题、食品安全问题等。科学研究是为了服务于人类，但不当的科学成果利用也足以给人类造成威胁，如何正确看待科学研究成为当今社会人类面临的主要问题。

人类所面临的环境生态问题不仅仅是从 20 世纪开始的，人类文明发展过程中无不伴随着各种威胁，如现代战争、资源利用不合理、生态环境破坏等问题，这些问题的出现也体现了人类所处生存环境的本质。随着人类思想意识的提高，越来越多的人将环境威胁的原因推给了曾经让人类引以为傲的科学研究。20 世纪开始，这种观点不断传播，人们谈到科学时往往都在想其对人类生存环境的威胁，而忘记了科学给人类进步所带来的贡献。之后，人们认为科学研究是一把"双刃剑"，这使得人类再次对未来充满担忧，人类还可以继续进行科学研究吗？还能继续依赖科学推动社会发展吗？科学还可以再次帮助人类解决自然环境危机吗？

可以说正是科学将人类文明推向前所未有的高度，让人们可以正确处理人与自然的关系，有效利用自然，也让人们的生活水平不断提升。正因为如此，科学家们的社会责任越来越重，科学家不再指某一领域的研究专家，如单纯的数学家、单纯的物理学家或社会学家，他们都不能再称为科学家，在某一领域的研究不能改变社会，也无法解决人类所面临问题，对科学成果所带来的影响毫不关心，不能对科学发明造成后果承担责任，这些人无法称为科学家。

科学家需要对其所研究科学理论和科学发明承担责任，如果科学家的科学发明可以影响人类生活，改变社会发展模式，那么他们就必须有能力控制科学应用发展，将科学发明应用于对人类有利之处，要有一定道德素养。对科学技术和科学发明的妥善应用并不只是科学家的责任，每个人都应肩负着科学使命。倘若某一项科学发明被投机者所应用，以破坏人类生存环境为目的时，人类不能将所有责任都让发明此项技术的科学家承担，这对科学领域和科学家来说都是不公平的。

在 21 世纪，人类面临的主要问题就是生态环境问题，这也是人类批判科学的主要原因之一。通过研究人类发展历史看，生态环境问题并不是 20 世纪才出现的，其一直伴随着人类文明的发展。恩格斯认为，人类与自然关系的问题属于哲学问题，人类文明发展就是人类企图征服自然的过程，人类发展的目的就是让自然能够完全臣服于人类，能够支配大自然，让大自然为人类服务。因此，人与自然的抗争是永远不会消失结束的，这种关系一直存在，且会永远保持下去，与此同时，恩格斯也提出了自己的观点，他认为自然力量是未知的，人类要彻底征服自然很难实现。

恩格斯也告诫人类，我们要正确看待人与自然之间的关系，要征服自然，让自然服务于人类并非像统治其他民族和国家那样简单，人类本身就生存在自然之中，无法脱离自然，也可以说人类自己本身就是自然的一部分，人类能够利用自然的唯一方法就是总结自然中所有物质变化规律，通过总结规律来处理自然与人类问题。

如何才能更加认知自然，准确寻找自然中物质变化规律呢？只有通过科学才能完成。科学就是对自然中事物变化规律的总结，人类在当今社会所面临的环境问题是由自身原因所造成的。在很长一段时期内，人类通过许多科学成果发明获得了利用自然资源的能力，人们错误的认为已经掌握了大自然变化规律，心理开始产生变化，认为大自然在人类智慧面前不堪一击，人类也逐渐膨胀起来，把大自然看作人类的手下败将，轻而易举就可以对其肆意妄为。但是，纵观人类文明史，大自然对人类错误观念的惩罚比比皆是，其实人类放慢脚步思考一下就可以得知，科学研究本身并没有错，错误的是人类不具备与科学技术水平相匹配的科学态度和科学精神，也没有能控制科学技术的能力。

因此即便未来我们人类生存环境遇到更多危机和困难，科学与文明的力量也不能随便被抹杀。这就要求我们在未来继续发展的道路上，不管曾经取得多少成果，都不应该骄傲自满，应该对世界对环境保持清醒的态度和认知，才能保证我们在大的世界环境下继续生存。曾经我们依靠科学的发展观战胜了不胜枚举的艰难困苦，未来我们也应该继续保持好的心态和理念，促进人类社会可持续发展与进步。即便我们增加对科学产生的负面作用和后果侃侃而谈，科学家也并没有放弃，而是钻研更为先进的技术和方法去解决，促进环境的可持续发展，减缓生态环境压力。而我们人类更应该共同努力，团结一心，贡献自身的一份力量，为祖国的发展与人类未来难题度过而努力，这是我们大家都应该承担的责任和义务。化学家会利用自己的才能研发新技术积极开发新材料和能源，而我们可以节约能源，避免能源浪费。此外，研发新能源和治理环境的技术是一个无法固定和预期的时间，我们可以从日常生活中小事做起，努力缓解环境破坏、资源浪费的情况。我们给予化学家足够的时间和期待，自身努力自律，促进自然和社会和谐事业就能稳步发展，而人类也可以获得更有价值的利益。

第六节 化学未来发展趋势与我国的机遇

一、化学未来的发展趋势

著名化学教授宋心琦曾经写过一篇文章《化学家想知道什么——什么是化学学科的大问题》，对于化学未来发展和走向，提出了六个值得关注和需要改善的问题：1. 如何设计出具有特定功能和动态特性的分子？ 2.什么是细胞的化学基础？ 3.怎样制造未来在能源、空间或医药领域所需要的材料？ 4.什么是思维和记忆的化学基础？ 5.地球上的生命起源问题，以及在其他星球上如何才能够出现生命？ 6.如何才能够查明所有元素间的可能组合？这六个问题的提出犀利地阐述了化学学科目前的现状和问题，希望能够为后期的发展规划指明方向，换句话说就是化学学科未来的发展方向需要具体明确，有针对性地进行化学研究，采用正确合理方式进行跨学科发展，这六个问题的提出，足以给年轻学者更多发挥的空间，进而努力探索化学前行的道路，为祖国的建设贡献自己的才智和能力，促进国家繁荣昌盛。

对于化学的未来计划与方向，主要有以下四点趋势：一是化学未来会向更有深度、广泛的内容发展；二是绿色化学的产生促进化学的改革与生产；三是化学工具的创新应用于各领域发展；四是在重大的问题面前仍然需要化学发挥其重要作用。

所谓化学向更深度发展的内容主要体现在以下几点：深入了解分子的组合构成以及对原子的认识，将研究分子的系统逐渐完善，使其更为健全，注意化学材料的实用性和功能性，创造新分子。分子的结构以及性能之间主要靠超分子来连接，能够使分子之间结构更为牢固和高级。而针对这种目的，就需要对分子组成和材料进行计算和设计，而分子系统体系和架构模拟都需要进一步研究和讨论，这是化学向更深领域延伸的目标。

化学新工具的创新应用于各领域，能够促进化学技术的进步与创造。随着科学技术的进步和生产设备仪器的更新换代，各个行业和领域都选择更为灵敏和精准的仪器设备。因此科学家采用更先进的仪器，能够对分子和原子进行更深入细微的研究，包括微观世界的物质和属性。就像1981年，人们通过不断研究和探索，研究出单个原子，将原子和分子实现单独移动，这是化学发展史上的一大进步。而随着科技不断升级，同步辐射和各种实验方法也得以进步创新，在化学各个领域中，同步辐射光源也发挥了不可估量的作用，例如在量的水平上采用真空紫外辐射光能够进行细微观察化学共振，而更多新型实验方法则促进化学不断深入发展与进步。

绿色化学方式的产生与发展，对整个化学工艺和生产都带来了变革和创新，而未来对于化学研究的目标理念之一就是对现在化学进程的改造和新进度的创新。绿色化学的生产理念是生产有助于人类生活和工作的物质基础上，保证经济性、高效性。不仅是制造持久的产品，更是要废物利用，将大家普遍认为的废物变成对人类有用的资源，这对化学化工领域来说是一项新的变革和进步，并且当前各个国家也都开始给予绿色化学更多关注和计划。以美国为例，于1995年开设绿色化学挑战奖，2007年通过相关绿色化学法案；日本则为了防止由于化工生产污染环境造成气候变暖，进行新阳光计划，主旨在于研究和创新新能源技术和环境保护；德国则是提出相关规划为环境稳定和保护，这些都足以证明绿色化学理念在整个世界发展都得到严格关注，成为后续化学发展研究的重要理念与目标。

化学化工发展到现在，已经创造研发了许多化学合成物和反应，目前应用化学工艺已经制造相当多人类需要的物质，并且其中化学生产大部分都需要催化剂进行辅助，而且在这过程中离不开溶剂的使用。因此目前化学家应该从化学分子合成方面进行考虑，将原子经济学与绿色化学等进行融合，形成新型思路进行绿色化学的研究。通过研究与创新，研究制备出新型高效的催化剂，在保证其功能基础上，做到稳定性高、对环境污染小、废物利用。而对于溶剂而言，则要研发绿色溶剂，能够促使化工工程可持续发展，采用离子液体或聚乙二醇等实现。所谓绿色化学中的变废为宝就是将二氧化碳进行转化形成对大气环境无害的物质，例如将秸秆、树木等进行转化，成为化学材料和燃料，进一步研究研发成新的材料，应用于更多化学领域。因此对于化学物质的变废为宝也是化学发展需要考虑的重要方向。

在众多严重问题中，化学可以解决更多有针对性的问题，随着社会发展与进步，对于化学进步和技术也提出更高标准，例如，植物光合作用可以充分利用太阳能，如何借鉴这种方式应用到不可再生能源中，再如环境方面如何更好保护与降解，资源方面更加可持续高效应用，使得材料更加合理应用，走向绿色化、智能化，加强社会安全管理问题，及时检查和管理易燃易爆品等，这些都需要化学家充分发挥自己的才能和智慧。除了以上所说的几项内容，在化学材料方面也应该及时创新分子，研究生命发病机制以及药物治疗疗效，在脑部科学认知方面都离不开化学的结构分解，需要利用化学作用来辅助。

所以希望众多化学家，能够不断进步，提升自己，挑战自己水平极限，在化学领域创造更好的成就，造就更多优秀科学家，为祖国的发展建设添砖加瓦，希望化学家能够挑战自己的创新创造技术，利用自身才能和经验提出更为高效性、经济性的方案，实现化学工艺和生产领域的变革，促进化学产业的绿色转型发展，而且化学家也应该充分利用自己的才能，引导群众更多的关注和了解化学，大家共同努力，为化学生产和创新的美好明天奋斗。

化学这门学科，可以创造延伸出新的产物与内容，富有深刻创造意义，对新事物合成和创造能够稳定前行。足以可见，化学能够为人类文明带来更多创新发明产物，促进人类社会可持续发展，促进社会整体进步和技术提升。因此对化学学科不断深入研究，就能对环境、能源、材料等领域发展产生战略性进展。

教师对学生进行材料这部分内容教授时，可以将此类知识传递给学生，让学生了解化学的意义，如今科学发展情形，激发学生学习化学知识的兴趣，对化学知识加深记忆。

二、中国化学的展望

近代化学最早传入中国是在明末清初时期，直到 20 世纪初才得以飞速发展，尤其是在中国化学会成立以后，发展更加明显。在新中国成立以后，随着我国经济水平提升，科技不断进步，中国现代化学有了更好的机会与条件，涌现出更多研究成果，这促进了我国未来化学发展，道路一片坦途。

一个国家的经济发展离不开化学技术的支持和辅助，对于我们国家来说更是如此，化学已经成为一门既定的学科，整个国家石油以及石油化工企业规模是极其可观的，再加上有关化学的相关领域，涉及的研究工作者和参与者，在国际上都是极具规模。这正奠定了我国化学的发展基础。对于我国来说，目前存在亟须解决的问题主要有环境、人口、能源、材料以及资源枯竭问题，希望能够从化学角度出发，利用化学知识与创新技术，为解决这部分问题提出方案和计划，为国家繁荣昌盛，提高国家综合国力做出更大的贡献。

预计我国人口总数将在 21 世纪末达到 16 亿，因此如何保证农业产业的可持续发展是当前的重要任务，发展农业主要是在保证人们食品充实的基础上，提高食品的安全性和品质性，并且还应采取措施保证生态环境的稳定，促进环境可持续发展。对于农业方面，需要用到化学农药或者肥料促进产业发展，这就需要用到化学知识，制造更为高效、经济的农药等，在进入生态环境中可以降解，将污染降到最低，并且采用化学技术研发新型材料都能发挥重要作用。不仅如此，化学家对于我国的盐碱地、干旱沙漠等地的治理也都贡献自己的力量，研究生态系统的发展与农业相结合促进产业进步。科学家对于植物中光合作用的机制进行深入研究，希望能够将其高效吸收和能量之间的传递应用到农业增产中，建立相关能量模型，最终为农业发展服务。

随着我国人口老龄化加剧，老龄人口逐渐增多，对于人口数量的控制也需要更新型的技术。由于环境污染严重，很多新型疾病出现在人类视野中，这就需要利用化学手段开发更有效的药剂，提高人类生存质量。未来十几年，寄希望化学工作者能够研发出更加高效安全的避孕药物，为人类疾病例如肿瘤、艾滋病等致死率极高疾病研发新药物。再者由于老年人数量剧增，更多老年病也成为目前亟须解决的问题，这就需要化学工作者对老年患者机体和病理深入分析，对老年病诊断与药物治疗研究都需要化学家的努力和奋斗，发挥自己才能与智慧提高老年人生存质量。在采用西医手段的同时，也离不开中医药研究与应用。中医药是我国几千年历史留下宝贵结晶，利用化学手段进行研究可以将中药成分以及药效更明朗揭示，应用于不同疾病机理方面，促进中医药的发展，进而实现中医药的产业化转型，为我国经济发展奠定良好基础。

目前能源面临枯竭以及浪费现象严重，而化学可以在这方面做出贡献。我国目前处于经济飞速发展时期，对于能源的使用和开发也处于高速时期，就造成能源使用紧张，环境污染压力剧增。因此目前我国亟须解决能源使用效率低、浪费严重以及环境污染恶化问题。对于新能源的研发以及储能材料发展已经被政府部门重视，也是化学家后期研究的方向重点，对于化学的研究与产业转型产出共同前进。目前我国化学家未来几年计划研究出更新型催化剂，希望对我国煤、天然气等能源进行优化，实现高效使用，缓解当前能源使用紧张与环境污染问题。不仅如此，化学家对光电材料转换方面的研究也有相关进展，希望促进太阳能的研发使用。对于新燃料电池的催化剂研究，新型电池的开发也将取得成果，应用于电动汽车方面可以有效改善人们生活环境，改变消费方式，使得环境质量压力降低。对于后期材料与工业的发展，都离不开化学的推动作用，主要因素有以下几点：一是化学可以帮助研发改善高分子材料内部的性能和结构，使得材料质量提高更为牢固；二是利用化学可以研发更多新型材料，例如生物医学材料、新型能源材料、环境生态材料等，通过化学研发可以将分子、原子内部结构重排，对材料组织进行设计和制造。目前极具成效的领域主要是晶体材料的研究和制备，对于其理论和方法阐述，是我国领先地方。在未来会对其更深入研究，包括新型晶体、激光晶体等都会达到一个新的研发高度。

化学的作用和潜能是无限的，对整个世界来说都是极其重要的存在，对于目前我们面临和需要解决的问题，化学都能给予帮助和贡献，当前是化学的黄金时代。

化学的美丽在于永远年轻，永远走在创新前沿，化学的有趣之处在于通过不断试验研究能够探索事物的本质，化学的实质是能够为民族和国家的发展提供无限可能，贡献自己的力量与技能。因此化学在中国现代进程发展中具有无法取代的位置与作用，这些都是学生需要了解学习的内容，教师可以在进行教学时传授给学生，帮助学生激发贡献祖国献身化学的热情。

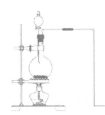

第二章 PBL 模式在高中化学教学中的应用

当今社会拼的就是创新力和发展，这也是促进社会进步的本质特点，因此，教育事业发展也离不开迎合社会发展的要求。对于教育事业的发展来说，未来应该更加注重学生创新能力以及对问题的敏感性，提高自身学习能力和自主能力以及与人交往沟通合作能力。因此，这就对现代教师提出更高教学要求，不能以传统教学方式简单传授知识为目的，而是应该帮助学生扩散思维，让学生自主形成问题思维，能够对事物有自己独特的见解与看法。在平时课堂教学中，教师应该以学生为主体，培养学生的自主学习能力，让学生彼此之间进行沟通合作，激发学习兴趣，能够积极学习化学知识。

对于传统教学方式应该取其精华去其糟粕，同时建立一种新型的教学模式，既能适应社会发展进程又能提高学生学习效率，从学生主体角度出发，为了克服传统教育方式的弊端研究出一种新型的教学模式，也就是基于问题的学习（Problem-Based Learning，简称PBL 模式）。在教育过程中，可以以这种教育模式作为突破点，提出一系列有针对性的问题让学生形成思维扩散定式，进行创新性学习，可以展现学生的主体地位，体现学生的个性与创新性，不仅促进学生独立学习能力提升，还有助于提升学生的综合素质。

第一节 PBL 模式概述

一、PBL 模式的含义

PBL 是 Problem-Based Learning 的简称，意思是基于问题的学习，对于这种教学模式，很多学者都有自己的看法和见解。有的学者认为，PBL 教学模式能够塑造良好环境，是激发学生学习兴趣的一种方式，也是一种策略方法，采用案例或场景模拟，让学生深入体验学习的一种过程。

总而言之，对于 PBL 模式的具体含义还没有一个统一的看法，但是能看出此教学模式的主体内容以及教学方法存在一定的共通点。简单概括一下，PBL 模式是指将学习深入到一个具体的情境中，使得问题更富含深意、更真实、更容易理解。让学生通过合作解决问题的方式，理解问题背后延伸的科学问题，形成能够自主思考、合作学习的方法。采用PBL教学模式可以帮助激发学生学习兴趣，让学生自发地思考问题，使学到的知识记忆更深刻，养成终身学习、合作学习的能力。

二、PBL 模式的基本要素

PBL 模式的基本要素主要由问题情境、教师和学生组成，这是由国内外相关学者不断研究讨论出来的看法：在教学课堂上，根据问题塑造情境展开，学生作为学习的主体需要解决问题的人，而教师则是在其中负责指导学生如何正确学习，帮助学生答疑解惑的人。尤其是高中化学的学习与发展，与生活紧密相连，很多教学素材都可以取材于生活，可以创设相关问题情境。情境中的问题大部分都具有开放性，没有固定、统一的答案和策略。因此，学生可以通过不同的角度分析问题，提出自己独特的看法，这样可以激发学生的学习欲望，能够吸引学生深入探究下去，对化学学习始终保持高涨热情，这势必会促进学生积极找到解决问题的方法。此外，在教师的帮助和辅导下，能够为后期自主学习打下良好基础，形成独立学习的能力。

三、PBL 模式的特征与优势

PBL 教学模式是让学生深入情境中，把自己学到的化学知识、掌握的知识技能与日常生活结合在一起，对一些具有真实性的问题去解决和改进，从而对自己实现有针对性的学习与提升，将学生对学习的需求、课程设定以及问题情境的标准做到协调统一，具有极高优势和显著特点，对学生成长与学习有不可估量的价值。

四、PBL 模式与传统教学模式的比较

相较于传统的教学模式来讲，PBL 模式更加注重学生的自主学习、终身学习以及合作学习能力，在学习方法和案例以及情境中具有其自身的独特优势，在学习环境、学生位置、教学方法、媒体应用以及教师学生关系中都与传统教学方式有很大不同，教学观念发生了巨大变化。

第二节 PBL 模式的理论依据

随着心理学学科与教育学不断发展，其为 PBL 教学模式和目标改革提供了理论指导和实践依据，接下来本文就从教育学和心理学角度，阐述其中与 PBL 相关的理论依据，

这包括布鲁纳的发现学习理论、创新教育理论、杜威的实用主义教育理论以及建构主义学习理论四点。

一、布鲁纳的发现学习理论

美国著名心理学家布鲁纳在 20 世纪中期提出了发现学习理论,成为众人熟知的言论。在他看来,教师与学生的关系不再是以往的传授者和接受者,而应该将角色进行改变,应该将学生作为重点进行教学,学生对学习提出疑惑和问题,教师帮助学生解释学科的组成和架构,成为学生学习的辅导者。学生应该在教师的帮助下,自主发现和思考问题,进而利用教师提供的教学素材解决问题,学会解决问题的办法,充分掌握化学学科知识结构。

在布鲁纳的发现学习理论中,认为学习是在情境中进行摸索,具有以下几点显著特点:

第一,所谓发现学习,就是指导学生明确自己想法,发现问题的过程,利用自我独特思维进行学习。

第二,在教师的指导帮助下,学生将已学知识和新知识互相融合,形成自己的新体系,建立符合自身发展的知识框架,能够独立发现新知识,体验新事物。

第三,激发学生潜在内心学习兴趣,培养学生自主学习能力,保持学习的热情。

第四,师生之间互相沟通合作,建立假设式教学方式,促进师生关系融合,在集体活动中学习知识,共建知识体系。

根据发现学习理论的特征以及内涵来看,学习与 PBL 具有密不可分的联系,都是要求教师改变以往传授知识与技术的方式,更多帮助学生提出问题,独立运用发现学习理论或者 PBL 模式,找出解决问题的对策和方法,加深对学习的记忆和理解,并且两者都是希望学生主动参与到学习中,对知识进行结构建立。由此可见,布鲁纳的发现学习理论能够为 PBL 教学模式提供相关理论和实际支持。

二、创新教育理论

所谓创新教育理论目的在于培养人的创新能力、创新思维以及创新精神,对于培养学生综合素质和全面发展具有重要意义。知识要转化成创新能力,离不开问题的传承与连接,没有问题的产生何来创新能力体现,因此,要想促使学生增强创新性,就需要培养学生自主提出问题,扩散思维的能力。也就是说,要想对学生进行创新教育,首先应该进行问题教育,将问题放在首位,教学内容与课程围绕问题来进行,鼓励学生发现问题、提出问题进而解决问题。要想培养创新性的人才就需要进行创新性课堂建设,而创新型课堂主要有以下几个特点:

第一,创新教育的主体思想在于创新,这就需要将传统的以课堂、教材、教师为主体的教学观念进行改革。

第二，将继承与创新之间的关系重新界定，保证学习目的是创新，体现学生的创造能力。

第三，将学生放在教学的中心位置，提供更多的教学活动和机会帮助学生充分参与其中，做课堂的主人，教师从旁辅助，给予学生帮助和答疑解惑。

第四，通过问题这个桥梁，将创新思维体现出来，在整个课堂教学过程中，问题贯穿整个过程。

第五，采用开放性的教学内容和教学过程，帮助学生扩散思维，体现不同学生的个性和生命力。

可以看出创新教育理论的核心与PBL教学模式理念是有共通之处的，PBL也具有创新教育理论的特征，能够改变传统的教学环境，使得整个教学过程和内容更加丰富立体，让学生做课堂的主人，成为教学活动的主体，通过培养学生发现问题、搜集资料、解决问题、得出结论的过程，全面培养学生自主学习能力、终身学习能力以及知识创新运用能力等。

三、杜威的实用主义教育理论

美国著名教育学家杜威提出了实用主义教育理论，在其看来教育的社会环境非常重要，教育离不开现实生活，应该将学生放于问题情境的中心，摒弃传统的课堂、教师与教材为重点的局面。杜威的教育理论主要有以下三点：

第一，以儿童为中心。杜威提出的教育理念，主张强调儿童的中心地位，应该对儿童的言行和兴趣给予关注和了解，观察儿童对于事物的兴趣和具备的能力，而不是过多重视教师而忽略儿童，应该细心引导儿童，教师做一个指引者和辅导者。

第二，以社会为中心。在杜威看来，学校就是一个小的社会，因此在他的课程设计中，会将生活、社会与科学紧密联系，建设一个具有开放性结构的课堂。在他的理论中认为，通过教材直接进行教学的知识不应该被学生所学习，只有在具体环境和问题中学生学到的知识才能被应用，真正富含价值。

第三，以活动为中心。在杜威的理论中认为，学习的最终目的就是走向实践应用，而儿童作为社会实践的主体和学习的转化者，因此，设计教学内容应该将活动放在重点位置，活动中应该包含五大要素情境、假设、推理、问题以及验证。通过激发儿童对事物的兴趣和探索欲望，培养自主学习能力，自发参与到学习活动中。教育是一个社会发展性的过程，而学校则将这种社会生活体现出来。

由此可见，杜威的实用主义教育理论与PBL模式之间也存在共通的关系，为PBL模式应用和发展提供理论支持与帮助，并且将其特点内涵凸显出来，为PBL模式奠定了理论基础。

四、建构主义学习理论

所谓构建主义是在学习理论基础上延伸的新理论，也可以说是传统学习理论的巨变和改进，对目前教育事业带来深远影响。而构建主义的学习理论主要是以学生为主，对于师生之间的交流和合作更加看重，主张强调学生学习的自主性、情境性和社会性。对于知识理解，注重情境教学，力求学生通过独立思考和生活背景基础，根据掌握知识进行体系构建，深刻记忆知识内容。教师不应简单将知识传递给学生，这样填鸭式教学无法使得学生学会灵活应用和转换。

对于学生来说，构建主义能够丰富学生的精神和知识世界，并且能够将不同学生的个性和差异体现出来。高中学生在经过小学、初中时期的学习和生活，已经积攒丰富经验，具有良好基础，因此，面对新的事物和知识时，即便他们没有接触过，也能做到合理推理，这离不开之前的学习和技能掌握。并且在不同的文化背景环境下，每个人对同一个问题的看法也不一样，将学生进行分组，彼此之间进行沟通和交流，可以多角度、全方面地理解问题。因此，教师应该对每个学生因材施教，对学生的个性和差异性以及对知识的积累等作为教学基础，引领学生不断提高自己，充实自己，全面发展自己。

从学习角度来说，构建主义学习理论主要看重学生自主构建体系、社会合作性和问题情境性。这种理论认为，进行学习的过程并不是教师简单地对学生进行知识传递和技术传授，而是学生自主建构知识体系，独立学习的过程，而教师在这个过程中起到辅导和推动的作用。构建主义核心理论认为，学习是一个长期的合作过程，需要将文化和知识技能转化为自己的能力。这个过程离不开学习共同体的参与和合作，对于知识体系构建具有重要意义，并且知识是离不开情境而单独存在，应该将知识与社会实践相结合。

由此可见，构建主义理论是指学生是知识的建立者，通过具体情境进行创设，形成新的知识体系和网络，其中学生作为主体地位存在，师生与学生之间应该互相沟通交流。彼此合作，形成一种和谐、奋进的教育环境。构建主义主要有四点基本要素，也就是"情境、协作、交流、意义构建"，这与 PBL 基本特征不谋而合，所以换句话说，构建主义理论是 PBL 模式最有力的理论基础。

第三节 高中化学教学中应用 PBL 模式的优点及原则

一、高中化学教学中应用 PBL 模式的优点

（一）PBL 教学体现高中化学教学目标

对于高中化学课程的标准教育部颁发了新的规定，主要是为了提升学生的综合素质，培养符合社会发展的新型人才。因此，高中化学课程目前对于教学目标更为规范化、全面化，不再像过去一样仅仅让学生掌握基础知识与技能，而是培养学生对于化学学科的兴趣和爱好，能够养成良好的科学观念，树立健康的价值观念，注重促进学生综合素质发展。新课改目标具有发展性和前瞻性，将学生总体发展以及自主学习能力培养放在首位。

PBL 模式主要是将学习者作为重点，建设问题情境环境让学生积极参与其中，主动进行化学课程学习，通过这种情境的设立与开放，能够提高学生情趣与激情，对学生长期发展和个性养成具有深远意义。在这个过程中，学生之间彼此沟通合作，独立思考，对学生综合能力培养和价值观的树立起到推动作用。采用 PBL 模式将问题作为学生学习的推动力，根据问题来塑造和谐的学习环境，让学生积极参与其中，为其提供实用性更强、价值更高的资源。总而言之可以看出，新课程改革后对于高中化学教学目标的制定和 PBL 教学目标在一定程度上是一致的，对目标进行深入分析和把握才能帮助学生学会学习、学会合作、学会发展。

（二）PBL 教学体现高中化学内容的特点

当前对课程进行改革，其中一个目标就是为了促使学校教育与实际生活和化学相结合，防止教育内容与现实相脱节的问题出现，进而帮助学生提升综合素质和道德素养。尤其对于化学这门学科来说，其具有十分广泛的应用性和操作性，在日常生活以及农业、工业领域生产都离不开化学的作用，因此，应该从实际出发，提出符合实际发展的问题，进而找到解决措施，这种方式对促进学生学习来说具有可行性。例如现实中遇到铁腐蚀问题，想到如何解决腐蚀以及后续保养防护、工业领域中对于氨的转化、金属冶炼和制造等，教师对这种内容进行课程设计，就需要学生从现实问题入手，让学生积极参与去提出问题，进而自发研究收集资料、采取方法解决问题。而在这个过程中，教师则应该在学生疑惑时，给予方向上的辅导。高中化学内容是十分复杂的，涉及很多晦涩难懂的原理、规律等，并且概括性很强，十分难理解，学生容易对其感到厌烦，感到无从下手，进而对整个学习积极性造成打击。因此，教师在对化学课程进行设计时，应该充分将化学内容与实际相结合，让学生联系实际发现问题进而提出解决措施。

为了改善化学课程教材枯燥乏味现象，使得内容更加活泼、容易理解，新课程改革后

在其中加入了大量的研究型课程，改善传统教师传授学生被动接受的模式，让学生自发地、主动地学习化学。新课改后将学生放在主体地位，鼓励学生自发搜集资料，进行相关实验探究，得出自己的结论，能够将学习到的化学知识和经验，充分利用学会举一反三，实现教材教学与现实相结合的最终目的。

（三）PBL 教学符合高中生的学习特点

学生经过初中阶段的学习和成长，步入高中学习阶段，对事物的认识和自身认知能力都有了提升与进步，思维更加完善，能够独立脱离外部约束，透过表面发现事物的本质。因此，在对问题进行思考解决时，也能够从多角度、多方面进行探索，明确主次问题，结合实际情况进行分析，对问题做到清晰而有力的明确和解答。

到了高中时期，学生经过不断磨炼和成长，对于事物的思考方式以及自身逻辑辩证能力都有所提高，能够对问题做到清晰、有目的性的分析，并且能够灵活多变地改变自身思维。根据自身化学知识，可以想到用化学原理以及公式等解决某些问题，可以根据假设理论提出自己的疑问，通过化学思维进行实验、验证进而得出结论。

高中生的生活经验和理论更加丰富，积累了一定的生活经验与科学知识，因此，对于事物之间不同的联系和关系，能够更深入快速理解，思维方式具有较强预见性，进而衍生不同的想法。不仅如此，高中生还能够对问题和发生的事情及时进行反思，做到改进和提升思维，从而开拓自身能力。

根据高中生的这种思维特点以及自身发展情况，采用 PBL 的教学更能适应高中生化学教学，能够起到超过预期的教学效果。

二、PBL 模式在高中化学教学中应用的基本原则

（一）主体性原则

所谓主体性原则就是指在 PBL 模式中，学生应该放在主体位置，以学生为主，教师作为指导，负责引导学生的学习方向和进度，因此，对于问题的创设、发展和解决，每个步骤都需要学生积极参与其中。问题情境的重点是学生对问题进行解决，强调对学生的作用，而教师应该在这个过程中引导学生并给予适当的帮助，是答疑解惑的角色。能够为学生提供学习化学的资料、方向，对学生整个学习过程做到评估，促进教学任务的顺利开展和完成。鼓励师生之间友好合作沟通交流，保证班集体能够为学生发展提供优良环境。

（二）全面发展性原则

化学教学应该做到促进学生全面发展，采用 PBL 模式进行教学时，更应该将学生放在主体位置，促进学生的创新性发展和自主学习能力养成，应该从学的角度考虑教学重点，

让学生在获得基础知识和化学技能的前提下，能够不断开拓自己思维、培养情感和思考能力，实现学生身心全面发展。

（三）情境建构性原则

PBL教学模式是指针对问题情境进行的学习，让学生在真实、复杂多变的环境中进行学习，教师为学生提供必要的帮助和资料，及时关注和辅导，让学生对问题提出解决措施。对于整个学习过程来说，问题是一个开始，因此，对于问题的设立，问题情境的建设都是十分重要的基础，这决定着后续教学任务是否能顺利进行和最终取得成效。尤其化学是一项以实验作为基础的学科，其内容与日常生活实际紧密相关，因此，教师在进行教学时，可以根据化学的特点与生活相结合来进行问题情境的设立，使得问题更为具体、实际和富含意义，而学生也可以根据自身疑问提出问题，对知识形成探索欲望，从而更加深入了解知识，加深记忆。在这种情景教学模式中，形成互动教学，让学生在学习基础知识的前提下，对自己的学习能力进行完整架构，与情感态度和价值观进行统一整合，促进学生综合素质的全面发展。

（四）预设性与生成性相融合的原则

在化学教学课堂上，采用PBL模式，是将学生放在主体位置，教师作为辅助和指导作用存在，这就要求师生之间要合作沟通，但是具体的效果如何是无法预测的，可能会产生不同的结果。对事情进行再美好的预设与现实必然存在差距与落差。因此，在实际教学过程中如果有突发情况，教师应该根据实际来引导，把握学生身上的闪光点，让教学过程更加灵活多变，实现课堂的氛围渲染，与教学相融合。在高中化学进行教学时，应该将预设情景与现实有机融合，两者互相作用互相辅助，并且后续要对此类事件做到反思，提出更佳解决方案。

第四节 PBL模式教学案例研究

PBL学习包括以下几个基本流程。

第一，发现问题。问题情境的设定需要教师根据教学内容、教学目标以及学生自身的实际情况来完成，学生则主要是通过教师所设定的问题情境来明确所要学习的内容及研究的问题。

第二，成立学习小组。在对发现的问题进行研究后，要明确问题中哪些内容是未知的，哪些内容是已知的，通过明确的分工，根据所获得的信息制订相应的计划，并对组内成员安排一定的任务。

第三，学生根据获得的信息，通过头脑风暴法互相交流，分析整理，提出对应的解决办法。

第四，总结、反馈与展示成果。这个过程中需要对研究问题的学习过程、学习结果及所获取的信息进行评价与总结。在高中化学课堂教学中，教师应用 PBL 教学能够提出相应的问题、问题的解决对策。在这个过程中，学生是知识的建构者，也是问题的发现者，能够通过相应的思考对问题进行解决。教师则是整个教学过程的组织者，也是整个教学过程的促进者，不仅要在知识上对学生进行指导，而且在学生的理解与认知上，也要进行相应的指导。PBL 教学模式中教材所提供的知识不应是教师传输的主要内容，而应通过教师对学生的指导加强建构与创新。学生在整个过程中要发现问题并解决问题，通过获取相应的知识来完成教师的教学，以及丰富学生的认知。

高中化学教学中 PBL 教学模式的运用可概括如下。

一、创设问题情境，形成主题问题

PBL 模式主导的教学过程应该是复杂而且有意义的，在整个过程中学生处于主体地位，学生通过分析解决问题，进行有针对性的学习，而且整个学习具有实践性的特点。这种教学模式以创设问题情境为中心，问题的选择是激发学生学习兴趣的关键。问题情境的创设，在整个教学中具有重要的意义，良好的问题情境表现为以下几个方面的特点：

第一，在创设问题情境时，既要结合学生的实际生活提出问题，也要在学生的认知范围以内，对问题情境提出更为有针对性的问题。

第二，问题形象的创设，能够让学生对头脑中已有的知识进行充分的联系，提取有效知识，而且能够帮助学生主动学习新的知识，并且将所学的新知识与实际生活充分联系。

第三，创设问题情境要能够引起学生的学习兴趣，让学生保持对学习的好奇心，将所提出的问题通过小组合作的形式有效解决，这样能够大大提高学习效率与解决问题的速度。

第四，良好的问题情境的创设。所提出的问题应该较为复杂，而且答案并不能唯一，需要有多种解决办法，才能够激发学生的创造性，让学生寻求多种解决办法去解决同样的问题。

根据创设情境的特点，教师在整个教学过程中要对教学内容进行分析，通过了解学生的学习水平、认知能力、生活状况制订科学合理的目标。教师也要对学生的学习环境进行分析。创设问题情境，要形成明确的主体，而且问题主题不应该是单一的，而应该是多样的。所提出的问题需要能够激起学生的兴趣，引导学生积极主动的研究，从而明确问题的价值所在，让学生将问题与头脑中的学科知识进行充分的联系，从而判断所创设的问题情境是否与学生的现状和教师制订的教学目标存在相互联系；在当前课堂教学模式下是否能够有效解决这个问题；学生针对这一问题是否能够提出相应的解决策略与思维策略，以及该问题的提出对学生的日后生活有没有帮助。在这个过程中，还要根据学生的学习条件认知情况，选择科学合理的形式进行呈现。

二、确立需要解决的学习问题

PBL 教学模式一般以创设问题作为首要项目，为了达到解决问题的目的，也可将 PBL 创造问题设计成主题问题、学习问题两个方面。其中学习问题的确定要综合多方面的因素进行考虑，在其界定过程中避免只是从主题问题中简单地分离出来，避免成为只是可供学习的子问题，但是在某些客观条件的影响下，学生并不能对自己所学习的问题进行完全自主的选择，但是在整个教学过程中，能够保证的是所提出的学习问题一定是结合学生的实际情况提出的，而且是从多个子问题中筛选而出。

学生最终确定的学习问题要满足以下条件：第一，能够弥补学生的知识欠缺；第二，存在明确的知识欠缺；第三，教师通过对学生进行有效的指导，发现知识欠缺后不需要做出补充，而是对学生进行引导，让学生独立完成这一过程。

问题的提出是学生根据问题情境下的主题问题完成的，教师根据这些子问题与教学内容、学生认知水平的关联度、在课堂中探讨的可能性，从而引导学生确定关键性的概念问题，实现教学目标与学习问题之间的关联。教师在对学生提出的问题进行分析时，要充分对学生头脑中原有的知识进行激活，明确新知识与原有知识的不同，通过解决这些问题达到学生高效学习的目的，而且还能够帮助学生掌握一定的知识和技能。需要注意的是，在整个教学过程中，学生所缺乏的知识与技能才是创设问题情境的关键所在。

三、收集资料，探究解决问题

创设问题情境所提出的问题具有一定的复杂性，在进行教学中，教师要引导学生创立学习小组，小组的创立要坚持学生自愿的原则，教师可以适当调整小组结构，对小组人员进行优化，从而确立学习共同体，通过一定的分组交流，从而弄清楚主要解决的关键问题所在，学生也能够明白自身还需要去学习什么，以及自己所掌握的资源还有哪些缺乏的地方。对于依然缺乏的资源，学生要利用多种途径进行资料的收集，小组成员之间、小组与小组之间可以共享搜集到的资料，这个过程可以通过相互沟通、鼓励、交流来实现。

在对学生进行指导过程中，要为学生提供一定的材料，从而帮助学生解决问题，也能够对学生收集信息产生便利。课堂教学在时间与资源上都是比较有限的，教师应该引导学生更高效地学习，充分利用有限的资源来解决更多的问题。

当小组成员对所收集到的资源和信息进行汇总后，如果认为能够足够回答和解决问题，就可以对所收集到的信息进行汇总，通过头脑风暴法相互交换意见，并且提出有针对性的解决办法，还可以采用实验探究验证解决方法是否有效。

四、成果展示，全面评价

在确定与展示成果阶段，不应该只是强调展示成果的作用，这样比较片面，应该强调最终成果是问题解决过程的重要阶段，使学生更加注重问题解决的过程，而非结果，增强解决问题的动力。为了达到展示成果的满意程度，应该增强学生之间解决问题的驱动力，从而实现小组成员之间的交流活动。问题解决过程的一个重要方面是成果展示，教师要指导学生将成果以适当的形式展示出来，并且在小组内展示解决问题的收获与心得。在小组内需要展示的成果包括小组活动计划、解决问题过程中的闪光点，也包括任务分工等。成果展示要体现出真实性的特点，通过小组之间讨论得出真实的结论，并将其展示。

PBL 教学模式在教学过程中要以促进学生学习能力的提高与学业完成的改善情况为目的，充分反映学生的学习表现，要对激励与发展功能进行有效强化，不能以学生的学习成绩作为判断的标准。在整个教学过程中要通过发现问题、收集相应的资料、对问题进行有效解决等过程与活动，对学生的认知进行全面的评价，要注重知识的建构，而不应该只是注重评价结果。在进行评价时，也要综合考虑学生之间的互相评价、学生对自己的评价等因素，不能只是单纯考虑教师的评价，而且内容不应只是评价结果，还要对问题本身进行评价，从而能够反映出教学的难易程度。

目前我国正在全面深入开展基础教育改革，改革的核心是全面实现素质教育。改革的内容从传统知识的传授逐渐向素质教育，改变课程内容也越来越贴近科技发展与社会生产生活，而且教学过程更加注重以学生为中心，通过激发学生的兴趣，让学生积极主动地学习，从而实现学生全方位发展与综合素质的提高，也能够帮助学生提高接触知识与基本技能，形成正确的世界观、人生观、价值观。但是传统教育模式对我国教育的影响比较大，短时间内无法完全实现素质教育，在课堂教学过程中基础教育改革也没有达到预期的效果，接受式、灌输式等教学模式依然比较常见，这最终导致教育结果不尽如人意。因此笔者认为，在高中化学教学中，应该结合自身的实际情况与教材特点，将 PBL 教学模式灵活运用于课堂教学之中。

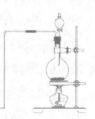

第三章 任务驱动教学法在高中化学教学中的应用实践

第一节 基于小组合作学习的任务驱动教学法在高中化学教学中的应用

一、任务驱动教学法概述

（一）概念界定

任务驱动教学模式以建构主义为基础，在进行教学设计时，学习活动必须与教学任务紧密联系，通过对问题的探索，激发学生的学习兴趣，引导学生对于化学学习的好奇心与学习欲望，在整个过程中，教师要根据真实的教学环境，引导学生全身心进入教学情境，从而促进学生主动学习。该模式注重学生学习的主动性，教师在教学过程中只是起引导和激励作用。

任务驱动教学模式，以学生为中心，强调学生学习的主观能动性，认为在学生学习过程中必须制定一定的学习任务，通过完成任务提高学生学习的积极性，激发学生学习的动机并保持对学习的探究欲望。教师在教学过程中教学情境的设定应真实、贴近生活，并在教学情境中通过对学生的引导来完成整个教学过程，教师的课堂教学中包含教学主体、认知主体、设计原则三个方面，这三个方面是相互作用的关系，缺一不可。教师在进行教学设计时，要制订相应的教学目标、教学方法，运用一定的教学手段，这些是教学主体的重要组成部分。而认知主体是学生通过运用一定的学习手段进行相应内容的学习。教学主体主要是将认知主体的作用进行体现，认知主体对教学主体反而具有一定的反作用。教学主体与认知主体在细节上对整个教学过程有重要影响，而且一定程度上可直接决定教学的成败。

任务驱动教学法是指教师在教学中设计一个或多个任务，让学生通过完成任务的形式掌握基础知识与基本技能，从而培养学生提出问题、分析问题与解决问题的能力，而且教学目标也能够通过完成这些任务而实现。该教学方法能够让学生在完成任务的过程中，调动学生的积极性，培养学生解决问题的能力，从而在一定程度上促进教学效率、教学质量的提高。传统教学方法一般以知识点为线索，而任务驱动教学法则以任务为线索。该教学方法由多个任务组成，而且每个任务都须经过精心设计，教师在布置任务时要求学生自己进行问题分析与解决，教师由传统的教授学生转变为对学生进行引导和辅助，能够让学生由被动变为主动，自主地进行学习，从而掌握相应的教学内容。

以学生为主体，主张提高学生的主观能动性，是任务驱动教学法的显著特点，这改变了传统的教学模式，使教学方式更加主动，能够让学生积极主动参与教学过程，通过自主协作与探索创新完成一定的任务。在教学过程中，要充分体现教师、学生与任务的重要作用，三者相互结合，密切相关。

（二）任务驱动教学法的理论支撑

1.建构主义学习理论

建构主义思想以皮亚杰（瑞士心理学家）的儿童认知发展理论为基础，结合布鲁纳（美国心理学家）的认知结构理论、维果茨基（苏联心理学家）的社会文化历史观，上述理论对建构主义的理论发展起到了重要的推动作用。

建构主义学习理论以学生为中心，通过学习伙伴或者教师的帮助，搜索一定的学习资料，从而完成建构。该理论认为知识并不是简单的他人传授，而是在一定的社会文化背景下，通过学习情境中与其他人进行交流从而协作完成，以此实现知识真正意义的建构。该理论认为，学习环境主要包括四个方面：情景、协作、会话、意义建构。

该理论认为学生是学习的中心，教师在整个过程中起指导和辅助作用，这样能够体现学生的主观能动性，也能够让教师发挥引导和辅助作用。在教学过程中，学生是主动建构者，能够进行信息加工，这改变了传统教学中学生作为被动接受者的形式，学生也不再只是知识的容器。教师不再是知识的灌输者与传授者，而是意义建构的促进者和引导者。学生在学习过程中要发挥主体作用，这主要表现在以下三个方面：第一，学生能够进行自我控制，通过对学习的反思、内容的分析与评判，与其他同学或教师进行交流协作，通过头脑风暴法进行思想的碰撞来完成建构；第二，学生能够把需要学习的东西与所掌握的原有知识经验进行相互联系，并对这些知识加以思考从而形成建构模式，找出符合自己的学习方法；第三，学生能够在复杂的情境中进行资料的搜集与分析，对遇到的各种问题进行假设，并采取方法进行验证。

教师在整个过程中发挥着指导作用，主要表现在以下三个方面：第一，在条件允许的情况下，教师组织学生进行学习，通过学生与学生之间、教师与学生之间的交流，引导学生加强协作学习，促进意义建构；第二，在学生感到迷茫时，教师通过将新旧知识之间的联系加以引导，通过认知新知识帮助学生对所学知识进行意义构建；第三，教师通过设定一定的教学情境，根据学生实际情况制订相应的教学内容，从而激发学生的学习兴趣，提高学生主动学习的积极性。

建构主义学习理论能够为任务驱动教学法提供基础，而且对化学教学实践具有重要的指导作用，可促进化学教学质量与教学效率的提高。

2.多元智能理论

多元智能理论是霍华德·加德纳（美国发展与认知心理学家）在20世纪80年代提出，1983年首次在《智能的结构》一书中提到，并且在此后的实践中不断完善、发展。该理论在教育界有着举足轻重的作用，20世纪90年代世界上有多个国家以此作为教育改革的指导思路，我国也积极学习与引进该理论，并将其作为素质教育改革的重要指标。

"智能"是指个体在某种社会文化环境下制造产品与解决问题的一种能力，这是加德纳对"智能"的定义，该定义中强调个人智能与社会文化环境的价值标准存在联系，这是个人智能的社会文化性，也可以理解为不同的人在不同的社会文化背景下会有不同解决问题的方式。在这一定义中，创造有效产品的能力与解决问题的能力，更加强调的是现实中的实际问题与符合社会需求的产品，以此作为衡量标准，而不是单纯以逻辑思维能力作为衡量标准。

加拿大提出多元智能理论，共包括八种智能，可以从以下四个方面进行理解。第一，智能是发展的，不是固定的，智能在任何年龄阶段都可以得到发展，任何能力层次的人都可以通过一定的学习，使自己的头脑变得更聪明，他认为智能不是单纯由遗传因素决定的，这一观点为教育提供了重要发展契机。第二，智能是多维的，每个人一生下来都有多种智能潜力，而且在不同的社会环境影响下，各种智能呈现多样化，表现出千差万别。第三，智能是一种高级的创造能力，在现实生活中解决问题时，需要个体充分发挥主观能动性，而且需要利用自己的各种智能来解决生活中的实际问题，这是社会进步的需要。个体通过创造出对社会有益的产品和解决生活中的实际问题，这是智能发展的重要标志。第四，智能是情景化的，只能存在于大自然中，智能不仅是人脑的产物，也是大自然中人与物的产物。进一步可理解为，只有充分考虑个体所处的环境，才能够理解个体的智能，因而智能在不同的社会文化背景下具有不同的表现，这对儿童的发展具有重要的推动作用。

综上所述，多元智能理论能够为学生综合素养的提高提供指导，也能够为学生能力的提高提供积累，而且该理论对任务驱动教学法具有一定的指导和借鉴意义，这主要表现在以下四个方面：第一，教师要擦亮眼睛，善于发现学生的优点，并且对学生的优点进行及时的肯定，学生完成一定的学习任务要从各个方面对学生进行评价，而且评价学生是要体现公平性，尊重学生的创造性，这样才能够调动学生的积极性，使学生保持学习的自信；第二，要对学生的任务情况进行实时监控，了解每个学生任务完成的具体情况，根据学生自身的特长指导学生在完成任务时具有创造性；第三，在进行教学任务设计时，要考虑多元智能，任务的设定要能够促进学生各种职能的发展，从而促进学生综合素质的提高；第四，在教学中，教师要把教学内容设计成真实的任务，指导学生分析问题、解决问题，并且在解决问题的过程中不断积累经验，从而促进学生各种能力的发展。

3. 学习动机理论

传统教学观点认为任务驱动教学法是教师通过强迫学生完成特定的任务，实现教学计划，"驱动"这个词更多的是给人压力，让人感受到控制与权威性。这种思想违背了现代教学理念，无法以学生为本，也导致该教学法遭受非议。因而教师在教学过程中必须正确理解任务驱动以及驱动的真正来源，把任务驱动放在学习动机理论中进行深入分析，可以明确上述问题。

学习动机理论认为，学习动机是对学生学习直接推动的一种内部动力，能够对学习进行有效的指引和激励，满足学生学习的需要。该理论认为在教学过程中要设定围绕计划学生的成就动机，引导学生发现问题，主动探索问题，并进行自主建构，通过一系列活动形成良性学习循环。教师进行任务驱动主要是通过完成一定的任务，为学生能够获得递进的成就感而进行合理的组织与计划，在这个过程中要做到教师与学生的平等，加强双方的交流与合作，教师要创造一个真实、自然的教学情境，保证情境是有质感的，而且是相对完整的教学任务，从而使学生能够对任务产生一定的认同感。学生可以站在任务所构成的真实情境中去认识这个世界，并形成教师与学生、学生与任务之间的对话，而且要保证对话的和谐性。在这个教学过程中，教师的主要任务就是通过创设情境引导学生提出问题，分析问题，并对问题进行正面建设性评价，从而激发学生的成就动机，产生积极健康向上的学习动力。

成就动机理论是由奥苏贝尔提出的，能够为任务驱动提供一定的理论支持。他认为认知内驱力、自我提高内驱力、附属内驱力是成就动机主要的内驱力。

（1）认知内驱力

认知内驱力是指了解掌握知识的需要以及阐述并解决问题的需要。作为一种需求，认知内驱力的观点认为认知兴趣与学习的目的性存在密切关系，当学生对于自己的学习任务充分了解，并且明白学习任务，通过达到的教学目标和教学意义，从而推动自己进行一定的学习，因此在驱动教学过程中，教师应该指导学生对所设定的任务进行认清与指引，激发学生学习的积极性，提高学生学习的兴趣。

（2）自我提高内驱力

自我提高内驱力是个体通过自身相应的工作能力或其他能力从而赢得相应地位的需要。在教学过程中，教师要通过设定的任务、评选学习能手、推选组长等方式。在物质激励的基础上，加强精神激励，联合多种方式来激励学生实现自我内驱力的提高，在一定程度上，也能够提高学生的荣誉感。

（3）附属内驱力

附属内驱力是指学生为了保持良好的形象或者持久的认可，而表现出把工作做好的需求。举例说明，学生在完成学习任务的过程中，因为表现突出受到同学们的赞许以及老师的表扬，从而更加积极主动地学习完成学习任务。在高中化学教学中，化学教师进行课堂教学时，应该注重自身的形象，成为学生心目中值得信赖的教师，能够得到学生的尊重，通过运用任务驱动教学法及时对表现突出的学生进行表扬，善于发现学生各方面的优点，引导学生互相帮助、互相学习，从而在一个和谐的大家庭中相互尊重，共同进步。

每个学生都有一定的缺点和不足，在学习过程中也存在被动的情况，而任务教学法不可能对被动进行彻底的排除，但是这也不能成为任务驱动的原因，教师只有通过一定的方法让学生主动学习，提升学生的成就动机，才能够灵活运用任务驱动教学法进行教学，使课堂富有生命力。

4. "主导－主体"教学系统设计理论

20世纪80年代，"主导－主体"教学系统设计理论开始进入我国，我国诸多教育工作者通过对该理论进行系统的学习与研究，发现该理论在实施方法上主要包括以教为主、以学为主、"主导－主体"三种教学系统设计，其中"主导－主体"教学系统设计是前两种教学设计的结合，要对该教学方法进行理解与掌握，需要先理解以教为主、以学为主的教学系统设计，并且将两者有效结合，并进行相应的补充。

进入到20世纪90年代，教学设计以教为主，这一时期的教学设计也被称为传统的教学设计，而且该教学设计以认知主义教学理论、行为主义教学理论作为基础。著名教育学家奥苏贝尔认为，以教为主的教学设计是从他的"先行组织者"教学策略、动机理论中获得而来，而且行为主义教学理论为其提供了理论基础和支持。在整个教学过程中，应该以教师为重点，强调教师应该对学生发挥主导作用，教师的作用是传递知识，开展教学的主要任务是向学生灌输基本的知识，对学生提供一定的外部刺激，而学生的主要任务则是接受教师的外部刺激，接受教师所传授的基本知识。该教学设计模式具有以下优点：第一，能够充分发挥教师的主导作用，使教师能够有效组织监控整个教学活动；第二，能够加强教师与学生之间的情感交流；第三，教师对学生进行系统的知识传授，充分发挥学生在学习过程中的重要作用。但是该教学设计模式也存在一定的缺点，主要表现在课堂完全由教师所主宰，没有体现出学生的主体作用，只是注重教师的教，而忽视学生的学，而且学生在大部分时间处于被动接受知识的状态，不利于学生创新能力的发展以及发散思维的培养。

在20世纪90年代，随着网络技术的发展，以学为主的教学系统设计模式逐渐进入人们的视野，该教学模式是以建构主义学习理论为基础，强调以学生为中心，学生不再是被动接受者，也不单纯是知识的灌输对象，而是逐渐转变成知识的主动建构者，在一定程度上成为信息加工的主体。这种教学模式中教师是学生的引导者，逐渐改变了传统的知识传授者与灌输者形象，而且开始采用全新的教学模式与教学思想。该模式能够充分发挥学生的积极性和主动性，强调学生的主体地位具有以下优点：第一，能够帮助学生主动提出问题，探索未知的世界；第二，能够培养创新型人才，发展学生的创新性思维。但是该教学模式也存在一定的缺点，主要表现在：过分强调学生的学，忽视了教师的主导作用，也忽视了师生之间的情感交流，如果学生自由度过大，则会导致教学目标的偏离，严重情况下，会影响教学效率与教学质量的提高。

通过对上述两种教学系统设计模式的分析，发现两种模式各有优点和缺点，如果能够将两者结合起来，就会取长补短，发挥事半功倍的效果。于是"主导－主体"教学系统设计模式，便综合上述两种教学模式发展起来，既能够体现学生的主体作用，发挥学生的主观能动性，也能够发挥教师的引导作用。在高中化学教学中采用任务驱动教学法，正是对这一教学系统模式的应用。

采用任务驱动教学法进行教学，需要进行一定的教学设计，了解教学需求，分析教学内容，明确教学目标，并根据学生的实际情况进行分析，选择一定的教学媒体设备，制定相应的教学策略，从而设计出真实的情景任务。在整个教学过程中，教师要为学生提供优质的学习资源，指导学生运用先进的学习方法进行学习，在与学生进行交流合作时，要明确学生的任务，通过发挥学生的主动性，让学生对教师制订的任务产生一定的认同，从而分析问题，了解世界。值得注意的是，在整个教学过程中，教学任务的设定并不是教师对学生进行强力推压，更加注重的是教师与学生之间的和谐相处。虽然该教学方法注重学生的学，在一定程度上减少了教师讲课的时间，但是教师并不是不去讲教学知识点，而是在学生需要的时间进行相应的讲解，从一定程度上看，教师的地位相对来说没有被削弱。而且学生的主动性能够得到提高，虽然是通过完成教师之间的教学任务来进行自主学习，但是学生学习的动力是内在的，这会在一定程度上大大提高学生的学习效率。综上而言，任务驱动教学法不仅能够发挥学生的主体作用，也能够发挥教师的引导作用。

5. 化学新课程改革理念

课程理念是人们对教学活动与学习活动内在规律的了解和认识，能够对人们从事一定的教学活动提供行动指南和引导。《义务教育化学课程标准（2011版）》对化学课程的课程理念做出了如下解释，主要表现在几个方面：第一，化学课程能够为每一个学生提供多样化的学习方式和评价方式，通过考核学生对知识和基本技能的掌握情况，评价学生的实践能力、动手能力、科学探究能力等，而且还对学生的情感态度与价值观进行考察；第二，能够为学生创建一定的学习情境，该学习情境与社会环境和化学技术密切相关，能够使学生对化学有初步了解，认识到化学对人类的贡献以及化学在社会发展人与自然和谐相处中的作用，使学生相信化学能够为人类社会的发展做出巨大贡献；第三，能够让学生有更多的机会去体验科学，养成科学的学习方法、科学的态度，从而培养学生的创新能力与实践能力；第四，能够让学生从学生原有的经验出发去感受化学的重要性，了解化学与生活社会的紧密程度，并且通过一定的化学知识解决生活中的基本问题；第五，能够为学生提供学习机会，使学生掌握一定的化学技术知识，能够很好地适应现代生活，也能够为将来的生存和发展打下良好的基础与科学素养；第六，使学生以乐观的心态去学习化学，通过探索化学的奥妙，增强学生学习化学的信心，使不同水平的学生化学基础知识得到增长，帮助学生培养终生学习的观念，为中华民族的伟大复兴与社会的可持续发展贡献自己的力量。

从上面提到的几点我们可以看出，化学新课程改革以学生为中心，注重学生的全面发展，能够帮助学生实现知识与技能、过程与方法、情感态度与价值观三维目标的有效结合，帮助学生培养科学能力，提高科学素养，而且该教学模式面向全体学生，能够凸显学生的个性，促进学生的全面发展；在教学过程中强调学生是学习的主体，教师是学生的引领者，对学生起着引导作用，而且教师是学习活动的组织者，也是学生的亲密伙伴；强调注重学生在学习过程中的探究，并且在探究中不断发展，主张把学习方式的转变放在首要位置，通过多样化的学习方式，加强学生的学习；提倡多元化的评价方式对学生产生一定的激励作用。

（三）国内外研究现状

1.国内研究现状

20 世纪 90 年代，我国开始对任务教学法进行研究。研究的重点主要放在信息技术教学与外语教学上，而后逐渐开始对数理化、通用技术等方面进行研究。在计算机领域，通过不断研究，形成了任务驱动的教学模式，将该模式应用于信息技术课堂，能够提高学生信息技术水平与计算机操作技能，掌握有效的计算机知识。在外语领域，学者通过对任务教学法进行不同角度的研究，发现在完成任务的过程当中，学生能够发展一定的语言交流能力。《普通高中英语课程标准（2017 年版）》中也有提到，将任务教学法应用于英语教学中，在一定程度上能够提高学生的英语学习能力。

在化学领域，应用任务教学法的研究并不是很多，能够查阅的相关文献也比较少。郑长龙（2004 年）在《初中化学新课程教学法》一书中指出，学生学习化学的主要任务应该由学生与教师共同完成，通过落实一定的教学内容，实现相应的教学目标；黎良知和吴俊明（2004 年）在文章《探索"任务驱动"的化学教学设计与实施》中提到，应该怎样去建立任务驱动教学模式，应该怎样去对化学学习任务进行设计，怎样建立化学学习支持系统；付丽萍（2006 年）在《高三元素化合物复习课的化学学习任务的设计与实施研究》中提到应该如何设计化学学习任务；张义健（2007 年）在《任务驱动教学模式与化学教学》中提出"任务""教师主导作用""学生主体地位"是任务驱动教学模式基本流程；崔赞（2011 年）在《任务驱动教学模式在初中化学实验教学中的应用研究》一文中指出化学实验中可应用任务教学法；韩亚珍（2011 年）指出高中化学教学中应用任务驱动教学法能够发挥重要作用，对提高学生的学习成绩具有重要帮助，而且能够使学生掌握基本的化学知识、锻炼实验动手能力。此外，任务教学法应用于农村教学中，也能够起到明显作用，对于化学知识的复习、所遇到问题解决策略的探讨具有重要作用。

上述研究均表达出以下观点：（1）学生在教学过程中要发挥自身的主观能动性，积极主动完成任务；（2）学生可采用小组合作的模式完成任务；（3）在进行教学任务的设定时，要结合学生的真实生活，赋予任务一定的情境和背景；（4）任务的设计要以学生为中心，不能超出学生的认知范畴；（5）可以将建构主义理论作为任务教学法的理论基础。但是这些研究还处于理论层面，真正用于实践的内容还比较少。

2. 国外研究现状

建构主义理论是任务教学法的理论基础，该理念认为学生要积极主动地解决问题，从自身所拥有的知识出发，运用美国著名学者杜威的教育观念，坚持实用主义，结合头脑中原有的知识经验，密切联系社会生活，按照一定的思维方式来解决问题，最终实现教学任务。在 20 世纪 80 年代任务教学法首先应用于语言教学中。博雷泊（1979 年）在印度南部首先将该教学理论应用于实践，学生通过语言的学习完成教学任务，能够取得一定的学习效果。耶登（1987 年）明确了任务教学法在课堂教学中的具体步骤。纽南（1989 年）发表《语言课堂的任务设计》，这一事件标志着任务型教学的正式形成，他认为任务包括以下要素：目的、教师、学生、背景、输入活动等。威尔斯发表《任务驱动学习框架》这一著作，标志着任务教学法开始从理论模式中摆脱出来走向实践，可以将该方法分为三个阶段：（1）前任务活动阶段：对任务、主题进行介绍；（2）任务周期阶段：完成一定的任务，并且对活动报告进行准备；（3）语言聚焦阶段：对任务进行分析、再练习。各种学者开始对任务进行不同方面的研究，认为任务应该与生活密切相关，要设定明显的标志作为完成任务的标准。教师要精心设计、组织任务，经过头脑的思考才能完成的任务，使广大参与者密切合作，最终促进语言教学的发展。

经过这么多年的研究，任务教学法在国外得到了发展，并且遵循一定的教学理论。目前还有广大学者研究任务本身，尽管从任务的设定、选择到实施，都需要广泛联系实践，但是依然局限在语言教学中。

二、高中化学任务驱动教学法的基本理论

（一）任务驱动教学法提出的背景

随着经济社会的不断进步和科技的发展，进入 21 世纪科学素养成为人们必须具备的基本素养之一。研究表明，科学素养与国家的综合国力密切相关，与国家的竞争力密切相关，只有在竞争中保持一定的科学素养，才能够保证国家经济实力的增长，提升竞争力。化学教育与人们的日常生活密切相关，在衣食住行中处处可见化学知识，因而要提高学生的科学素养，必须加强化学教育，让学生掌握一定的化学知识以及探究科学的方法，利用化学知识去解决身边的各种问题，解释人类发展的相关问题。高中化学是科学教育的关键，能够在一定程度上提高学生的科学素养，促进学生综合素质的提高。

2003 年中华人民共和国教育部就化学教学制定《普通高中化学课程标准（实验）》（以下简称《课程标准》），提出化学教育要结合学生的实际生活，密切联系原有的生活经验，从社会生活实际出发，帮助学生认识化学。化学关系着人类发展，对于社会中面临的各种问题，要加强化学教育，这对培养学生的决策能力、参与社会的意识以及社会责任感的提高具有重要作用。学生在学习化学的过程中，要积极主动地探索，寻求一定的方法，不应

该只是被动学习，而应该将被动学习转化成主动学习，提高创新意识，加强实践能力的培养。在新形势下，随着课程改革的不断推进，化学教育对教师的教学以及学生的学习提出了更高的要求。应该转变传统教学中以教师为主的模式，教师不应该只是单纯传授知识，通过满堂灌的形式，让学生被动地接受知识，学生应该变被动为主动，积极动手参与实验，不应该按照原既定的步骤和结论进行化学实验，这无法使学生掌握探索科学的方法。长此以往，会导致学生思维定势、动手能力的减弱以及与社会的脱节，不利于学生与教学的发展。高中化学学习过程中，要使学生积极动手参与实验，解决生活中各种密切相关的问题，最终促进学生的全面发展。

高中化学是学生学习的关键阶段，具有承上启下的作用，相比于初中化学难度更高，内容也更为丰富，所涉及的化学知识也较为复杂，而且需要学生进行大量的实验，因而培养学生对化学的兴趣，这对教学质量和教学效率的提高具有至关重要的作用。任务教学法应该发挥学生的主动性，密切联系社会生活，教师在设定教学任务时，要考虑学生的实际情况，要保证学生通过完成一定的任务对问题进行有效的分析和解决。化学教育要将学生的生活与化学知识充分联系起来，这样在一定程度上能够提高学生的学习兴趣，促进学生对化学的热爱。

（二）任务驱动教学法的基本特征

任务驱动教学法主要表现在三个方面：以学生为主体、以教师为主导、以任务为主线。三方面相辅相成，密切相关，主导对主体起着推动作用，主体对主导起着促进作用，教师与学生密切配合才能够完成整个教学过程。在教学过程中，教师必须创设合理的任务情境，通过环环相扣的教学过程，推动学生的发展，从而完成一定的任务。在整个过程中，学生要发挥主观能动性，积极调动学生中原有的知识，开拓思维，对任务进行思考，提出相应的问题，在教师的辅助作用下，通过搜集相应的资料，完成一定的任务。此外，任务设定本身可能会存在一些不可预知的变化，需要进行更深层次的拓展，从而使学生能够对知识进行全面掌握。任务驱动教学模式，要密切教师学生与任务之间的关系，具体表现如下。

1.学生为主体

学生是学习的主体，从这一角度看，任务驱动应该是一种学习方法，可以让学生掌握基本的操作技能与知识。任务驱动教学对体现学生的主体地位具有重要作用，这种作用主要表现在以下几个方面。

（1）培养学生自主学习的能力

任务驱动教学模式所设定的情境是真实或者接近真实的，在这种情况下，学生不仅能够学习一定的基础知识，而且还能够提高知识迁移能力，通过分析问题找到解决问题的办法，在整个过程中学生对问题可以提出疑问，通过查阅相应的资料，有效解决问题，最终实现知识建构。这在一定程度上能够提高学生的素质，满足学生的成就感，也能够提高学生学习的自信心，让学生能够主动去尝试新的任务，从而完成新的知识建构。

（2）培养学生的协作意识

学生完成任务的过程需要与教师进行不断的交流协作，通过交流协作能够在认知上产生一定的冲突和思维碰撞，从而使学生能够对问题进行全方位的认识，在这种交流互动中，学生也能够对自身的观点进行思考，通过了解别人的想法，从多个角度去认识事物，从而完善自己的思维得出最为准确的结论。任务驱动教学模式能够为学生提供一定的交流机会，从而帮助学生更好地完成任务。

（3）培养学生解决问题的能力

任务驱动中问题解决是重要的教学步骤，教学内容的设定要通过学生提出问题，了解问题产生的原理与方法，从而进行分析与解决问题，只有学生提出问题，才会对问题进行思考，才会产生新的认识，从而查阅相应的资料，对问题进行分析和解决，在任务驱动教学模式中，学生必须学会对问题展开质疑，只有这样才能完善自己的思路，保证任务的顺利完成。

（4）提高学生的学习兴趣

教师所设计的任务，需要能够引起学生的兴趣，通过引起学生的兴趣，让学生主动参与到任务执行过程中，通过完成任务让学生体会到满足与成就感，从而进一步激发求知欲，实现知识建构的良性循环。

2.教师为主导

建构主义教学理论是任务驱动教学模式的理论基础，该模式中教师的作用发挥发生了重大转变，一方面教师不再是传统意义上的知识传授者，也不再是单纯的知识灌输者，而是逐渐转变成学生学习的引导者与组织者。另一个方面，教师不只是存在于讲台上，而是逐渐走到学生中间，与学生进行互动交流，共同完成学习任务。这一模式要求教师明确自己所处的位置和角色，对学生进行讲解，知识是不应该进行单纯的灌输，而是需要通过一定的指导让学生自主完成构建。与传统教学相比，教师的作用更为重要，具有不可替代的作用，主要表现在以下几个方面。

（1）设计任务

教师对教学目标进行分析，进而制订出符合实际的教学任务。

（2）创设任务情境

任务完成的一个重要前提就是创设情境，通过创设真实的情境，能够为任务的设立打下坚实的基础。例如在"盐类水解"这一教学中，可创设以下问题情境：厨房中有两个调味瓶，分别装有食盐类与纯碱类的白色固体，请你利用现有的条件，将两种固体区分出来，并写出方法步骤。

（3）帮助学生完成任务

学生在完成任务时需要教师的辅助，教师在学生需要帮助时，应该为学生提供一定的指导。

（4）评价任务完成情况

教师需要对任务制订一系列的评价标准，保证学生在完成任务时能够得到及时有效的评价。

（5）监控课堂教学

课堂教学是动态的，化学课堂也是如此，在进行实验时，教师要对课堂进行实时监控，及时指出任务完成过程中可能存在的问题，给学生完成任务提供一定的方向。

3.任务为主线

任务设计是任务驱动教学模式的核心，而且在整个教学过程中最离不开的也是任务。课堂教学中以任务作为主线，教师与学生围绕任务展开教学与学习，教师要设定一定的任务，学生也以任务完成作为学习活动结束的标准。在进行具体的任务时可适当进行分类，根据学生的知识结构与认知结构，可以分成开放型任务与封闭型任务；根据学生的个体差异可分为基础任务与拓展任务；根据任务的结果，可以分为问题解决的任务、作品展示的任务；根据任务完成的时间限制，可以分为课时任务、学期任务。通过一定的任务分类，能够明确教师所设计的任务类型，促进学生的学习。

在这一教学过程中，任务不但承担载体的作用，而且也是作为教学内容存在。任务的设计与教学效果存在密切关系，任务驱动中的任务，并不是让学生简单地完成一件事。任务驱动中的任务需要培养学生的能力，如果学生完成任务，但是能力没有得到有效培养，也不等于任务驱动。教学任务应该与学生原有的知识、需要巩固的技能进行密切联系。应该使学生掌握一定的基础知识，锻炼一定的基础技能。教师在设计任务时，需要考虑学生如何解决问题，这样既能够完成教学任务，也能够培养学生能力。此外，任务还应该具有创造性，应该密切联系学生的日常生活。教师可以将学生真实的生活通过一定的形式浓缩于任务中，这样学生与任务的交互作用，就相当于学生与真实世界的交互作用。化学教学中，任务的设计应该是根据一定的化学知识来解决生活中的某些问题或多个问题，这样化学教学才更加有意义。

（三）高中化学教学中任务的设计原则

作为任务驱动教学方法中的一个重要环节，任务设计能够对教学效果产生重要作用，因此在高中化学教学中需要加强对任务设计的重视，在进行任务设计时，首先要考虑学生的实际情况，能够对学生的思维产生一定的刺激，让学生充分思考后完成任务。在化学教学中，任务设计要遵循以下六个原则。

1.任务设计要注重培养学生的学习能力，提高渗透方法

在进行任务设计时，要为学生留有一定的创作空间，使学生解决问题后能够举一反三，通过完成任务最终提高自身能力。例如，在讲解乙醇分子结构这一内容时，教师不应该把乙醇的分子结构直接展示出来，而是应该让学生通过做练习题的方式求出分子的结构。可以将练习题设计如下：某有机物重量为 4.6g，在充分燃烧后能够生成 5.4g 的水和 0.2mol

的二氧化碳。已知此有机物蒸汽的相对密度是氢气的 23 倍，求该有机物的分子式。通过解答得出该分子式为 C_2H_6O。而且该分子是有两种可能的结构形式，教师可以通过乙醇实验判断乙醇结构中的氧原子与其他 5 个是不同的，从而能够得出乙醇的分子结构。这种留白的方式能够让学生进行充分的思考，掌握一定的知识。

2. 任务设计要遵循趣味性的原则

兴趣能够对学生的学习与发展产生一定的激励与引导作用，在设计任务时要考虑任务能够激发学生的学习兴趣和求知欲望。例如，为奥运会设计一个具有中国特色的节能环保型奥运火炬，在设计时要将能源部分与课本中的知识点相结合，而且与奥运的话题相结合，学生可能会提起很大兴趣，也能够激发学生的爱国意识与环保意识。

3. 任务设计要遵循可操作性原则

教师在进行任务设计时，要求学生亲自尝试某些实验，这在一定程度上，能够提高学生的动手能力，而且动手操作比看示范能够更加有效。但是在进行实验任务设计时，要保证时间的可操作性，能够让学生通过动手亲自完成任务。任务难度要适中，如果太容易可能失去对化学学习的兴趣与认真程度，如果太难可能失去学习化学的信心，可根据最近发展区理论设定任务，从而达到最佳效果。而且任务中开放型任务，可由多个学生共同完成；封闭型任务，涉及的知识点不应该过多，学生在互相交流的过程中能够激发新的思路，也能够增长知识技能，此外还对学生良好人际关系的建立具有一定帮助。

4. 任务设计要遵循真实性原则

在进行任务设计时，教师要考虑学生的实际情况，尽可能创建真实的学习情境，真实的情形能够使学习任务更加形象化与直观化，将学生带入任务中不仅能够帮助学生进行生活经验的积累，而且能够唤起学生学习的兴趣，利用已有的知识经验去进行知识拓展。真实学习情境的设定主要包括下两种含义：第一是将化学知识能够运用于生活中，第二是学生可利用已有的知识经验进行学习。教师在设计教学任务时，可适当选择上述两种方式。遵循真实性原则要注意以下方面设计任务：要真实，但是要与学生的生活经验有一定的距离，才能让学生在学习过程中补充一定的知识，从而激发学生的学习兴趣和动机，提高学习效率。例如，调查衣服用料的性能和市场占有率，这样的任务会比较大，不适合课堂教学，可作为课堂教学后的开放型任务。

5. 任务设计时要符合学生的实际情况与差异性

学生与学生之间存在差异，这种差异表现在接受知识的能力、地域差异、学校差异、年龄差异等方面，从而导致学生学习化学能力存在一定差异。因而在教学任务设计时，要考虑学生的实际，从学生的年龄认知程度、文化水平、兴趣爱好等各个方面出发，由浅入深，循序渐进，根据已有的知识去展开教学，尽量发挥学生的主体作用以及教师的主导作用。教学过程中可分层次布置教学任务，对于基础水平较差的学生，可布置一些简单容易实现的教学任务，从而激发学生对学习化学的兴趣，让学生体验到成功。对于有难度的任务，教师可以在适当情况下进行点拨，帮助学生完成任务。教学设计要完整，而且留有一定的余地，从而能够培养学生的综合能力，而且任务之间要保持联系性与系统性，不能孤立地设计任务，这样不利于学生全面发展。

6.任务设计师要有明确的教学目标

在设计教学任务时要有一个明确的教学目标，这样才能够有方向完成任务。可以把总体目标换成一个个的子目标，这样有助于目标的实现，而且一个目标包含各个方面的知识点，内容比较繁多，通过拆解成小目标，可以使学生更加容易掌握知识。在进行任务设计时，要避免以下两种情况。第一，教学目标指向具有一定的完整性。在教学任务设计时，不一定需要把科学素养完全放在一两个任务中体现，可以放在多个小任务中，分别培养不同的科学素养，而且不能够强行将实现不了的目标列入任务之中，这样会打击学生学习的积极性。第二，要避免教学目标的片面化。传统的化学课堂教学过分注重知识与技能，往往把学习的目标定位在培养学生基本知识与技能上，把知识熟练程度与操作技能的熟练程度作为衡量教学目标实现的标准，这会对学生解决问题的能力与价值观形成造成忽视，而且统一的教学任务会掩盖学生个体之间的差异，很难让学生得到不同程度的发展。在进行教学任务设计时，不能把任务设定成纯技能训练，需要包含各个方面的科学适应培养学生的全面发展。值得注意的是，任务驱动教学要在培养学生基本知识与基本技能的基础上，培养多层面的科学素养，这不仅需要掌握一定的学习方法和操作技能，而且要能够从整体上完成对技能的训练，让学生培养科学思维与创造性思维，能够对科学文化有一定的认识。在化学教学中可采用新的课程理念，尊重学生的个性，因材施教，以提高学生的科学素养为最终教学目标，从知识与技能、过程与方法、情感态度与价值观三个方面设定目标，帮助学生实现最终教学目标。

三、高中化学任务驱动教学法的教学过程结构与教学设计分析

（一）任务驱动教学法的教学过程结构

任务驱动教学法中任务是关键，学生要围绕一定的任务来进行学习，教师也要围绕一定的任务给学生进行指导，从而完成课堂教学。该教学模式教学主线主要表现为提出任务—分配任务—完成任务—评价任务，具体如下。

1.提出任务

任务驱动教学法，首先要对教学内容进行分析，并根据教学内容设定教学目标，教学目标要合理，而且不应只是体现知识的获取，而应该从三维目标上进行体现教学目标。可以将教学目标细分为一个个的子目标，针对每一个子目标，教师也可以提出相对应的子任务，学生通过完成这些子任务，最终实现大的教学目标。第一个子任务称为切入点，这个切入点应该密切联系社会实际与学生的生活，能够对社会问题进行一定的反映，这样更能够对学生的学习兴趣进行有效激发。

2.分配任务

教学要围绕任务进行，教师在制订任务后，要让学生参与到任务中，使学生有一定的参与感，要根据不同学生的能力分配不同的任务，可以将任务具体到个人或者小组。在明确学习任务后，学生通过查阅相应的资料、寻求教师的帮助、小组合作讨论等方式，激发一定的创造力、想象力，从而参与到教学任务中，学生之间的互动交流能够对学生的思维进行刺激，能使学生更好地完成任务，因而教师在分配任务时，要指导学生相互交流，相互帮助，要加强合作学习。

3.完成任务

在学生明确学习任务后，要给予学生充分的思考时间，教师给学生提供一定的材料和工具，指导学生去分析问题，小心假设，对问题进行求证，通过科学严谨的求证过程来解决问题，以求完成任务，在这个过程中要加强学生之间的合作与交流，从而提高学生的人际交往能力与创新能力。

4.评价任务

在学生完成教师所设定的任务以后，教师要及时给予评价，评价时要多给予积极肯定的评价，使学生能够感受到成功感。评价时，要注意学生的优点，不应该只是关注结果，更多的要注重学生完成任务的过程，要关注学生解决问题的方法，这对提高学生分析问题与解决问题的能力具有帮助，还能够对知识进行一定的归纳，提高学生的综合素质。

（二）任务驱动教学法的化学教学设计分析

教学设计在教学过程中起着重要作用，主要表现为定向、前导、宏观调控等。作为教学过程的第一个阶段，教学设计要做好具体预演，从而保证教学过程的顺利完成与教学效果的提高。下面从教学目标、教学策略、教学评价三方面进行分析探讨如何设计化学教学案例。

1.教学目标分析

教学目标是整个教学的起点也是终点，在进行教学目标的设置时不是随意的，而要紧扣教学内容，根据新课标的要求并结合学生学情，教学目标的设置要符合学生的学习需求。因此，在设置目标时一定要具体，要能通过一定的方法和手段检测出学生是否达到目标。在正式进行实验之前，应做到对学生、教材内容和《课程标准》进行分析。

（1）学生分析

新课标的教育理念是"一切为了学生的发展"，认为教学应当体现"以学为主体、教为主导"。学生的地位和重要性在不断加强，教师不可能脱离学生进行教学，而应该以学生为本，分析学生的共性和特性，以便于因材施教，顺利展开教学，实现教学目标。在化学学习的过程中，学生不仅要获得知识和技能，掌握过程和方法，还要形成一定的情感态度与价值观。学习不仅仅是为了获取知识，更重要的是为了学以致用，利用所学的知识去获得成功的体验。因此，在教学过程中，教师应该注重联系生活实际，引导学生发现问题、分析问题和解决问题。同时，因为学生本身的知识经验和背景各不相同，每个学生都有其独特的个性、行为方式和思维习惯，所以，教师在对教学目标进行设计时，首先要做到对学生的各方面情况进行仔细、深入的研究和分析，以确保教学目标的设计没有脱离学生的实际学习。

（2）教材内容的分析

《高中化学必修1》（人教版）包括四个章节：从实验学化学、化学物质及其变化、金属及其化合物；非金属及其化合物。这些章节主要包括实验基础、基本概念和无机化合物。其中，金属及其化合物主要是对钠、铝、铁、铜及其重要化合物和铜合金、钢的研究；非金属及其化合物主要是对硅、氯、氮、硫及其重要化合物的研究。所讲知识点包括物质的结构、性质（物理性质、化学性质）、存在和用途。而对于物质性质的讲述，大多是以实验的手段来讲的，通过对实验现象的描述，探究物质的性质。但有些实验按照教材中所采用的方法并不能看到教科书上看到的实验结果。例如，在制备氢氧化铁的实验中，在硫酸亚铁中加入氢氧化钠后，并不能直接看到白色沉淀的生成，而是由于氧气的干扰直接产生灰绿色沉淀；并且过一段时间之后，整个试管中的灰绿色沉淀并不能像课本中所描述的那样全部变成红褐色沉淀，而只是试管壁和溶液上层与空气相接触的部分沉淀变成红褐色。对于这样的一些实验，教师则应该根据学校教学仪器的客观条件和《课程标准》的要求，设计新的实验或者解释为什么会出现与课本不同的实验现象，切不可只要求学生掌握知识，而不了解原因。

（3）《课程标准》的分析

化学教学目标要符合中华人民共和国教育部制定的《课程标准》。新课标要求在进行化学教学时，应使学生在三个方面达到统一和谐的发展，即知识与技能、过程与方法、情感态度与价值观。这就要求教师在设置教学目标时，不仅要让学生掌握知识和技能，还要注重学生的学习过程，让学生在学习过程中经历对化学物质及其变化的探究，从而掌握学习方法，了解科学发展的历程。此外，还要有情感的体验，建立唯物主义的世界观和保护环境的意识。新课标规定了化学教材中每个章节的内容标准，这是学生所要达到的基本要求，同时给出了相应的活动和探究建议。在设计教学目标时，不要单纯地依靠辅导教材，而应回归到《课程标准》中，了解其对学习内容和学习程度的具体规定；设置教学目标时，还应认真研究教学内容，依据客观条件和逻辑思维，对教学内容进行顺序的调整或者合理删减，再根据内容标准要求，设置合理的教学目标。

2. 教学策略的分析

（1）分析目标，提出任务

化学教师要根据新课标的课程标准和内容标准要求，参考内容标准中的活动与探究建议，对教材内容进行分析，并且依据自己对教材的理解和学生已有的知识水平去设计任务。设计的任务应该具体、明确，符合学生的"最近发展区"；还应该具有一定的开放性，满足不同学生的学习需求，并且促进学生发散思维的发展，使学生可以得到多种解决任务的方法。当然，教师要让学生自己选择合适的活动去完成任务。所谓合适的活动，可以是组织学生进行社会调查、组织学生自主设计实验进行实验探究或者是小组交流合作讨论等。

设计的任务可以从物质的用途出发。化学教材中的知识往往是提炼的化学本质，但也给学生造成了化学无用的错觉，学生无法将化学与他们的生活联系起来。而从物质的用途这一角度出发，正好可以解决这个问题。比如，在探究二氧化硅与氢氟酸的反应时，可以利用玻璃的雕刻工艺作为背景进行学习。

设计的任务还可以从解决实际问题出发。从解决实际问题的角度来设计任务，不仅可以培养学生的社会责任感，同时能够帮助学生利用化学知识去解决社会问题或科学现象，实现学以致用。比如，学生在学习钠与水的反应时，就可以以解决钠着火为出发点进行探究。

（2）创设情境，明确任务

情境的素材有很多，可以从生活或文学历史中获得。在选择情境时，要注意情境应该是明确的，情境的创设是为了更好地提出任务和达到教学目标；情境应该是真实的，创设的情境应该与日常生活紧密联系，让学生在这样的背景下，根据自己的已有经验去解决问题；情境应该是师生可以互动的，设置的情境应该使师生之间、生生之间有较好的交流和互动，使学生能够积极地参与进来，从而体会合作学习的乐趣。

（3）组织活动，完成任务

活动的参与者是教师和学生。在课堂活动中，二者并非独立的，而是相互和谐统一的。学生的学习活动主要是明确自己所要完成的任务，之后进行活动探究，得出相应的结论，并且进行反思总结，讨论自己在活动探究中存在的问题，从而可以概括为明确任务、执行任务、得出结论、进行反思四个环节。教师的活动环节应该是要具体分配学生所需要完成的任务，在学生完成任务的活动中给予相应的指导和帮助，并且在学生完成任务后帮助学生进行总结，给出正确的结论，从而可以概括为分派任务、指导学生、引导总结、给出结论四个环节。

在引发学习活动时，教师要选择真实、有趣的情境吸引学生的注意力，使学生快速进入学习活动中来。学生在感受情境的同时，明确自己的任务，然后进行科学探究。

在执行任务的过程中，教师应当确定学生学习活动的内容和形式，适当地给予学生帮助，从而让学生顺利完成任务。学生的活动形式多种多样，可以是班集体活动、小组合作或由个人独立完成。教师应根据任务的难易程度，规定学生的活动形式。

在完成任务之后，应对整个任务进行总结。这个总结应该首先是学生自主讨论后得出的，教师再进行补充，从而给出正确的结论。进行总结是教学过程中非常重要的一个环节。因此，在进行总结时，要给学生一定的时间，让学生对任务的过程和结果进行梳理和反思，这是对学习的一个归纳和提升，教师切不可操之过急。学生在总结时应从知识与技能、过程与方法、情感态度与价值观三个角度来思考自己的收获。

（4）查找资源，支持任务

任务的设计、完成需要搜集足够的资源，这些资源可以是教材、辅导资料、网络资料等。根据资源的获取途径，可分为学校资源、网络资源和泛资源三类。

学校资源是在学校就能够获得的资源，如学校所发的教材、学习资料、实验室的药品和仪器，这些资源是完成教学活动所必不可少的。教材决定了一节课的教学内容，学习资料可用于学生对于知识的练习，实验室的药品和仪器对学生学习化学非常重要。在有条件的情况下，教师应该尽可能地让学生自己动手进行实验，还应该提供较多种类的药品和仪器，引导学生设计不同的实验方案。

网络资源是在网络上获得的。现代信息技术的高速发展，为化学教学提供了丰富的网络资源。网络上信息丰富，可以让学生了解科学的最新发展，同时能够提高学生收集、处理、分析问题的能力，使学生得到有效的信息。

泛资源是指学生为了完成学习任务，通过去图书馆查阅文献、参观工厂、亲自拜访专家等手段获取的信息。

3. 教学评价的分析

（1）教学评价的内容

在进行教学之前，教学评价的内容主要包括两点：教师设计的任务是否具有真实性、挑战性和开放性；教师对于教学资源的准备是否充足。

对于教学过程中的评价内容，主要包括以下三项：一是评价教师对于任务的分配是否明确，对学生的指导是否合理，对课堂的把控能力如何；二是评价学生是否可以参与课堂活动、参与小组讨论、亲自动手实验、回答教师问题以及对于任务的完成情况；三是在教学结束以后，学生是否达到了相应的教学目标。

（2）教学评价的方法

教学评价的方法主要有数据分析法、观察法、访谈法和调查问卷法。数据分析法主要是分析学生的成绩，研究利用任务调查学生的成绩是否出现显著的变化。观察法是在课堂教学中进行的，主要是观察课堂的教学氛围、学生的课堂参与程度和学生回答问题的次数。访谈法通过与其他教师和学生进行口头交流，目的是得到其他教师和学生对于任务型教学的看法。调查问卷法主要是通过设计不同维度的具体的问题，得到具体的数据，研究学生对于任务教学法的看法以及通过任务教学法得到哪些收获。

四、任务驱动下的小组合作学习的概念界定

将小组合作学习与任务驱动教学进行结合的方式是以任务驱动为基础下的小组合作学习概念。学生进行合作学习是以教师设计的学习任务为目标，从而引领学生的学习方向，能够将学生合作学习的进度进行推动；学生在学习中能通过小组合作方式的运用将自身的优势充分发挥，调动学生学习的积极性，能更好地配合教师的教学方式，能够完美解决教师精心设计的学习任务，从而充分掌握所学到的知识与技能，学生遇到问题时的解决能力也得到全面提高。

五、任务驱动下的小组合作学习模式

1.任务设计

教师在设计学习任务时，应将学生当前的心理变化考虑其中。因而，教师一般在设计学习任务之前会充分了解学生的性格、心理等特征。高中生这一年龄阶段正是少年期逐渐向青春期转变的过程，高中生的思维在普遍的认知上，逐渐发展为抽象、逻辑、概括化；并且在情感方面正处于比较敏感的阶段，因此对于同学与教师的看法特别注重，更希望得到同伴与教师的肯定，从而有一种满足与光荣的感觉。其次，学生群体的一般特征具有差异之外，学生自身之间也各不相同，具体表现为性格、观察力以及思维等存在的差异。

在设计学习任务时应以教学目标为主导思想，从而选取适合教学目标的教学方法与内容。教师不仅要注重学习技能与学习知识，更应该对于学习的过程进行关注，从而更好地让学生掌握学习方法以及实现学习所定的目标。

在设计学习任务时应将书本、模型以及网络等教学方式与资源进行结合，制订符合学生现阶段学习的学习任务，对于学生来说无法完成以及缺少教学资源的任务属于徒劳无功。高中生学习阶段时间紧张、教学资源存在不足，因此，教师应在指导学生自行完成学习任务的前提下，提供合适的教学资源与信息给予学生。

教师应在设计学习任务时融入教学情境，由此可以看出，创设适合学习的教学情境具有重要意义。其一，学生对于学习的兴趣也能够根据贴近生活、生动形象的教学情境得到激发，也能够对学生长时间进行学习所产生的疲劳感觉起到缓解作用，让学生保持积极的学习心态进行知识的获取与技能的掌握；其二，由于运用教学情境进行教学与学习任务的设计，能够更好地将生活与所学的知识进行结合，既能够促进学生与教师之间的关系，也能够使学生对于学习内容准确理解与掌握，进一步将课堂效率进行提高。

2.任务实施

学生可以根据教师的指导，运用教学资源融入到教师创设的学习情境中。教师应关注自主学习阶段与学生合作学习阶段的学习方式与行为，并针对学生的学习行为，给予正确的引导与建议。任务驱动下学生的合作学习包括问题分析、问题解决、自主学习能力等，以及学生的合作能力等。因此，任务驱动下教师要对于学生自主学习、合作学习两方面能力着重培养。学生在完成学习任务期间，自身的知识与技能得到明显锻炼，更在合作学习中学到在与他人相互分享、相互质疑中合作完成任务的合作能力，增加自身的才气与学识。

3.任务评价

学生可以根据教师与同伴的及时评价将自己的学习兴趣与动机激发，能根据及时的评价明确自身学习状况的不足从而纠正，并调整适合自己的学习方式运用在以后的学习中。因此，合理的评价机制能够更好促进学生的学习积极性，多元化的评价机制尤为重要。一般评价分为内容的多元化与主体多元化，评价内容分为三个部分体现多元化：（1）学习知识与学习技能；（2）学习的过程与学习方法；（3）学生的价值观和学习的态度与情感。

多元化的评价主体一般采用分组的形式：（1）教师之间的评价；（2）双向评价（组长、学科长、组员）；（3）相互评价：学习小组之间组员的评价。在合作学习的评价时，不能够只是对组员本身（个人）进行评价，也应对整个小组进行统一客观的评价，一般是采用量化考核的评价方式进行评价。学习分与活动分组成量化分考核机制，学习分分为三部分：合作分、自主分、拓展分，每周一汇总，每月一评比，汇总工作由值周班长进行，累计积分最高者可获得奖励。

小组合作模式在任务驱动下是以学习任务为主要依据，制订符合学生学习的学习任务，因此学生为合作学习的主体，教师对学生的学习进行引导与建议，是以新型合作模式为前提的教学方式。小组合作学习模式分为以下三部分：

1.自主任务阶段

在自主学习阶段制订一些符合学生现阶段且难度不高的教学目标，要以能够引起学生学习兴趣为主要目的，在激发学生学习兴趣的前提下将课程内容进行更好的反映与融合。并在学生自主学习阶段提供学生所需的学习资源，引导学生能够自主地完成学习任务，在适当情况下进行指导与建议。学生在自主完成学习任务期间会遇到难题，教师根据学生所遇到的不同问题进行单独的指导，教师针对所遇到的问题进行分类辅导，可以引导学生对于有价值的问题进行思考从而解决该问题，至于不能够解决的问题先进行难题记录，并对所有学生所遇到的问题进行整理汇总，能够解决的引导学生自主解决，对于不能够解决的归入到下一学习合作任务内。

学生自主任务的等级评定是教师对于小组、学科长对于组员之间的评价，评定等级为A、B、C三级。A级：书上有详细的思考思路，对不懂的问题进行标注，并具有整洁规范的答题步骤，提出较高质量的问题以及回答的疑问具有较高的正确率。B级：答题步骤较为规范，书上有内容阅读过的圈划痕迹，答题正确率高，提出的疑问有一定的质量。C级：书上只有较少的阅读圈划痕迹，答题不规范整洁，答案不正确，所提出的问题比较普通。

2.合作任务阶段

（1）合作任务的设计

通常在合作任务阶段，教师对于任务的设计应充分考虑在自主任务时所存在的疑问，进行融合，并制订比自主学习任务难度要高的学习任务，由于是合作任务，最为主要的就是合作，因此教师应积极引导学生之间进行相互探讨与协作，使学生之间处于一种相互合作、相互质疑的学习方式进行问题的解决。教师应注意以下几点进行合作任务的设计：

①任务的情境性

一般学习任务中情境的创设都是根据实际的生活进行设计，比如物品中的材质，像保鲜膜包装上所写化学成分为聚乙烯（PE），就可以创设出"如何在石油中取得聚乙烯（PE）保鲜膜"。也可以在实验的角度进行情境的创设，比如关于"乙醇"的相关学习时，从而设置任务"经过测定 C_2H_6O 为乙醇的分子公式，学生可以根据氢一个键、碳四个键以及氧两个键的有机物理论将符合乙醇分子式的结构用球棍构建并将对应的公式写出"，这一任务的布置激发起学生对于探讨乙醇真实结构的兴趣。

②任务的层次性

一般在设计合作任务时都会选择难度较大的课题而制订任务。因此，在完成合作任务期间应将总任务进行分类，区分为许多小任务，将任务根据内容简单及涉及知识浅到内容困难及涉及知识面广的顺序进行分解与学习。根据乙醇这一知识点为例，在设置上述问题之后，应进行分组实验的设置，这是第二层次的任务。

合作任务一般分为三部分，以问题为主体进行理论探究，根据实验为研究手段进行理论支撑，并在最后进行小组之间的分析讨论，从而得出问题的最终答案。使学生真实地感受到从不明白到明确得出问题答案这一过程的感受，增加学生对于学习的兴趣，享受科学探究的学习任务。

③任务的可操作性

在设计合作任务时也应考虑学习任务的可实施性，比如，上述乙醇内容布置的任务，具有相当高的难度，已经超出了学生的学习范围与知识涉及面，只能够通过查阅参考资料以及高难度的学习内容才能解决，否则无法顺利进行。

④任务的复杂性

教师在制订合作任务时应根据学生现阶段的学习内容为主，适当地增加有难度的问题为辅作为制订合作任务的主要依据。大部分能够在书本上查找到的内容与自主能够理解的问题不应作为合作任务来设计，从而浪费合作时间进行讨论，可设置为自主任务。比如，有机化合物的合成等方面的内容其实是总结与概括前面所学的有机物，能完整地在书本上找到相应的答案，完全没有必要设置为合作学习任务，学生自主学习就能够掌握与学习，如有个别学生所产生的个别疑问，教师可以有针对性地进行辅导。

（2）合作任务的实施

在任务驱动下的合作学习中，成功的学习过程是将任务驱动逐渐转变为动机驱动。将在合作学习过程中遇到的问题进行完美的解决，使学生逐渐发挥出自身的价值并着重培养与体现是驱动力的内在表现；在合作学习中得到来自同伴与教师的肯定，学生成绩也得到很大的提升，从而得到教师的表扬为驱动力的外在表现。而以学生能够将学习成绩进行提升为成就动机来催动学生发挥自己本身的价值与遇到问题时的积极表现为正确的合作学习模式。在进行合作学习时，教师应对每个学生进行深入的了解，从而分配不同的角色，以确保每个学生都能够积极参与到合作学习中。比如，在合作学习中角色有记录人员、提出质疑人员、进行辨析人员、展示人员等，角色的轮换方式为每周一换，让学生都能够感受不同角色所带来的不同感受，并确保每个学生都能参与。以下两方面需要在小组合作中注意。

①小组讨论

在合作学习过程中，教师应在讨论之前指导学生确立学习的目标，并引导学生运用教学资源进行分析与使用。让所有学生在讨论时采用站立分组的方式进行一对一分析论述，并在一对一讨论结束后进行全小组的讨论，解答疑问，对于经过全组讨论仍然解决不了的疑问或在讨论与解答问题过程中所出现的新问题，派遣组内代表写在黑板上代表本小组的区域中，在合作学习过程中，教师采用来回巡视的方式，指点各组，并对各组的疑问进行有针对性的解答。小组讨论这一步骤是学生之间相互探讨、相互质疑、相互解答的过程，能够使学习能力参差不齐的学生进行互补，互相帮助，让学习成绩好的学生带动学习成绩差的学生，在研究讨论的过程中互相帮忙，共同进步。这一学习方式的运用能够激励学生自主学习兴趣，也能在相互合作的过程中培养学生的团队精神与合作能力，并且掌握倾听、交流、分享的技能。在这一阶段的学习，学生会熟练地掌握本次任务的学习目标，会在学习中出现新的疑问，也会在寻求答案的过程中感受探索真相的乐趣，使学生能够保持良好的知识储备与心态迎接下一阶段的学习。

②展示、质疑与点评

教师会在合作学习讨论完成之后，让每组派遣代表在课堂上详细讲解每个小组完成合作任务时所解决的问题、未解决的难题以及在合作任务中的感受与收获等情况，并将自身小组所未能解决的疑问以及在解答问题时所产生的问题进行提问。小组代表进行合作任务的展示时，应将所展示的问题进行详细梳理，保证思路清晰的进行问题的讲解，以及着重表明在本题解答时容易出现错误的地方，代表所没有讲述的地方，其余组内学生能够进行补充。所有小组全部展示完毕之后，小组之间采取相互评价的方式，并在展示过程中解答所提出疑问小组的问题。对于在进行相互点评之后仍然没有解决答案的问题，由教师进行回答并完善补充所有小组的展示内容，从而使学生对问题一知半解的状况通过教师的讲解能够完整掌握。但由于课堂时间有限，如果每个合作小组没有时间限制地进行展示，有的小组将会无时间进行展示，因此，教师应对于每个小组的展示时间进行控制，以确保每个小组都能够对合作任务进行讲解。在小组代表讲解过程中，问题的提问与解答都是双向的，台上讲解组可以对台下的小组进行提问，反之亦然。为了学生的思维在互动中不断思考，从而提升，教师也应对学生进行引导，促进学生能够自主追问疑难点，并在不断探索与分析的过程中使学生真实地感受到追求问题答案时的思路历程。一般学生所能够想到与追问的问题基本上是超出教师对于学生的预期，而本合作任务所需掌握的知识点也会在学生不断探讨、不断质疑、不断追求答案的过程中更加深刻地印入学生的脑海中。

（3）合作任务的评价

其一，教师根据学生所掌握知识的具体情况进行评比，评价的方式一般采取在课堂上随机检测的方式进行。通过课堂提问检测的方式进行，学生对于知识掌握程度的题目一般选择质量较高、涉及知识面较广能充分涵盖所学内容的问题作为检测的依据，从而将学生的掌握情况明确体现。但由于课堂时间紧张，因此作为检测学生知识的问题一般会避免选择较为复杂的推理、实验等题目，通常选取容易计算的选择填空题。其二，教师评价学生学习所用的方法以及寻求答案的过程，通常在各组之间运用评价量表将学生学习方法与过程进行明显体现。

3.拓展任务阶段

一般我们会根据实际的情况与需要进行拓展任务的开展阶段，分为专题讲座、小组辩论等多种形式，但每种形式的完成都是由小组之间的合作为主要形式。由于高中阶段学习紧张，课外的业余时间有限，因此则根据学习需要进行选择性的拓展训练，并不需要每节课都进行，各小组之间会通过教师根据课题所选取质量较高的拓展任务，进行选择有探索欲望的课题。同样，教师也能够积极鼓励学生、各小组之间能够根据自己感兴趣的课题进行自拟题目，但必须经过教师多方位、多因素的审核，确定题目是否具有研究性与可实施性。拓展任务的选取应以学生的实际生活为主要依据，尽量贴近生活、源于生活，主要分为实验操作或理论调查等。

在学习当中有许多途径能够进行学习资源的获取，可以通过查询文献、图书以及在网络上搜集所需的内容等方式，因此，教师应针对多种资源获取的方式对学生进行指导，并且学生可以在小组内将自己所收集的知识资源进行共享与交流，从而确保我们所研究的目标是符合研究范畴与适合学生的研究方式。教师应对学生在实施任务期间所存在的疑问进行指导，并对学生进行鼓励，从而使学生能够先自主地进行同伴之间的讨论，无法解决问题时再求助教师。应在任务的实施期间确保每个学生都能够进行参与，并分配不同的角色，如信息收集员、信息整理员、进程记录员以及成果展示员等，每人各司其职，发挥属于自己角色的独特魅力。这一过程的顺利进行能够让学生相互探讨、相互帮助、相互质疑、相互合作，从而起到增加学生合作能力，提高团队精神，学生之间进行互补，才能够进一步达到此方法的主要目的。

第二节 基于学案导学的任务驱动法在高中化学教学中的应用

一、基于学案导学的任务驱动教学法在高中化学教学中应用的必要性

（一）反思新课程改革现状

近年来，教育部的要求得到了全国的响应，所改革的新课程理念是以"以人为本，以学生发展为导向"为主要依据，这一核心理念的出现对于全国的教育者尤其是一线教师的教学水平有着更严苛的要求。教师应根据新课程理念的转变，从而更新固有的教学理念，要跟上新课程改革的步伐，能够为学生营造独立、合作、探索和讨论的教育氛围，让学生能够自主地以一种积极探索学习内容的心态在老师的指导下学习，更能够进一步提高学习能力与知识的掌握。教师要侧重培养学生敏锐的见识、实用的操作技能和团队合作技能。

一些学校教师会受到新课程概念的影响，从而一直以遵循"以人为本"的教学理念为主要目标，对于新课程改革能够主动地进行尝试，并进行教学方式大规模的改变，课程教学的转变使教师在学生的教学上取得了良好的成绩。但是，在确认教学方式方面，由于新课程改革而带来的转变，教师需要面对许多无法避免的挑战。

1. 传统教学模式的影响依然根深蒂固

在传统化学教学中，普遍采用应试教育，教师有着高考升学率的压力，因此一般采用"一言堂"的教学方式，师生之间没有互动，学生安静坐在座位上听教师在讲台上讲述内容。但是，学生学习知识不应该处于一种单纯的问答阶段，教师也不能只是对学生进行知识的告知，应努力激励学生能够自主进行知识的学习与探索，从而构建出适合自己的学习方式。在当下新课程改革之后，传统的教学方式已经不能够满足当下的教育发展，知识简单的告知与被告知的教学模式无论是从实践还是理论两方面来说，都已经跟不上时代的教学水平。学生自主能力与学习技能无法在"复习、学习新课程以及作业的写作"中得到锻炼与培养，更有可能对学生养成在心理与学习中盲目依赖老师、依赖课本的情况，使学生丧失独立思考的能力，学生自身的创新思维也无法得到锻炼。传统的教学方式与新课程改革之后的教学理念是存在冲突的，已经背离了原本素质教育的初心。俗语说得好："授人以鱼不如授人以渔"与其教会学生课本上固有的学习知识，不如培养学生能够自己思考、独立学习的技能。在我国古代所遵循的教学理念是注重培养学生适合自己的学习方式与遇到问题时思考问题的思维模式。来自古罗马的普罗塔克（教育家）也曾说"儿童是一颗火种，需要点燃绽放自己的光芒，并不是一个罐子，只需要填满就可以"。

2. 增加了学生的课时作业负担

21世纪新课改之后，研究所就针对新课改之后的教学情况做了一个研究，表明学生在经历新课改之后，负担不仅没有减轻反而加重，对于教师的教学水平也增加了难度，这就导致教师在新课改之后对于教学成效只有25%的满意度。许多中小学为了紧跟新课改的教学理念以及响应教育局的号召开设实践课，对于这些课程，家长与教师普遍认为对学生的学习没有较大的帮助，反而减少了学生原本的上课时间，更因为实践课的开展导致学生无法有足够的精力与时间将教师所安排的任务在课堂上进行，因此学生的课余时间也被占用，学生的学习进度无法跟进。无法跟进进度导致学生只能不断地在假期经历各科目补习班的学习，这就致使学生无论是心理还是身体都无法得到缓解与休息。总而言之，学生因为这一现象的出现，学习负担逐渐加重，无法放松。

3. 学生的综合素质亟待提高

当今社会一直需要综合型人才，人才的培养应适应社会的发展。而把学生培养成全能综合型人才是教育改革的核心理念。综合型人才一般具有出色的实践能力，德、智、体、美、劳各方面都优秀的人才。计划生育改革的实施，导致这一代因为独生子的缘故，深受家庭喜爱，由于父辈对于"独苗"存在望子成龙的想法，学生感受不到家庭生活的压力。父辈对于孩子的期望由于安逸的生活并没有很强的毅力，因此需要进行磨炼，才能更好地实现父辈的期望。磨砺孩子最重要的基础阶段为中学时期，孩子的未来直接受到学校教学体系与模式的影响，由此看出学生的未来如何，学校的教学模式具有很重要的地位。当下社会我们习惯的模式是以学习成绩代表一切的方式，直接将学生在其他领域的闪光点忽略，无法加以培养，严重影响学生未来的发展，对于学生学习方式的培养与思维能力的锻炼也至关重要，如果得不到良好的训练与学习，将会导致有的学生出现陪读现象，到了高中阶段也无法自主的学习知识。教育的核心理念与目的是为社会培养高素质的全能型人才，并不是培养只一味读书而不会变通的人，由此可以看出在教学中培养学生的综合素质是具有重要意义的。

（二）高中化学课堂教学现状

化学是一门科学学科，是一种根据探究微观物质的结构、组成、规律及性质的学科。化学能够培养学生的科学观念，在学习基础知识的基础上将学生的眼界进行开拓，在探索化学学科的过程中激发学生对于科学的兴趣，学生对于科学有着强烈的探索欲望，才能保持积极向上的学习态度进行学习，这对学生的科学素养具有相当重要的意义。化学中包含许多变化莫测的物质，因此，化学有着属于自己的独特魅力，能够吸引刚接触化学的学生的注意力，更能激发学生的学习兴趣。化学是一门不断探究的学科，学生会因为内容的不断深入，感知到化学学科的博大精深，而曾经吸引学生极大兴趣的学科会成为学生在学习中的障碍，化学知识的深入对学生来说具有相当的难度，分为以下几个方面介绍原因。

其一，五彩缤纷与变化莫测是化学自身的魅力与特点，都是相辅相成的，由于化学的魅力吸引学生对于化学的兴趣，但化学的特点决定了其内容是繁多、复杂且难懂的。而对于化学的学习不能一味的死记硬背，化学知识的规律性也会根据理论知识的增加而增加，应将化学理论等知识进行理解，充分掌握才能够熟练的融会贯通，只有学生自己理解并能熟练运用才能够将学习的知识在脑中形成深刻的记忆，但往往很多学生对于这种能力并不具备。

其二，学生由于化学知识的不断深入，难度不断增加，无法充分的理解。而对于目前传统的教学理念为应试教育，看重成绩的评价，更因为高中化学考试的难度不断增加，学生并不能全部答对，从而产生了挫败的感觉。一般高中的考试对于学生学习能力较为看重，这就导致在考试中具有较少的死记硬背的知识。而在平常的学习中，教师也会对学生进行高考标准的测试，学生经常考不好的情况下，就会丧失对学习化学的激情，而有的学生也会因为心理素质较差而感觉化学是一道无法跨越的鸿沟，难以攻破。

其三，当下的教学模式对于学生学习具有很深的影响。目前在高中化学教学中，出现了教师由于有着高考压力的影响，而在教学过程中对学生进行大量知识点的讲解，生怕讲不到某一内容，这样虽然传授了大量的化学知识，但是学生的接收量是有限的，大量知识的汇集会导致学生无法进行消化而不能够熟练理解与掌握。教师一味地告知学生大量的知识是当下教学模式的形态，学生因为这一方式的实施而逐渐丧失对于化学的激情与兴趣，从而出现教师教学辛苦、学生学习辛苦的局面，更有的教师没有意识到实践的重要性，将应该实践的实验采用黑板上画图的方式代替，或者自己进行实验的操作过程，导致学生无法切身感受实验的乐趣，只一味死记硬背实验理论来面对考试，直接将学生对于科学的探索欲望进行剥夺、打压，从而使学生提不起对于化学的学习兴趣。

总而言之，目前在高中化学的教学中，教学模式已经无法跟上学生的思维，只是一味传授知识无法起到较好的教学成效，还会打击学生对于化学的探索兴趣，更对于学生思维能力、实践等方面产生阻碍，无法得到更好的培养。因此改变教师的教学模式至关重要，也应转变学生对于学习的态度，使学生对于学习处于一种我要学是因为我喜欢的状态，而不是我必须学但我不喜欢，这样只会将自己对于学习的乐趣进行消磨，从而使学生与教师互相探讨，符合新课程教学理念的教学方式，这是教师在教书育人中一直不断探索、创新的核心目标。

对于教学模式的改革，教育工作者一直在致力于这件事情，也创新出许多实用的教学模式，例如"学案导学"这一方式就得到了需要教师的肯定。大部分教师一般采用这种教学模式，主要为学案为主体，指导学生自主学习为主要目标，让学生能够在教师的指导下参与完成教学任务。教师可以结合任务驱动与学案导学的方式，相辅相成，能够将学生的学习兴趣、学习能力与学习知识的掌握度最大限度地激发出来，从而实现满足新课改教学理念的前提下培养学生的能力。

二、基于学案导学的任务驱动教学法的实施

（一）前期准备

在教学中实施学案导学结合任务驱动的形式时，应注重前期的准备工作。需要教师将教学进行精心设计，就好比一场耐人回味的电影一样，故事情节扣人心弦固然重要，但是剧情的设计也应经过精雕细琢，应以能够吸引到观众的共鸣为主要目的。教学模式也应如此，经过精心设计的教学内容以及符合教学知识、贴近生活的教学任务才能够引起学生对于化学学习的兴趣与探索的欲望。

1.导学案的设计与编写

（1）导学案的编写原则

在教学中运用导学案与任务驱动相结合的教学模式时，编写吸引人眼球的导学案至关重要，往往能够起到意想不到的教学效果，只有经过精心设计的导学案才能更大程度上促进学生学习的兴趣，使学生保持着"我学习是因为我喜欢的心态"进行学习，这样会起到事半功倍的效果，才能使学生全员参与，积极学习，从而将教学任务完成。在导学案的编写时，不同学科所遵循的原则不同，所关注的学习重点也不同，大致分为下面四方面。

①教与学相统一的原则

教师应将如何设计导学案才能发挥学生自主性、积极性等考虑到导学案的编写中，使学生能够积极地进行参与，具有动手实践的机会，使学生能够充分认识自己，爱上学习，感受自己在学习中的重要性。但是，教师也应时刻牢记在教学中自己就是教学这场"戏"的导演，应占据主导地位，使学生将"戏"顺利并且紧扣"剧本"的"演"下去，这就需要教师全程监控课堂的实时情况，在必要时进行指导，并对基础能力较差的学生进行辅导性指导，使他们能够发挥自身的能力将"戏"演好，看到自己所塑造的成功角色，"演员"们的自信与荣誉感油然而生。

②探究性原则

导学案的设计应充分考虑学生的知识涵盖面并将课程标准进行分析，以此为前提设计能够激发学生探索欲望的问题，学生对于学习的态度也会根据导学案的设计发生变化，能够更加积极、自主地对知识进行探索与学习，学生思考问题的能力、学习思维等技能都会根据探究性原则的制定得到充分培养与开发，使学生充分认识到学习的乐趣并沉迷于学习，并对自己无法理解有感兴趣的问题进行自主的学习探索，并将自己的想法大胆地提出，既提高了学生学习的积极性也对学生的思维、学习能力进行开拓。并且在化学知识学习探究期间，增加学生本身的知识接触面、开拓了自身的眼界，对于探究这一过程充满了兴趣，学生也会养成创新性的学习思维，而养成自主式探究的学习习惯会对学生以后的发展具有重要帮助，是受益终身的学习习惯。

③系统性原则

化学学科本身是一门由浅入深、由易变难的学习内容，因此教师在教学时应注重学习要按部就班地进行，知识之间存在必然的联系，因此系统性的学习是非常重要的，只有一步步地理解前面所学知识，才能在后续学习中具有扎实的基本功，能更清晰明了地掌握具有难度的知识。因而，导学案在编写时应注重这方面的设计，帮助学生能够更好地了解与掌握知识。更应将以前所选的知识与后续将要学习的知识进行连贯性的穿插，使学生能够对新旧知识点的联系一目了然，帮助学生能够根据新旧知识点的联系进行新知识的学习以及旧知识的拓展与复习，让学生将新旧知识能够深刻地记录到脑海中。系统性导学案的编写是将所学知识与新课程的统一梳理并进行最后的总结，对学生具有重要的帮助，理清学习思路，有效地将课堂效率提高，并对学生的发展与能力的培养起到促进作用。

④高效性原则

学生步入到高中阶段之后，随之而来的就是繁重的学习任务与高考的压力。在课堂教学时教师应着重思考怎么样能够让学生高效率地保持学习状态，一节课只有仅限的45分钟，怎么才能让时间发挥最大的效用让学生学到知识。教师应在采取使用导学案时将科学性与有效性在编写过程中充分考虑。在教学中，导学案占据主要地位，是引领学生学习的主要方针，能够为学生的学习找准努力的方向，使学生能够在对待学习时自主地学习。因而，在编写导学案时，教师应精心设计，并根据整理课本上的知识分析学生的学习情况，从而制订符合学习目标的导学案，并不是将练习册与书本知识进行结合。在设计导学案题目时，应选取涵盖面广的题目，能够同时涉猎新旧知识的问题才能够起到锻炼学生学习能力，检测学生知识掌握程度的目的，但通常是选择在课上能够直接完成的题目。题目符合科学有效的原则不仅能够提高学生的学习效率，更在很大程度上减轻学生的负担与压力，学生的学习能力与教师的教学水平都会得到明显的提升。

（2）导学案的编写过程

高中教学中，要想营造课堂的教学高效率以及对于学生全方位的素质教育，主要的方式是导学案，导学案的实施能够在学生学习时指导学生自主地参与学习合作与追求新知识的探究过程中，能够为学生指引学习路上的方向，是引领学生学习的主要方案。由此可以看出，导学案的编写对于教学具有重要意义，编写一份好的导学案能够直接对课堂的质量起到影响，不能只是简单的将习题册与书本知识进行结合编写。个人是无法成功编写导学案，在编写时教师应将备课组的所有力量进行集结，互相讨论、不断探究，从而制订出符合新课程改革后适合学生的导学案。一般分为四部分进行导学案的编写工作。

其一，选择一节课为编写样本，然后集结备课组教师进行研究与讨论，制订出初步的编写意见。将所有组里的编写意见进行收集，由主备教师深入了解学生的学习习惯与特性，结合收集的教师意见与书本知识根据原则与要求进行导学案的初稿撰写。

主备教师编写出导学案的初稿之后，再与教师之间进行探索与研究，并提出自己认为合理与不合理的地方，着重关注的点为在实施合作任务与自主任务时如何将问题的情境创设进教学中；又如何将本节知识的重点突出，困难的地方应采取怎样的方式进行突破解决；并且如何完善书本上没有讲到的知识错漏点等，提出自己所遇到的难题，集体讨论，取长补短从而成功地制订出符合教学目标、适合学生学习的优质方案。最后将优化后的导学案根据自己独特的教学方式进行最后完善，每个人都是属于自己特殊的特点，因此教师应结合自己班级学生的学习思维、方式、能力、性格等进行最后的完善与调整，从而编制出具有自己独特教学特点，也符合学生学习的方案，充分为课堂教学效率与学生学习做好准备。

2.任务的设计

导学案的实施中，合理的任务设计能够让任务驱动与导学案的教学模式顺利实施，也会在课堂上对学生的学习效果产生影响。因此在任务驱动模式下，应根据教学目标进行任务的设计，并且能够激发学生学习的兴趣，这样才能对学生进行不同方向的培养，使学生养成积极学习、独立思考的学习思维方式，遇到问题时能积极主动地进行探讨与解决。

（1）任务设计原则

①明确目标

任务的设计都应紧扣教学目标。学生通过实验将现象进行详细观察与记录，从而总结出所做实验的物理性质。

②要符合学生的"最近发展区"，要具有一定的挑战性

在教学中，设计任务的主要目的是让学生能够根据任务的完成而增加自己的知识量，

从而起到"跳板"的作用，使学生通过任务看到更深层次的知识。学生的学习能力能够根据任务的设计而发挥最大的作用，才能出现明显的提升；课堂应是一个相互探讨、相互学习、相互进步的场所，在学习知识的基础上，能够最大限度地锻炼自己的思维能力与学习能力，并不是一个告知与被告知的过程，不能照本宣科。由此看出，在设计任务时应掌握好学生感兴趣的点，精而不多，题目的难易应充分把握好，学生会对简单的题目失去兴趣，没有挑战性而懒得提起兴趣进行探索，对于难度较大的题目，学生越逐渐产生挫败感从而失去耐心，因此任务的设计具有相当高的水平，应选择合适学生学习的问题，不能过于复杂但也不能过于简单，能让学生因为有挑战性而增加学习的兴趣，让每个学生都能够积极参与，感受到自己在学习中的重要性，才会具有激情的进行学习。比如，应告知学生在"氢氧化亚铁的制备"学习时氢氧化亚铁是特别容易被氧化的，让学生在教师列出的装置中选择制备氢氧化亚铁的装置。

③要有层次性

教师应根据不同的学生学习能力的不同进行有针对性的指导，因此在任务设计时就应充分考虑不同学生的情况给予不同的帮助，不同学生所需要的跳板也不同，教师所需提供的帮助也不一样，学习教学应系统地、按部就班地进行，就不会因为不懂的知识点所困扰，使学生在熟练了解所学知识的前提下顺利地完成任务。

（2）任务设计的基本步骤

教师可以根据教学目标、教学内容和学生能力水平，把一节教学内容分为总任务、模块任务、子任务等大小不同的任务。下面以"苯"为例来解读任务设计的基本步骤。

①研究教学目标和内容

教育的目标是为了促进学生能力的发展，而这个目标的实现是通过平时的一点一滴促成的，课堂教学是其中的一个重要组成部分。在课堂教学中，教师是通过学生与教学内容相互作用来实现教学目标的。因此，教师一定要仔细研究教学目标与内容，然后确定学生所要掌握的三维目标，将这些三维目标分散到具体教学内容当中来实现。例如，以下是"苯"的第一课时的教学目标。

知识与技能：能列举苯的主要物理性质，掌握苯的分子结构并能够描述其结构特征。

过程与方法：通过对苯物理性质分子组成及结构进行探究，增强观察归纳、推理等方法及技能的训练，进一步认识研究有机物的一般过程和方法。

情感态度与价值观：苯的凯库勒式的发现过程是对学生进行"勤奋–机遇"关系教育的良好素材；运用引导探究的学习方式，让学生亲身经历"苯的发现之旅"，体会科学研究的过程和乐趣。

②研究学情

首先，应该了解学生的能力水平，要知道学生已经掌握了哪些知识，已经具备了哪些技能；再分析在这节课中学生应该要掌握哪些知识和技能，哪些是学生可以通过自己努力探究来学习的，哪些是需要教师引导来完成的，等等。例如，在学习"苯"之前，学生已经初步掌握了具有代表性的两种有机物——甲烷和乙烯的结构与性质，已经初步知道了如何学习有机物。按照碳形成四个共价键的原则，他们可以在教师的引导下探究苯分子的可能结构，再根据所学的知识去验证推测的结构是否正确。然后，要大概了解学生在完成任务的过程中可能遇到的困难，这样教师就能心中有数，知道怎样设计合适的任务。例如，在学习"苯"的这节课上，用凯库勒表示苯的结构时，学生难以理解苯中的碳碳键是介于碳碳单键和双键之间的一种独特的键。这便是本节课的难点，教师就要采取一些方法来帮助学生突破难点。

（二）实施流程

导学案是由教师设计，是实施导学案任务驱动教学模式的主要条件，这一教学模式是以学生为主要目标、教师进行辅导为原则，从而根据教师所设计的任务为主要节点，师生之间进行相互学习、相互探讨为主体的教学方式。任务驱动法是让学生能够在学习知识的过程中积极地进行知识的学习。任务设计是导学案任务驱动教学模式的核心，通过任务布置的方式将新旧知识进行串联，从而使学生能够更深刻地将新旧知识点印入脑中，师生之间一起通过完成任务的方式进行结合，以任务为主体指引学生积极自主地学习，在完成任务期间所遇到疑问，教师应进行适当的指导，在轻松愉悦的氛围下将教学内容围绕任务进行师生之间的共同学习。一般教师根据导学案的原则进行任务的指导，学生根据导学案积极自主的学习；在教学过程中，任务的布置一般是教师根据书本知识与贴近生活的情境进行创设，从而将所布置的任务进行引导，学生根据设计的任务进行自主的思考，在完成任务的过程中教师应实时监控全场，保证每个同学都能够积极地参与到任务中，在学生遇到难题的时候，进行有针对性的辅导，任务完成之后，每组派遣代表进行任务最终情况的展示，在代表进行展示时，学生可以进行双向的提问，台下学生对台上学生提出质疑，台上学生对台下学生发起提问，并每组之间进行相互评价，最终教师对每组进行任务完成度的评价，在相互探讨、相互质疑、相互分析的氛围下将任务出色地完成。

1.教师依案导学，学生依案自学

导学案一般是教师设计与编写，在最终确定导学案之后给予学生，从而让学生根据导学案的内容与原则进行自主性的学习，并对即将要学的新知识进行提前预习，将本节课所出现的难点与重点进行提前了解，初步地对学习的目标有一个大致的了解，要想在学习中具有主导地位则应认真将教材与导学案进行阅读，提前熟悉新知识，才能在真正学习起来时具有优势，不至于一知半解。提前将导学案发放到学生手中是为了让学生能够对知识进行充分的准备，为学生的自主性学习能力培养起到帮助作用。

2.教师创设情境引发任务，学生依案思考分析任务

驱动型任务下都是由教师进行任务的引导工作。化学教师一般在课堂上会采用进行化学实验的方式使学生或直观地感受化学的奥妙，更容易引起学生对于化学的学习欲望。教师在进行化学教学时通常利用直观明了的化学实验进行教学情境的创设。化学在生活与生

产中都具有重要的地位，因此，也是与生活息息相关的学科。对于化学教学情境的创设，教师可以通过联系生活与生产进行构建，贴近生活的教学情境能够让学生对所学知识产生熟悉感，从而产生更大的兴趣进行学习，所熟悉的亲切感更能够对学生在学习中起到事半功倍的作用。目前，伴随着社会的不断进步与发展，教学手段与装备也得到了明显的提升，因此，大部分学校都已经具有多媒体设备进行教学，教学情境的创设也可以根据通过多媒体播放与化学有关的素材进行创设。教学情境的创设具备多种方式。学生可以通过教学情境的创设进行学习从而增加自己本身的知识面，固有的知识储备被情境创设进行开发，致使在完成任务时能最快地进入到学习状态。学生根据导学案上所设计的问题与任务，通过运用自己已知知识和查阅参考素材进行自主的学习与思考，并进行详细的分析积极寻找解决问题的最佳答案，在追求答案的过程中对自身的学习能力与学习思维进行锻炼，从而将任务圆满完成。

3. 教师适时指导，学生自主协作完成任务

教师在任务驱动模式下具有重要作用，学生在完成任务期间，需要教师的适当引导，在教学中学生并不是需要自己自主地学习所有内容，有的较复杂内容是需要教师与学生一起进行研讨与分析的，书本上固有的基础知识以及新知识与旧知识并没有多大联系时，则需要教师针对此部分内容进行详细的解释。在完成任务时，学生遇到无法自主解决的问题或疑问时则需要教师在旁边适当地进行引导，从而帮助学生解决困难，教师如果不对学生进行疑问的指导，则会导致学生在任务期间浪费时间做许多无用功。教师应对任务期间来回巡视，对于遇到问题的学生进行指导，每个小组所遇到的问题都大不相同，因此教师应对不同小组之间的不同问题进行有针对性的辅导，从而使学生避免思路错误而浪费时间。在教学时，教师应对所学旧知识与即将要学的新知识之间存在的联系明确表现，使学生能够清晰明了地掌握新旧知识之间的共同点。但是在对于学生指导的问题上教师应因材施教，进行针对性辅导，每个学生接受知识的程度不相同。针对特别困难的问题可以将解题的思路进行适当的提示，而对于简单的问题则只需要简单地点拨一下，从而锻炼学生自主完成，确保在完成任务时每个学生能够进行参与、讨论与实践，才能将任务顺利完成，更在很大程度上提升每个学生的学习水平与技能。

第三节 任务驱动教学法在高中化学实验教学中的应用

一、传统化学实验教学方法解析

（一）传统化学实验教学方法的形式及实施程序

我国传统的化学实验教学有两大特点：一是实验教学形式以演示实验为主；二是实验教学模式以验证性教学为主。这种验证性实验教学模式在课堂教学中的表现形式主要有演示讲授模式和学生实验模式。

1.演示讲授模式

该模式是将演示实验与教师的启发讲授融合而成的一种教学模式。其实施的基本程序为明确问题—演示实验—启发讲授—获得结论。

2.学生实验模式

该模式是指在单元教材学习后，为复习、巩固和验证课堂上所学的知识，在教师的组织和引导下，由学生按照操作步骤独立完成实验的一种教学模式。其实施的基本程序为学生预习实验—教师讲解实验内容和注意事项—学生按操作步骤做实验—填写实验报告。

在传统的教学中，简单明了是实验教学的特征。学生在这种教学模式下学习能够增加学习知识的记忆，通过实验所得出的结论更容易被肯定，教师也会根据验证性实验教学模式的运用把控整个教学过程，合理安排学生学习的时间与教学的进程。在传统教学模式中具有较明显的缺点在化学实验教学模式中存在。

（二）传统化学实验教学方法中存在的不足

1.学生的主体地位被忽视

在传统实验教学中，学生往往按照教材或教师事先指定的步骤进行实验操作，思考教师提出的问题。其中，实验器材、实验用具都是事先安排好的，学生只须按教师的指令进行即可，其结果就是学生失去独立思考问题和解决问题的机会，只能机械记忆、机械操作，对实验技能反复练习，却很少深入思考结论是如何得来的，很少深入思考为什么这样做而不那样做，很少有机会尝试用不同的实验途径去探索发现和获得知识，也很少运用所学知识解决实际问题。长此以往，学生主体性的发挥受到影响和限制，阻碍了学生个性能力的全面发展。

2.重结论轻过程

在传统教学模式中所存在的不足之处就是特别注重结果，而过程往往被忽略，这在教学中是十分突出的缺点。学生在学习化学时，教师为了让学生能够更清晰明了地明白准确的结论，只注重结论的讲解，对于如何得出这一结论的过程进行忽略，而在化学实验性教学中，占据首要地位的标准为明显的现象，将学生对于问题探索的过程与实践进行减少，学生无法真实感受结果的得出过程，并没有自己试验得出结果的真实体验，学生的创新能力、思维能力与遇到问题的解决能力在被压缩的实验时间中无法得到锻炼与培养，因此，重结论轻过程的方式在化学实验教学中存在明显不足。

3.过于封闭

化学教学中，传统的实验教学一般都是密闭的场景，而实验的过程也是预设完成的，教师将实验过程进行准确的设置，并将实验方法告知与学生，学生只需要按部就班地根据教师所传授的方法得出最终的结果，在传统化学教学中一直注重对于固有知识的强调以及结论的产生，对于得出结论的过程并不注重，实验也是预设好的模式，学生无法感受自己真实探索问题的乐趣，不需要思考如何得出这个结论，无法得到思维与能力的锻炼，这种教学方式的实验已经与生活、生产背道而驰，在按部就班的实验中学生感受不到化学与生产、生活之间的联系，并不知道学习化学在以后能够有怎样的发展与用途，也不知道在生活、生产中化学占据什么地位，只知道一味地应付考试，将化学内容进行死记硬背，在考试中能够知道答案，这些是学生对于化学的认知，学生无法进行实际的实验操作将感受不到学习化学能有怎样的实用性，也不知道化学的价值在哪里。传统的化学教学只是将书本上固有的内容进行转述，是没有任何改变地将书本知识进行讲解，实验过程与化学的教学过程也是一成不变的，是一个封闭的教学过程，教师与学生之间处于一种告知与被告知的关系下，学生没有独立思考的能力与选择，只能一味地接受教师传递的固有知识。实验操作的主要目的无法通过传统教学模式进行充分发挥，学生的动手能力、思维能力与学习能力在这种模式下也无法得到锻炼与培养。这种教学方式不利于学生提升学习能力与学习水平的。

很显然，从培养学生的综合能力角度来看，长期和单一选用传统的化学实验教学模式实施实验教学是不妥的。随着社会的发展，素质教育和创新教育成为时代主旋律，对人才的培养也有了全新的要求。时代特征决定社会需要能够孕育出新观念并将其付诸实施、取得新成果的创新型人才，但传统的验证性实验忽视了学生的认知主体作用，束缚和制约了学生的创新意识，传统教学模式培养出的人才越来越不符合社会所需人才的标准。中学阶段是学生创新思维形成的最佳阶段，化学实验教学对培养学生创新思维具有十分重要的作用，所以改革传统化学实验教学模式势在必行。

二、任务驱动教学法在高中化学实验教学中的应用原则

（一）主体性原则

学生是学习的主体、学习的主人。在进行教学设计时，教师应尊重学生的主体地位，充分发挥学生的主体作用，调动和培养学生的主动性、自觉性、独立性和创造性。教学过程中的实验方案设计、实验操作、观察记录现象、数据处理、结论的获得等活动尽量由学

生自己来完成。通过"做实验"来"学化学",不仅能充分发挥学生的自主性和能动性,还真正体现了"以学生为中心"的教学理念。

(二)探究性原则

初中化学新课程将科学探究作为课程改革的突破口,高中化学新课程在此基础上将其进一步推进,即"通过以化学实验为主的多种探究活动,学生体验科学研究的过程""重视探究学习活动,培养学生的科学探究能力"。所以,要重视探究活动,尽量让学生体验探索解决问题的途径,通过观察实验现象,得出结论,做出分析和解释,在探究过程中掌握科学的方法,体验科学探究的艰辛和喜悦。

(三)开放性原则

这里所说的开放性包括以下三点:一是指实验内容的开放,实验的内容不限于课本实验内容,还可以是与学生生活经验密切相关的问题;二是指实验探究思路的开放,因为学生个体知识背景和思考问题方式的不同,所以会产生不同的解决问题方式和途径;三是指场所的开放,实验的场所不局限于教室或课堂内,还可以在课外实施。

三、高中化学实验任务驱动教学法的构成要素

(一)高中化学实验任务驱动教学法的目标

研究高中化学实验任务驱动教学法,目的是促进学生主动、活泼地学习,发展自主学习能力、创新能力和实践能力,而最终目标是促进学生科学素养的全面发展。在我国,发展学生科学素养尤为重要。资金、设备和人才可以引进,但国民的科学素养不能引进。另外,通过在课堂中实施高中化学实验任务驱动教学法,可以实现以下几个分目标。

第一,引导学生在一定的社会背景中学习化学,回归生活和社会实际。

第二,关注学习过程,发展基于解决实际问题的探究能力。

第三,注重学习情感体验,养成良好的意志品质。

第四,形成自主、合作、探究等多样化的学习方式。

(二)高中化学实验任务驱动教学法的操作程序

操作程序是指运用教学模式,展开教学过程的逻辑步骤,以及各步骤应完成的主要任务。一般而言,运用任务驱动教学模式进行教学时,除去课前的任务设计,课堂中的教学往往要经历呈现任务—分析任务—完成任务—总结评价的教学过程。在吸收已有实践经验的基础上,提出运用高中化学实验任务驱动教学法展开教学的步骤:创设情景,抛出任务—师生讨论,分解任务—实验探究,得出结论—交流分享,回归任务—实施评价,反思总结。

需要说明的是，这一操作程序并非不可更改，更谈不上完美无缺，教师完全可以根据自己的理解和实践经验做出调整。以下对高中化学实验任务驱动教学法的操作程序做出了说明。

1. 创设情景，抛出任务

教师创设真实、生动、开放的任务情景，在情景中产生与实验内容有关的问题，教师结合问题提出操作性较强的总任务；学生边体验情景，边抽取认知结构中的相关经验，试图同化它，但没有直接可利用的知识经验，学生处于"心有余而力不足"的愤愤状态。这成功激发了学生的认知冲突，激起了学生的探究欲望。

2. 师生讨论，分解任务

教师抛出的总任务一般较复杂，没有直接完成任务的思路，并且不宜一次处理太多信息，需要师生就任务和已有的知识经验，将总任务分解为数个子任务。每个任务紧密相连，一环扣一环，构成有机整体。

3. 实验探究，得出结论

总任务细化为一个个子任务后，学生搜索原有知识经验，借助教师提供的引导和支持，生成对子任务的初步理解，建立起相关假设，然后去检验和验证。通过与实验相关的活动，获得完成任务所必备证据和资料。

4. 交流分享，回归任务

学生积累的完成任务的必备证据和资料只是"物的存在"，还须对事实信息做出合理解释，即学生将实验结果与已有的知识联系起来，形成超越已有知识和当前观察结果的新的理解。学生形成的新的理解会存在差异，有的甚至是错误的，所以有必要通过合作、交流、讨论，暴露自己的观点，分享彼此的想法，共享集体思维成果，加深对事物的全面理解。各个子任务完成后，要进行归纳整合，最终回归总任务，经历一个完整的综合—分解—综合的过程。

5. 实施评价，反思总结

学习是具有反思性质的活动。在探究获得答案后，学生应以自我为参照进行评价，如"学会了什么""明白了什么""掌握了哪些方法""还存在哪些须改进和注意的地方"。学生除了对自己在探究过程中的表现进行自评外，还需要适时地进行小组成员之间的共同活动评价，总结有益的经验，分析合作中存在的问题及相关原因，为小组合作提供有益的反馈；当然，教师也应对整个任务驱动教学过程做出评价。通过反思，学生获得知识、经验，并与原有经验相互作用，增强和丰富个体经验。

从实施程序来看，任务驱动教学模式和探究教学模式都是由问题或任务出发，通过观察、调查、假设、实验等多种形式的探究活动获得知识或解决问题。但任务驱动教学模式更强调任务的真实性、趣味性、层次性等，注重如何激起学生完成任务的内驱力。

（三）高中化学实验任务驱动教学法的实现条件

实现条件是指教学模式发挥效力，达到一定功能目标所需要的各种条件。一般来说，实现条件包括内部条件和外部条件。内部条件主要是指学生的学习兴趣、学习动机、已有的相关知识技能、学习能力和学习风格等因素；外部条件主要是指支持学习的各种资源，如物质资源、信息资源、方法资源、人力资源。

（四）面向学生全面发展的评价体系

评价是教学过程中一个不可或缺的环节，它能起到诊断矫正与反馈的作用，从而保证教学过程的正确性与有效性。不同的教学方法由于教学理念、教学目标、操作程序与教学方法、策略的不同，在评价方法上也有所不同。但不论何种教学方法都有相应的评价指标与体系，只有这样才能使教学方法处在不断更新与完善的过程中，从而使教学更具有生命活力。

基于任务驱动的化学实验教学提倡自主、合作、探究的学习方式，目的是让学生学会学习，培养创新精神和实践能力。教学的立足点应是学生而不是物化的知识，让学生体验学习的快乐，获得心智的发展。因此，评价应更关注学生在课堂上的互动、参与、交流等，即以"学"论"教"。根据新课程相关理念和任务驱动的教学理念，构建促进学生科学素养全面发展的化学实验教学评价体系——评价主体多元、评价内容全面、评价方式多样。

1.评价主体多元

突破传统评价中教师"一言堂"的局面，鼓励学生和学习小组参与评价，促使学生对实验过程进行回顾与反思，培养学生学习主动性和自信心。家长或其他教育管理者也可以参与评价。

2.评价内容全面

既要着眼于基础知识和基本技能的考查，又要重视思维能力、实验能力、科学方法和迁移能力的培养，以及在学习过程中学生的参与度，弥补传统评价体系中的薄弱环节——过程和情感体验评价。

3.评价方式多样

评价方式更多地采取观察、访谈、问卷调查、作品展示、项目活动评价表等开放及多样化的方式，但是也不能放弃笔试。

四、基于任务驱动的化学实验教学设计

（一）设计引领学生的目标

设计引领学生的目标也就是设计"引领学生到哪里去"。该过程涉及确定教学任务、选择教学内容和明确教学目标。这些又是以准确把握《课程标准》和学生实际学习需要为

前提的。将《课程标准》和教材内容转化为实际的教学目标或教学任务，关键在于确定学生现有实际水平和期望水平之间有多大差距，所以笔者在此重点介绍学生分析和确定化学实验教学目标两个方面。

1.学生分析

在教学大纲中，教学目标的对象定位是"教师教学"；而在《课程标准》中，对象定位是"学生学习"。目标主体的转变反映出"以学生为主体、以教师为主导""一切为了学生的发展"的教育理念，该理念要求教学设计应该更加关注学生已有的发展水平以及将要获得的发展。教师进行教学设计时，需要考虑学生的一般特征、独特特征、已有知识经验等，以便于制订恰当的适合学生发展的教学目标，同时有利于后续的任务设计和学习活动的组织。

（1）考虑学生群体的一般特征

高中生处于16~18岁年龄段，是少年期向青年期过渡的阶段。在认知方面，他们的思维向更为抽象、概括和注重逻辑的方向发展，在学习中具有比较强的迁移能力；在认识事物过程中，能够做出独立的判断和思考；情感体验方面向深和细的方向发展，对他们肯定性的评价或自我肯定会使他们产生满足和成功的体验。在学习化学时，学生除了有获得化学知识、技能的愿望外，还希望获得情感体验，即学习过程并不单纯是知识的接受和训练，还伴随着创造选择、意志努力等情感的综合过程。教师在教学中应该联系化学研究过程的真实世界，引导学生模拟角色，身临其境，像化学家那样分析和解决问题。

（2）把握学生的独特特征

学生除了具有一般特征外，个体之间还存在着各方面的差异。

①观察实验现象的差异

对化学实验现象观察深入的学生能积极主动观察诸如物质的颜色、状态、气味的变化，并善于抓住主要现象，运用多种感官从多方面进行观察；而有的学生仅仅觉得有趣，不能进行全面细致的观察。

②性格差异

具有自主型性格倾向的学生易于形成主见，喜欢独立学习和实验，善于独立发现问题和解决问题；顺从型性格的学生独立性差，喜欢随大溜，对别人的依赖性强；外向型性格的学生善于表现，喜欢与别人合作讨论；内向型性格的学生不善于或很少与人合作讨论；等等。

③思维风格的差异

从思维方式来看，分析型思维风格的学生喜欢把事物或对象分解成个别部分或属性，再步步思考；整体型风格的学生喜欢把事物或对象的个别部分或属性联合成一个整体进行把握。

在教学过程中，教师要善于发现每个学生的优势和不足，促使他们在学习过程中能互相影响，学习别人的长处，弥补自身的不足。

（3）获取学生的已有知识经验信息

学习过程是新旧知识相互作用的过程，是学生运用已有知识经验不断获得新知识的过程。苏霍姆林斯基指出："引导学生借助已有的知识去获取知识，这是最高的教学技巧之所在。"所以，在学习新内容之前，教师要了解学生原有知识经验，并有效激活原有知识结构，促使新知识的建构。教师可以采用传统方法——诊断性测验、布置作业课堂提问等，也可以采用现代方法深层会谈——诱导法和设置认知冲突法来确定学生已有知识经验。这些方法对于探查学生已有经验、揭示学情信息是十分有效的。

2. 确定化学实验教学目标

教学目标是教学的起点和依据，也是教学的归宿，支配着教学的全过程。化学实验教学目标以化学实验教学为主要手段，使学生产生《普通高中化学课程标准》（以下简称"课程标准"）所要求的行为变化。具体的化学实验教学目标是学生学习结果的外显表现，教师要在目标中表达出希望学生表现出什么样的学业行为。所以，实验教学目标的制定不是一个随意的过程，而是需要紧扣《课程标准》，服务于新课程的目标，渗透新课程倡导的理念，结合化学实验内容和学生的实际情况。化学实验教学目标制定的主要依据有以下几方面。

（1）《课程标准》

《课程标准》中的内容标准明示了学生所要达到的基本要求，包括学习内容和学习程度的具体规定。在设计具体实验教学目标时，首先应考虑内容标准中与实验有关的基本要求和活动建议，做到"有章可循"和"心中有数"。

（2）化学实验教学目标体系

新课程改革强调"以实验为基础"的学科特征，并对化学实验教学目标做出了明确规定，构建了化学实验教学的总目标——发展学生的科学素养，以及三个分目标——实验知识与技能、实验探究能力、实验情感态度与价值观。教师制订实验教学目标时应围绕这三个维度来表述。

（3）实验教学内容

实验教学内容是实现实验教学目标的载体，是教师的教和学生的学不可缺少的重要媒介。教师制订化学实验教学目标时，应认真研究实验教学内容，对实验内容做出适当处理，如增删、换序、整合、新编，结合内容标准提出的要求，合理地设计学生应达到的目标。

（4）学生特点

实验教学目标规定的是学生应达到的学习结果，实施主体是学生，学生的学习基础和接受能力等会影响教学目标的可行性。所以，在制订实验教学目标时，要考虑《课程标准》和教材中的要求究竟是否适合当前学生，应不应该作为教学目标或任务被提出。

（二）规划导向目标的策略

在教学目标的制定中，至于学生想要到达的地方教师如何去引领这一理念的实现就是制订规划导向目标，目标的导向规划就是能够选择所要去的地方，就是在学习中对于教学策略的选择。能够通过选择不同的方法从而达到所制定的教学目标，师生之间采用一切办法进行互动从而完成教学目标，这一过程就是教学策略的选择，教学策略一般包含四个方面：任务设计，情景设计、任务引发，组织任务活动以及任务的完成与化学实验教学的设计等。

1. 引入和设计任务

在教学过程中，任务的设计贯穿整个教学过程，是教学过程的主体，教学的最终成效能够直接被教学任务所影响。因此，在教学中如何设计符合教学目标的任务是重要因素，任务设计完成之后，如何将任务完美地引领出来也是教师应着重考虑的事情。任务的设计与引入需要教师明确了解学生的学习水平，并将教学目标进行确定，才能顺利地制订出操作性强并且涉及新旧知识点问题的教学任务。

2. 创设情境，引发任务

教学中常见的教学手段就是情境的创设，因此研究情境的专题数不胜数，例如研究情境的应用、情境分类、情境来源于概念，等等。在情境中有两个问题应着重关注，是与情景任务的设计与如何将情景任务进行引发的相关疑问。其一，在情境的设计时应怎样选取情境的资源以及情境创设问题的选择，通常情境创设都是选择与生活息息相关的场景，贴近生活、具有熟悉感、亲切感的情境能够更好地让学生进行融入，从而激发学生对于学习的兴趣，更大程度上达到教学的目标。其二，创设完成的情境应如何自然地进行引发，并在情境之中如何将设计的任务进行引领，在任务引发时又如何将情境进行符合任务目标的创设，这都是教师需要进行思考的问题。

（1）情境素材的获取和选择

情景素材是情境创设的基础元素。情景素材的获取途径多种多样，其选择的方式也不尽相同，由于化学本身情景性、逻辑性很强，再加上实验活动给化学的教学带来了与众不同的参与体验感，学生们可以在实验中创设良好的情境，更好地学习。在众多的情景素材中，化学实验有十分重要的作用，应当被重视。化学实验让学生真切感受到化学情境，让学生能够融入其中，以化学中的各种现象、各种规律为主导，带领学生求知。化学中的情境素材来源广泛，《化学教学》《化学教育》等书籍的栏目中，提供了很多化学情境；《走向科学的明天丛书》一书中包含化学相关的历史背景、人物等，该书以专题的形式反映了社会热点，能帮助教师挖掘和利用实验教学情景。如今网络世界愈加发达，科技日新月异，互联网可以为教学提供更多的情景素材，该方式更加便捷，效率更高。

情景任务的选择需要遵循一定的原则，才能更好地鉴别和利用，原则如下：

①目的明确

任务情景是学生和知识的纽带，他服务于教学，能够为学习活动和内容构建沟通的桥梁，帮助学生更好地理解和学习。

②与学生已有的知识经验相联系

情景的创设应当从学生熟悉的知识出发，与已有的认知相联系，逐步培养学生的能力，让学生从熟悉的环境中主动汲取知识。

③重视学生的情感体验

情景素材的特点是生动具体，能够让学生获得情感体验，进而获得积极的态度。教师在教学时可以在情境中提出任务，让学习以参与的方式获取知识，提高技能。

（2）任务情境的创设

可以通过多种方法来创设情景。一般可通过化学实验，从文字资料、实物展示等方式获取更多的情景，多媒体方式也是一种良好的创设手段。

①运用实验创设情境，引发任务

学生对于化学概念、物质结构的理解往往比较抽象，较为困难，如果能够通过生动有趣的教学情景，学生们更能真实直观地体验到学习的乐趣。化学实验变化性、直观性很强，在化学实验中建立任务、完成教学是一种较好的选择。

②通过文字材料创设情境，引发任务

通过文字材料来实现情景的创设，能够突出信息量大、详尽真实这一特点。如生活中的自然现象、化工类新闻、历史故事等，这些文字素材可以引发教学任务，能够让学生在阅读中接受信息的冲击，激发学生学习的积极性，帮助学生接触全面的知识结构。

③利用实物创设任务情境，引发任务

实际化学教学过程中，可以利用实物辅助教学，化学教学中的实物一般有图表、模型、图片等，这种直观的手段可以在提出任务的同时，培养学生的情感态度，帮助他们更好建立价值观。

④利用多媒体呈现情境素材，引发任务

网络科技日新月异，信息技术飞速发展，多媒体和网络成为学习的又一途径。网络能为教学提供更多、更新的资源，学生也可通过网络学习到书本上没有的知识。教师可以播放多媒体录像片，播放录制的活动纪录片，也可去专门的网站。通过感知情景创设，能够变教学内容抽象为具象，变枯燥乏味为生动有趣。通过该种方式，锻炼学生的思维，使学生在轻松愉快的环境中成长。

任务情景教学方式多种多样，任务呈现可根据现实情况开展，教师也应当灵活处理，注重任务创设的各种细节，从多种角度、多种思维考虑，使学生能有高涨的热情和积极的态度。对于学生在任务情境中的各种情况，应当帮助学生解决，使其顺利完成任务。

3.组织活动，完成任务

教学是由"教""学"两部分构成的，一方面教师教导学生学习知识，另一方面学生需要主动汲取知识。"教"和"学"两方面需要统一，学生和老师也需要统一。由此引发出一系列关于化学实验教学方法的讨论，比如，如何在教学中开展计划和任务，如何统一教师的"教"与"学"，如何把握教学的量，平衡两者之间的关系，如何提高教学效率等，都需要研究"教"与"学"这两种活动的细节。

（1）活动环节分析

关于化学实验任务教学方法的探讨主要集中在：任务环节的明确、任务环节执行、任务环节反馈，以"明确教学任务—活动探究并得出结论—总结反思"为主线来进行教学活动。其中，明确任务即对所要完成的任务进行确切的分析，并做出明确的认定；活动探究主要是对任务内容的执行，实施活动并得出结论；反思则需要对已完成的活动进行反思与总结。教学应当以"教服从于学，为学服务"为主要理念，要为学生创造更加有利的教学环境，帮助学生顺利开展活动。化学实验任务的驱动教学法应当为学生学习活动服务，组织和引导学生学习，并做出适时的总结和反馈。教师的"教"与学生的"学"是和谐统一的、相互联系的，并非不交融的两部分。

（2）组织教学活动的策略

①学习活动引发的策略

要学生主动进入积极的学习状态可以通过学习活动引发的方式，通过该方式，学生明确任务，进而执行任务。该状态可以通过设定生动具体的任务情景来完成，使学生在情景中提出问题、思考问题，解答问题，激发学生的探究积极性，有助于后续教学的开展。

②学习活动的组织和指导策略

教师在学习任务过程中扮演着组织者和指导者的角色。在教学过程中，教师成为学生学习认知重要的资源，应当指导学生学习活动的主要内容和对应的学习方式，帮助学生完成学习任务，给学生解答出现的各种问题等。

学生学习活动的形式多样，主要分为全体学生参与完成的集体活动；通过分工合作完成的小组活动和学生单独完成的个别活动。教师通过化学实验内容为学生制订一系列的教学活动，根据学习任务的难易程度划分，简单的可分配个人单独完成；任务较为复杂的，可以安排学生合作共同完成，小组活动的方式可以锻炼学生的交流沟通能力，培养学生分享和合作的能力，学生之间通过相互启发共同学习。集体活动一般出现在总结经验，讨论结果的情况中。教师根据任务的性质和学校的教学资源来分配学习任务。

教师指导学生学习主要是对学生学习过程中的方法进行指导，也包括对其学习资料的教学。例如，化学实验中实验技能的指导，信息学习中信息的获取，探究知识时方法的指导等，也可以是合作学习能力的指导。其中对于实验技能的指导包括，各种化学仪器的使用方法和说明。学习活动中还需要根据情况对学生进行个别指导和集体指导。指导可以发生在学习活动的任何环节中，包括活动开始前与活动进行中。应当依据学生学习的内容和学生的个人情况采用不同的指导方式。

教师的指导和组织是学习知识的保障，学习活动引发是学生完成任务的基础。教师为学生活动创设必要的场景，制造和谐、轻松的氛围，为学生提供良好的学习条件，学生才能开展探究活动，得出结论并且做出反馈。教师可以采取奖励和表扬的方式，鼓励学生积极探索知识，积极参与活动，鼓励学生克服不良学习状态，充满信心，主动投入学习。

③学习活动的总结策略

学习过程很重要，通过活动探究得出结论和做出必要的反思也相当重要。对完成任务过程的梳理和反思能够帮助学生总结、归纳和提升。教师应当把总结的过程交由学生完成，自己做补充，可以通过小组交流讨论的形式共享活动成果。学生总结时应当给学生充分的讨论和反馈的时间，通过及时反思和不断深入讨论能够及时发现活动中出现的问题，弥补不足，提高学生科学探究的能力，是一种提高总结质量的方式。关于总结的方式也不尽相同，可以是书面方式也可以是口头方式，该环节十分重要。

4. 设计资源的支持

化学实验教学以任务驱动为主体的方式益处很多，它可以在教师指导和帮助学生学习的过程中更加有意义地实现学生的学习活动。化学实验目标的达到离不开实验教学资源，实验教学的设计和实施过程是对各种资源的整合。实验室中的各种器材设备、图书、杂志等，以及人力和网络资源都是实验教学的资源。资源获取主要分为本地资源、泛资源和网络资源三种，三者的获取方式不同。

（1）本地资源

教师上实验课所用的各种器材、药品、化学实验情景，教科书上的相关内容等都属于本地资源。这些资源可以指导学生正确进行学习活动，为学生提供基础理论知识，指导学生进行实验研究。这些本地资料中，实验室要求十分重要，由于新课程对实验室做出了一些硬性要求，因此化学实验室的构建需要学校加大对其投入，为学生提供必备实验器材的同时，应当及时开放实验室，为学生提供实验的机会，为学生创造实验必需的物质条件，方便学生自主设计，自行研究，进行一些化学实验。通过化学实验的方式，学生能够更加积极主动地学习，能够提高他们探究问题和解决问题的能力，能够提高实验和设计的能力。实验能够提高学生活跃性，增加学生学习的兴趣，激发他们的求知欲。学生通过实验联系实际的方式提高了动手能力、设计能力、创新能力和研究问题的能力。

（3）泛资源

学生只从书本上完成学习任务是远远不够的，学习活动需要学生通过各种途径获取信息和资源。文件查询、浏览书籍、问卷走访等，这种信息源不明确的消息来源统称为泛资源。泛资源的来源广泛且分布较散，学生使用过程需要有明确的目标和详细的计划，以避免浪费时间。

（2）网络资源

当今世界计算机技术突飞猛进，各种网络资源进入千家万户，也是信息资源获取的途径之一，该方式方便快捷且资源丰富，学生的学习过程如果能够得到网络资源的支持，会起到意想不到的效果。学生获取更多信息的同时，能够拓宽自己的知识面，了解更多科学前沿的知识，更能帮助学生深刻理解课程。学校加强网络，改善校园网络环境也是十分必要的，校园网的建设能够使学生和教师充分利用网络信息资源，收集、处理各种繁杂的信息，提高工作、学习的效率。

（三）设计教学评价

教学评价即对教学过程的评估。关于教学活动的评价其主要目的是及时反馈所得，及时了解发现并解决问题，对教学任务驱动的化学实验做出评价，能够提高教学的质量，提高教学效率，为教学内容的改进提供一定的数据支持。教学评价主要是由教学评价内容和评价方法两个方面构成。

1.教学评价的内容

以任务驱动为基础的化学实验教学评价内容是灵活的，充满色彩的，主要分为学习条件的评价、学习过程的评价和对学习结果的评价三个维度：

（1）学习条件

设计任务与学习资源共同构成学习条件。

①设计任务的特点

A.真实性

设计任务需要真实可靠。学生设计的任务应当有实际意义，应当保持其真实性和客观性，能够激发学生学习的欲望。

B.挑战性

学生的设计任务应当具有一定的挑战性，不能过于简单，也不可过于有难度，应根据学生自身的需求和能力，为学生制订适合的任务，全面分析学生的心理，遵从活动的驱动性。

C.开放性

任务方法和思路有很多种，应当通过开放性的方式完成任务，教师应当调动学生学习的主动性，帮助学生找到适合的思维和方法。

②学习资源的准备

学习资源是学习任务的前提。学习资源的准备也是至关重要的，主要包括物质资源和信息资源两个方面，如实验仪器、药品、结构模型等，学习任务的完成离不开这些信息资源的支持。

（2）学习过程

学习过程的评价主要分为对教师的评价和对学生的评价两个方面。

①对教师的评价

对教师的评价可以从评价教师的指导能力和组织能力入手，每一个教学环节中，教师应当对学生进行有针对性的指导，这种指导应当有所平衡，做到适当补充，以保证学习活动能够顺利完成。对教师组织水平的评价可以通过学生活动时的状态来看，教师是否能够调动学生学习的情绪，能否让学生主动积极地投入学习，能否让学生有条不紊地参与活动，都可以体现出一个教师的组织水平。

②对学生的评价

对学生的评价主要通过四个方面：学生能否准确把握教学内容，准确理解教师提供的资料等；学生能否准确理解教师发布的各种任务；学生能否运用恰当的方式获取并整理信息，并得出准确的结论；学生能否正确表达任务的结论和做出过程反馈，并且做出结论和改进方案等。

（3）学习结果

根据教学目标评价学习结果。化学实验的教学目标是让学生通过化学实验获取相应的化学知识和技能，培养学生的价值观和情感态度，因此其学习结果的评价也由这些维度出发。可操作的学习结果评价在设计时，应当考虑到这些方面。

2.教学评价的方法

化学实验的教学评价方法不尽相同，如观察法、访谈法、调查法、分析法，等等。不同的实验其适合的评价方法也不同，应当根据教学过程所处的阶段和内容来选择适当的教学评价方法。

第四节 任务驱动教学法教学案例研究

一、基于任务驱动进行化学复习的必要性和可行性

查缺补漏是化学复习课最重要的目标，学生结合自身的情况，对未掌握的知识进行补充，学生通过所学的化学知识逐渐形成知识网络，在复习的过程中能够使学生进一步了解学习中的问题，对所学有新的了解，即"温故而知新"。复习的过程，学生应当准确熟练掌握化学基础，并且能够活学活用。学生在掌握化学知识的同时，思维能力、分析能力、解决问题的能力也得到了提升，并且通过自主复习，学生独立思考的能力也将得到锻炼。

教学目标的实现依靠学生主观能动性，学生学会积极自主地学习，发挥个人的作用，掌握学习方法，才是教学的最终目标。任务驱动下的学习理论是一种培养学生自主学习能力的理论，该理论要求学生自主构建知识体系，自主培养各种学习能力。将任务驱动融入化学复习课中十分必要。

任务驱动作用于化学复习课是十分有可行性的，复习是学生学习的一个不可或缺的阶段，学生通过复习知识，能够为新授课学习打下基础，进而进行合作学习活动，执行较为复杂的、特定的学习任务。

这里所讲的任务驱动的化学复习课，是将学习任务作为承载知识的载体，培养学生主动完成任务的能力，让学生能够自己寻找到知识之间的相关性，通过一定方式方法，将具体的化学知识、方法等，变为抽象的理论，提高自身的分析和理解能力，同时，通过任务驱动的学习方式，学生能够培养起自主解决问题的能力。

二、基于任务驱动的化学复习课教学设计理论构想

（一）任务驱动教学理论与化学学习任务的联系

在教学实践中，教师帮助学生完成学习任务，把任务作为学习的重点，通过不断的实践活动，获取所需的知识，这是任务驱动化学复习课的主要任务。学生在明确任务目标后，能够自主获取信息，完成情景任务，通过与他人的沟通与合作，以获得技能、获取知识。而驱动学生学习活动的任务，一般来源于现实，教师需要分析学生发展需求，全面考虑知识与学科的相关性，为学生设计有价值的、生动形象的情景，通过任务激发学生学习的兴趣，引导学生发散思维，主动思考。

以任务为核心的任务驱动教学理论中，任务是至关重要的，任务设计应当体现出其重要性。作为教学的最底层目标，任务是课堂教学的核心部分，课堂上的所有活动都是围绕任务开展的，任务中所承载的就是学生需要掌握的。

（二）化学学习任务

1. 化学学习任务的内涵

化学学习的任务是化学课堂的核心内容，化学学习需要学生完成一定的任务，举一个课堂实例来说明：

课堂教学实例

教师：同学们，刚才我们学习了电解质与非电解质的概念，知道它们的区别是在溶于水或熔融状态下能否导电。现在我们来做一个实验验证刚学习的概念。同学们要注意观察并思考以下几个问题，小组讨论之后请小组代表发言。

教师：（演示实验）讲台上的导电装置前放有两瓶红色溶液和一瓶无色溶液，它们分别是滴加了酚酞的 NaOH 溶液、滴加了酚酞的同浓度的氨水和纯醋酸。现在我们用这三种溶液同时做导电性实验。

问题：

①观察灯泡的亮度变化，并判断溶液的导电性强弱顺序。

②它们导电性不同的原因是什么？

③三种溶液中分别含有什么样的微粒种类？

④你还能提出其他问题吗？

教师：哪个组的学生可以回答一下第一个问题？

学生 1：NaOH 溶液的导电性最强。

教师：其次是哪个？

学生 1：氨水。

教师：那纯醋酸导不导电呢？

学生1：不导电。

教师：我们从灯泡的亮度可以看出三种溶液的导电性强弱为 NaOH 溶液 > 氨水 > 纯醋酸，那它们导电性不同的原因是什么呢？哪个组的同学能说一下？

学生2：因为溶液的导电性和离子的浓度密切相关。NaOH 溶液中有大量自由移动的离子，它的离子浓度最大，导电性最强，灯泡最亮；氨水是弱电解质，电离程度较小，灯泡亮度较弱；纯醋酸几乎不电离。

教师：纯醋酸里只是什么微粒呢？

学生2：醋酸分子。

教师：解释得很好！请坐。

教师：根据我们所学的知识和刚才的小组讨论，同学们还有其他见解或疑问吗？还能提出其他问题吗？

学生3：我们学过"结构决定性质"。我认为，电解质与非电解质、强电解质与弱电解质之间导电能力不同，归根结底是因为它们的结构不同。

学生4：我在思考不同类别的电解质分别在什么条件下能够导电。

学生5：……

从该段课堂实例可以看出，教师教学的整个过程都是围绕"电解质的导电性实验"这一主题完成的，演示与观察→问题与回答的整个过程，密切联系这一活动任务。实际活动探究过程中，教师通过提问，层层递进，逐步帮助学生深入学习活动。许多课堂实例告诉我们，教学的课程并不只是相互独立的，而是既独立又密切相关的，所有的目标片段都是为了实现学习任务。各个环节密切联系，共同构成教学课堂。教师课程之前安排好学生的任务，精心设计学生需要掌握的知识和技能，课堂教学活动中，作为一个引领人，帮助学生从易入难，循序渐进地学习和掌握知识。

2.化学学习任务的构成要素

研究化学学习的构成要素可以看出，一个学习任务主要包含了两个部分，即任务的内容和实现任务的方法途径，这就是我们所说的内容要素和方法要素两个方面。但往往完整的学习任务不仅仅是这两个方面，还应当帮助学生准确理解学习任务，培养他们正确处理问题掌握技能的能力，情景要素也是学习任务必不可少的环节，如果只有内容和方法，学习任务欠缺生动，学生缺少学习的激情，难以正确理解学习任务。

（1）内容要素

化学学习任务的内容要素主要来源于化学教学内容，教学目标的实现依赖于教学内容，教学内容的选择关系到学习任务中内容要素的确定并为其提供参考，因此，教学内容相当重要。新课程的实施，对化学教学内容做出三类划分：

①知识与技能方面的内容

化学教学中，知识与技能是学习任务重要的内容要素之一。知识与技能包括化学概念与原理、基本规律、化学物质结构性质，还包含化学实验的基本操作技能、学习方法、试验知识等。

②过程与方法方面的内容

过程和方法是内容要素的另一个构成，该部分包括学习化学物质知识和其过程。过程和方法帮助学生提高探究问题的能力，通过观察、实验、资料查询等收集信息的能力和通过归纳、分析、对比、总结处理信息的能力。

③情感态度与价值观方面的内容

内容要素中还有一个重要的部分即情感态度与价值观。主要体现在化学学习的内容是获得化学物质的知识价值，进而改变人类生活，造福社会，使学生树立正确的化学、社会、自然之间的情感态度和其价值观，培养学生对可持续发展概念的认知等。

三类教学内容概括了学习任务的三个方面：科学知识与技能的获取、过程与方法的探究、情感态度与价值观的培养，这三个维度并不是相互独立的，而是出于一种依存关系，三者彼此结合共同构成学习任务的内容。例如，我们所了解的"电解质的导电性"这一课堂实例中，实验的演示即为知识技能的获取这一维度，这一演示所富含的哲学观念对应着价值观方面的维度。同一个教学任务中，出现两类教学内容。对比传统教学对知识技能教学的偏重，新课改提倡综合分析，三类教学内容相互协调、合作发展。通过对教学内容不断地分析和组织，设计科学合理的教学任务是当前的重点内容。

（2）方法要素

化学学习任务的方法要素，主要是对学习方法的研究，探究通过何种方式途径完成学习任务。学习任务是静态的，而学习的过程是动态的，静态依托于动态的实现。因此学习任务的设计，需要得到学习活动的支持才有意义。这里所说的活动，主要包括两个方面：教师的教学活动和学生的学习活动。二者是紧密联系在一起的，二者皆是化学任务的载体。新课标将重点任务放在学生的化学学习活动上，教师教学活动作为辅助功能服务于学生的学习活动中，学生化学学习任务的主要方式是学生化学学习活动。

下面介绍一下学习活动设计的原则：

①价值性原则

一堂课容量是有限的，应当尽可能为学生创造有价值的课堂。在活动方式选择时，应当综合考虑，尽可能选择更重要的、更多有价值的活动。

②易参与性原则

为保障学生化学学习的热情和良好的学习结果，学习活动设计，应当考虑到易参与性这一原则。保证每一个学生都能参与其中，活动的难易程度也应当有所均衡，有一定的阶段划分，使学生在学习任务中皆有所获。同时，活动的过程应当能够调动学生各个方面的参与，锻炼其表达、分析、总结等能力。

③学科性原则

化学主要以化学实验为主，通过实验将抽象的概念变成具象好理解的、贴近生活的内容。实验并不单纯只有实验的形式，而是包括实验的史实、目的、方法、过程等，该门学科比起其他学科具有独特的教学优势。

之前提到的化学课堂教学实例中，电解质导电的实验难度适中，一般教师可以对实验进行演示，如果可以用学生演示代替教师演示，这种学生直接参与的方式将会使学生印象更加深刻。最好的实验效果是学生在观察实验现象后可以自行提出问题，而不是由教师提出。通过不断协调，教师选择最利于学生发展的方式，帮助学生顺利完成学习活动，提高学生的自主学习和自主探究的能力。

（3）情境要素

学生的学习离不开学习情境。知识存在于情境中，不同的情境中知识的含义不尽相同。学生在不同的情境中获取知识，通过对所学知识的分析运用来解决实际问题。教师通过对学习知识的优化处理来为学生创设特定学习环境，变抽象为具象，为学生模拟真实的任务环境，使学生能够联系实际，调动学生的学习积极性，便于学生理解和应用所学，提高学生们的科学素养。

学习任务的情境创设一般来源于日常生活，我们每天接触的自然、社会、生活、生产等各个环节都可以为化学实验的情景来源，还可以通过化学史来设定情景。设计的学习情境需要遵循几点原则：

①真实性原则

贴近自然、社会、生活中各种问题的学习情境都十分有价值。这种情境具有真实性，通过真实的背景使学生更好地理解问题，化学与生活息息相关，学生对生活中问题的疑问如果能够通过实验得到答案，无疑是一种良好的方式。

②知识性原则

情境设计要遵循知识性的原则，情节设计影响学生对知识的掌握情况，学生应当能从多种情境中，多角度、全方位地汲取知识，情境设计应当明确学生学习的知识点和需要解决的问题。

③针对性原则

学习情境的创设需要遵循针对性原则，学习活动的开展需要明确学习目标，学习目标指导学生进行学习生活，避免盲目学习浪费资源。应当通过情境培养学生明确任务，有针对性地学习的能力。

④驱动性原则

驱动性的情景创设，能够激发学生学习的兴趣，能促使学生更快地接受、更快地进入学习状态，提高学生学习的效率，通过驱动使学生主动承担学习任务，主动积极地参与到学习活动中，使学生充满好奇和自信。

（三）基于任务驱动的化学复习课教学设计思路

通过化学知识复习来实现化学预期的学习目标，化学知识的复习是对旧有知识的巩固，也是对新知识的铺垫。教学设计是指导和实现化学教学活动重要的一环。想要化学复习课得到良好的效果，需要对教学设计环节做出科学合理的规划。以任务驱动为主的化学复习课需要针对教学内容进行基本程序和要求的设计，与一般教学设计不同。任务驱动教学法是将学习任务作为主要内容，学生作为学习的主体，教师作为引导人，让学生自主地完成化学学习任务。任务驱动下的化学学习复习课设计的关键在于对学生学习任务的设计。

该教学方式中，学习任务的设计是重点内容，教学内容分析和学情分析是基础内容。教学目标需要明确，学习任务也需要明确。基于任务驱动的化学教学课程的过程设计应当围绕学习任务开展，教学活动的目的即为了实现学习任务。教学任务完成后，教学评价也应当做到及时反馈，教学的效果应当体现在教学评价中。教学设计应当体现出任务分析与设计的过程及其特点。化学复习课程设计的具体步骤如下：

1. 教学内容分析

（1）《课程标准》分析

与新授课教学内容有所不同，化学复习课的教学内容主要是让学生构建化学知识内在关系，在已获得的知识基础上，实现知识的迁移应用。帮助学生对所学知识建立一种系统化的认知。《课程标准》为学生需要学习的知识、掌握的技能等做出了规定，教师制订教学计划，为学生设计有意义的学习任务，为教师教学设计工作提供了一定的依据。教师可以借助该标准对教材进行分析与理解，明确化学复习课的教学内容，建立知识内容之间的内在关系，从整体上把握教学课程设计。

（2）教材分析

教材分析主要从教材编排和教材内容两方面分析。教材的编排应当把相同主题整理分散到不同的学习阶段中，根据学生的认知和能力来进行教学内容划定。化学复习课堂设计是主题统一的、内容全面的，不同学习阶段内容之间也有内在联系，其设计应当将内容放在首位，紧紧围绕学习的重点内容来进行学习任务设计。

化学教材是汇集多人智慧的结晶，是众多专家学者反复论证开发的资料，作为教师教学、学生学习的主要来源，教材占据十分重要的地位。教师需要深入挖掘教材中的各种知识点，深入理解的程度影响到学生学习和掌握的程度。化学复习课应当以新授课为基础，深入挖掘其内涵，教师需要对教材做到整体、全面的把握，才能更好地带领学生学习。教材内容的科学分析是化学复习课程中内容要素的重要组成。

2. 学情分析

学生是课堂的主体，是知识的获取者，是学习活动的主要实践者。化学复习课的设计应当遵循学生的个性和共性，从学生的特点和风格出发，制定教学目标和选择适合学生发展的教学内容，学习任务的安排应当是科学合理的。

科学合理的学习活动设计需要根据学生的特征与学习性格制定，学者皮亚杰针对这一情况提出了认知阶段学说，他认为处于不同学习阶段的学生，拥有不同的群体特点与需求，学习活动需要给他们提供智力因素的同时，还要兼顾学生的态度、情感、兴趣等，这些非智力因素也是学习活动中必不可少的要素。教学内容应从学生的特点、适应性出发，尽可能满足学生的需求，调动学生的热情，使学生作为主体参与其中。尽管学生的一般学习特征与化学学习没有明显的联系，但其间接作用也不可小觑。学生学习风格中的学生，不单纯是广义上的学生，而是具体到所教班级的学生，每个班级都有所不同，各有特色，班级里的学生也分活泼型、内敛型等。只有了解班级学生的风格特色，才能找到更合适的教学方法，更好地完成教学任务。

学生学习之前的知识储备、技能水平和学习态度共同构成学生的起点能力，了解分析学生的起点能力能够更好地制定学生的学习任务，对学生学习的起点和难度的确定有所帮助。教学设计要了解学生掌握程度，对已经掌握的要及时巩固知新，对未掌握的知识结构需要安排学生尽快掌握。此过程可以由课堂提问反馈而得，也可以通过作业批改、考试测验等方式获得。教师安排学生的教学内容，需要结合学情，准确分析教学的重点和难点，使教学设计更加科学合理，满足学生不同阶段的需求和全面发展的需要。

3.教学目标设计

教学活动开展前，教师要全面了解学生对知识和技能的诉求，教学大纲要求，全面分析教学过程可能会出现的各种情况（如学生将为经历怎样的体验、发生哪些行为变化等）、要考虑学生如何完成任务以及取得怎样的标准等等。这就引发出教师关于教学目标的讨论，设置教学目标并对其阐述也是教学活动前，教师需要做的一项任务，教学目标的设定需要对已知和未知的问题做出具体的规划教学目标可以为学习活动的进行提供基础支持，化学复习课教学目标可以指导学生更好地学习，同时，该环节也能够检验教学设计实施效果。

4.学习任务设计

化学学习任务的设计需要考虑内容、方法、情景这三要素，三者相互统一，构成化学学习任务。其中内容设计是基础，情景设计为关键，方法则是完成任务的途径，化学学习任务是三者的融合。

在已有的教学和学情分析上，设计学习任务并对其进行划分，通过这样系统的学习规划，来实现内容要素的设计需求，为每一个划分的内容创设不同的任务情景，根据不同学习任务的内容和情景来设计对应的学习活动。学习任务设计过程中存在各种不确定因素，教师要尽可能多地把握要素之间的联系，对这些要素进行斟酌敲定，使化学学习任务设计更加完善。从整体来看，任务设计是一种不断完善、不断发展的过程，需要教师适时做出改变，及时更新观念。

5.教学过程设计

化学复习课也应当以任务为中心，围绕学生的学习任务开展教学活动。教师安排学生不断地完成一个个任务来推动学习活动的进展。课程过程设计重在教导学生"学"，以学生为主体，一切围绕学生自主学习而进行，教师充当补充者的身份，对学生活动补充和完善，对学习任务进行转折合过渡，根据教学的重点和难点来分配学习任务所用的时间，引导学生完成学习任务。

6.教学评价设计

教学目标的实现离不开教学评价体系，教师对学生学习过程和结果进行评价，要从学生对知识掌握的程度来看，也要考虑学生综合能力的发展，同时，学生情感表达也是重要的参考标准，教学评价对学生起到正确引导的作用，帮助学生们认识到缺点和不足，帮助他们认识问题，解决问题。学生综合能力发展是长期学习实践的结果，短期难以获得明显提升；学生的情感态度与价值观表达主要来源于学生课堂表现，教师可以通过访谈的形式观察学生的这一指标；学生掌握知识的程度则可通过测试的方式直观地获得结果，可以利用测查问题的方式设计学习任务，设计时，应考虑题目的难度和广度，尽量贴近学所所用，符合教学目标要求；教学评价反映的问题应当得到及时的反馈和解决，教师应当及时对复习课中的学习任务做出适当的调整，以满足学生的学习要求，使教学活动向良性发展。

三、基于任务驱动的"电解质与离子反应"复习课教学设计

下面以化学复习课的设计模型为例，讲解一下"电解质与离子反应"课程具体的设计流程：

（一）教学目标设计

教师为学习制定教学目标，通过这种方式促使学生达到学习效果。教学目标为学习任务设计指明方向，为学习任务提供衡量和评价的依据，从教学内容和学情的角度来分析，复习课的教学目标设计一般包括：

1.让学生对化学电解质中的各种词汇概念有一定的了解，建立它们之间的联系，比如，纯净物与混合物、电解质与非电解质、酸碱盐等。在学习之初，能够有一定的了解认知，对常见的化合物进行分类，让学生自己学会分类的思想和方法。

2.正确书写电离、电解方程式，将与弱电解质电离相关的方程式结合起来记忆，有助于对各种酸式盐电离方程式准确性判断。

3.小组交流与合作，共同总结规律，学会团队合作与竞争，提高学习效率，提高学习兴趣。

4.学习离子反应要联系实际，熟练掌握离子方程式的书写，关注日常生活中与化学相关的各种现象。

5.比较各种化学方程式的区别和共性，掌握书写规律，加深对化学语言的理解。

（二）学习任务设计

整个化学复习课程设计的中心环节即学习任务设计。教师在实际操作时，要根据教学内容和学生的情况进行分析，在教学目标的指导下划分学习任务，把复习课总任务科学划分为五个小任务。为不同的学习任务创设对应的情境，在提高学生学习积极性的前提下，

使学生更好地理解任务本质，提高学生发现问题和解决问题的能力，内容要素和情境要素设定好后，方式方法可根据二者来定。最后，对整体进行适当的调控，不断补充与完善。

（三）基于任务驱动的复习课教学过程设计

复习课程教学设计，将学习任务作为主线，采用灵活多变的方式，在不同的学习情境中获取知识。通过这样的方式，复习的效果和效率都将有所提升，学生学习的积极性也会得到提高，学生对所学知识能够更加深入地理解，其思维能力也将得到锻炼。同时，该方法可以促使学生之间进行小组合作，提高学生应变能力和解决问题的能力。

化学复习课教学以学生为主体，教师引导学生开展学习活动，给予学生提示和帮助，成为学生学习活动中的引导者和协助者。课堂上，教师应当注重小组讨论。课后，可以以小组为单位探讨学习内容、学习进展和学习效果等，组内学生相互评价，使每个人参与到学习活动中，及时发现问题，解决问题，提高问题分析能力和交流沟通能力，发挥学生的主体作用。

（四）教学评价设计

教学评价的设计是教学中重要的一环，教学实施后，需要有一定的评判机制对教学结果进行检验和反馈，判断教学目标是否达到。根据教学评价反映的问题提出改进方案和措施。

化学复习课通过任务驱动的方式进行效果显著。有研究表明，该种教学模式能够帮助学生理解和掌握所学知识，帮助学生构建系统的网络知识体系，提高课堂活力，激发学生学习兴趣，改善课堂效果。同时，该种模式还能培养学生自主学习的能力，培养学生的综合素养，学生在完成任务的同时发现、分析、解决问题，获得与他人交流合作的能力等。该种学习模式是一种长期的潜移默化的模式，教学实践中，值得推广。

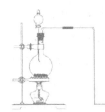

第四章 衔接教学策略

第一节 系统衔接教学策略

化学教学可以利用多种多样的方式，衔接教学策略即其中的一种，该种方法是利用系统思维方法来进行教学的策略。该方法提倡将两个或两个以上的要素作为一个整体，注重整体的作用，将整体的结构、功能和其环境等多种因素考虑在内，各种要素相互作用，相互影响。整体的要素作为首先考量的方向，各个要素之间的关系则作为次要考虑的方向。这种系统思维，是宏观到微观的一种思维方式，是整体到局部再到个体的思维方式，但各个要素之间并非相互孤立的个体，而是相辅相成的关系，是一种动态的联系与作用，可简单表述为从总系统到子系统的一种由整体向局部的一种动态观。

系统衔接教学中，学生是学习活动的主体，是系统的核心，通常把其看作是一个整体，即一个总系统，该整体具有生理和心理两种属性。与学生整体存在联系的各种因素，如心理、生理、智力、知识结构、社会关系、家庭与社会环境等都属于此总系统的一部分，其中心理主要包括兴趣、意志、性格、情感、学习动机等，知识结构主要包括各学习科目。各种系统之间是相互作用、相互联系的。

该系统中，知识结构即学生的各个科目、各个领域的学习是总系统下的一个超系统，以化学科目为例，化学包括初中化学、高中化学、大学化学和其附属的专业及基础课程等，都是该系统的一部分。当前我们主要以高中化学的研究作为核心目标。

从高中化学教材来看，该系统以各种化学教材为主，其教材中章节和各种知识点构成了系统的基本要素。

从高中化学专题或者知识块来看，高中化学包括基本概念、理论、有机和无机化学和其化学实验等，该系统中化学常用的药剂、器材、元素周期律、化学反应和平衡、物质的性质和分类、化学反应和能力等都是系统的重要组成部分。

无论是超系统、系统还是子系统，他们均是动态的，各种要素和因子之间相互联系、互相作用，如果要做到教学衔接，需要考虑各种要素之间的联系，充分了解系统中各个超系统、子系统、要素和变量的相互联系，如初、高中化学教学衔接时，学生作为一个总系统，他的相关属性都应当被考虑在内，学生群体与个体之间也有区别与联系，应当以一种动态的发展的观念来理解系统的变化，其衔接过程应当是系统的、整体的、动态的。

系统中的各种因素是相互影响、相互作用的，共同构成一个整体，总系统下的超系统、子系统等相互的影响也是动态的，以系统衔接教学方式展开教学活动的模式是一种互动化的教学策略，这区别于传统高中化学教学独立的状态。关于化学教学的衔接，一般包括初中与高中，高中与高考、大学、社会、职业等之间的相互联系与相互作用。

目前，高中化学的教学力量较为薄弱，甚至脱节严重，当前化学教学应当根据学生情况，制定一定的发展规划，在不影响学生当前学习情况的情况下，研究中学化学教学的衔接策略，当然这种策略以不增加学生学习负担为前提。学生学习化学的未来发展需要得到重视。

作为化学教师，应当承担起教学的责任和义务，安排好学生学习生活的同时，应当深入研究化学相关的教材和理论，找到合适的教学理论和方法，不断学习新知识和新观念，不仅研究正在教学的教材，也应当联系相关的教材。对于学生的学习情况应做到一定的了解，对学生的知识盲点和误区，应及时帮助修正，同时，弥补自己的知识盲区，提高硬实力。从学生未来发展角度考虑，联系初中与高中教材的相同与不同处，做好中学教材的衔接工作。教师应当注重通过实践探索真知，以理论领导实践，将衔接教学策略应用到教学过程中。如"物质分类"这一教学案例中，该内容即较为典型的初、高中化学知识系统的衔接；"化学平衡移动"则是高中与高考理论的衔接。"生活中常见的有机物——乙醇"这一案例则是高中必修与选修的衔接。

作为高中化学教师只关注课本材料上、高考的知识是远远不够的，还需要对学习和研究的领域不断地探索，进行实时的知识库更新，根据学生的能力要求，培养学生全面的化学学习能力和应用能力，除教学活动外，还应当主动学习，主动请教，研究化学衔接课堂在教学中的应用，为学生化学学习做进一步的铺垫。

作为中学化学教师，应当承担起自己的责任，按照新课标要求，制定科学合理的教学目标与计划，激发学生学习化学的兴趣，为学生做课堂辅导，引导学生主动获取知识。教学模式以"初—高—大（社会或者职业）"为系统的衔接，能够促进化学教学的发展，形成动态的、有效的教学体系，使学生全面地学习进步。

第二节 多维衔接教学策略

系统衔接教学是一种多维度、多层面、多视角的衔接方式，该方式通过多种途径来将一个系统中的各种属性联系在一起，上节讲到的教学策略将学生作为一个整体，即总系统，该系统中的各种要素立体交错、互相作用共同构成了一个网络结构体系，这种对位的衔接体系适用于化学教学的过程。

一、多维衔接空间立体图

从系统科学理论出发来看，学生的终身发展是一个总系统。该总系统中的下一层级的各种系统状态不是统一的，有封闭、半封闭和开放系统之分。这些系统里的各种构成因素并非全部与化学教学所用的脱节相关，需要从中选择我们能够控制调整和改变的部分，将那些无关的部分剔除，这也符合新课程的理念。化学的衔接教学策略将重心放在与学生化学学习活动相关的部分，通过微观、宏观等不同的角度来分析相关因子之间的逻辑关系，进而以系统的角度建立一个多维的衔接空间立体图，将学段衔接、学科内外的衔接等建立成一个完整的、复杂的教学体系，该体系是模块与专题或者知识块相互融合、相互作用、相互关联的结果，是一种立体交错的衔接教学体系。

（一）宏观、中观和微观衔接

1. 宏观衔接（学段衔接）

按照衔接教学策略的逻辑分析，教学策略中的宏观衔接教学是通过宏观的视角来对化学相关的初中、高中、大学或者社会几者之间的关联进行衔接。在策略研究阶段，先将初中生的各种相关因子，如心理、智力、知识能力、生理等作为重点来研究，对于大学新生来讲，其基本素质和能力也在考虑范围内，根据学生的个体情况，进行教学中的有机衔接，教学中以"前衔初中，后接大学（也包括职业学习或者社会）"为主线，围绕这点来进行化学教学内容的衔接，这种学段衔接的方式是多维衔接中的重要组成，也是符合新课程的需求。

2. 中观衔接（学科间衔接）

中观衔接旨在研究学生化学课堂的表现，把学生发展作为主要研究对象，通过对学生的表现来决定领域间、学科间的脱节和衔接内容。中观衔接是把学科间的内容进行衔接，这由化学与各学科之间的关系可得，无论是学科还是领域，或是各种备考要求，都是系统中观研究的角度，该种衔接方式是系统中较为重要的一部分。化学这一门课程与其他学科关系密切，中观衔接作为衔接过程重要的组成部分，也是多维衔接教学策略体系重要的一环，符合新课改要求。

3. 微观衔接（学科内衔接）

从学生发展角度出发，通过教材分析，进一步延伸至学生的化学学科内部，进行衔接教学研究叫作微观衔接教学，学生在化学教材中掌握的内容有限，如果考虑到学生将来的发展，就需要对其所学知识进行衔接，研究学科内与化学学科脱节的因素，并实现教学衔接。

总而言之，衔接教学是一种复杂的、整体的、系统的衔接教学策略，既包括化学与其他学科间的衔接，也包含不同成长阶段之间的衔接，同时，还有学科间的衔接等，是一种集微观、中观、宏观三个角度的综合衔接教学策略，能够将化学教学体系变为多层次、多视角、多维度的立体网络衔接教学系统。

（二）横向与纵向衔接

1. 横向衔接（模块衔接）

化学课程教材中的模块之间的衔接为系统横向衔接。这种衔接是从模块角度出发，对比列表寻找化学学习教材中需要补充和拓展的节点，并且对其进行归纳总结，通过衔接检测后，将此部分内容落实到教学内容中。这种方式可以为化学日常教学活动提供一个衔接参考，是多维衔接教学中关键的一环。

2. 纵向衔接（专题衔接或知识块衔接）

以高中化学教学为例，纵向衔接指的是新课程下的化学知识体系中知识点间、专题间的内容衔接。由于化学教材的模块间知识点与技能要求不统一，系统和连贯性较差，不利于日常教学活动。我们学习化学课程时，通常按照模块教学的形式进行，纵向衔接的课堂教学形式更符合日常学习化学的思维习惯，从化学教材模块角度出发，教学过程会出现大量的知识难点、盲点或需要补充的内容，因此，纵向衔接也相当重要，是多维衔接中较为重要的环节。

通过比较的方式对衔接的补充点和延伸点进行筛选主要从化学的基本理论、概念，化学思想、化学实验、有机化学等几个方面进行分析。采取归纳总结的方式找到脱节与衔接内容，经过一系列研究检测后，提出对应的衔接方法和途径，以化学为例来说明，教师应当分析近些年的中、高考试题，竞赛试题和其他练习题等，对其进行总结归纳，然后作为一个补充衔接的知识点，将其归纳入专题衔接，把散乱的知识点进行梳理，使之形成系统的衔接内容体系，运用于教学过程中。尤其是对实验的思考、实验方式的研究、解题方法等思维方式的归纳总结，是化学教学衔接相关关键的一步，该方法是对化学教材极为有利的补充和完善。有利于提高学生的综合能力素养，也可以为后续化学教学提供指导意见和参考。

二、多维衔接教学策略体系图

多维衔接立体空间图，可以从宏观、微观的角度来分析，也同时包含纵向和横向的衔接。它既包含高中与大学，初中与高中化学学习内容的衔接，也包括学科内部微观的衔接、学科与学科间的衔接，同时，也包含学生这一总系统中的心理、生理、能力等因素的衔接。这种多维的立体网络衔接策略能够以学生为主体，帮助学生建立终身学习的理念，为其学习化学提供思想、方法、能力等综合素质打下基础。多维衔接教学策略由众多的要素构成，实际化学教学过程需要根据现实情况选择最优的衔接方式，由此引发了我们对多维衔接教学策略体系图的思考。

多维衔接教学包含了横向与纵向，宏观与微观的衔接教学，既可以从知识与技能、过程与方法的教学来进行衔接教学，又可以分析学生的情感态度与价值观对于学科的影响作用，不仅是为化学学科教学服务的一种衔接教学策略，更是一种以学生为主体研究学生发展状况的教学策略，该教学策略通过多维度、多层面、多视角的教学理论与方法，使系统内的各个因素相互联系、相互作用，共同构成了立体交错的空间多维衔接教学体系。

第三节 兼容衔接教学策略

兼容教学指的是兼顾、吸纳、容纳教学策略，从教学的角度来看，兼容衔接教学包含同课兼容教学模式、同容兼容教学模式和异课兼容教学模式三种。

一、同课兼容

同课兼容衔接的教学是根据学生的学情来制定一种教学策略，同一堂课中综合不同的衔接方式，该方式是化学衔接过程中不同衔接方式相融合的教学策略。

二、同容兼容

根据学习所处的时期和学生个人的学习情况，采取不同的知识衔接方式，同容兼容衔接教学策略即一种适合的教学模式，该种教学模式可以灵活选择多种衔接方式或不同的途径进行教学，对同一脱节或衔接的内容可以采取集中衔接、分期衔接、分层衔接等综合衔接策略。

1. 集中衔接

根据学生的学习的具体基础状况和化学学习的需求，对学生化学脱节的知识点进行集中的补充和拓展的教学衔接策略是集中衔接策略，此方法利用学生相对集中的时间对所缺知识进行补充与拓展。集中衔接针对脱节知识相对较多较集中的情况，如化学课程中无机化学反应的基本规律、有机物的合成、制取气体的实验、尾气吸收等，对于这些系统知识或规律可以采用集中衔接的策略。

2. 分期衔接（或渗透衔接、分散衔接）

从学生的实际情况出发，分析学生的知识与技能、了解学生学习的过程与方法，关注学生的情感态度与价值观等基础情况，通过分期衔接的方式来进行不同阶段的教学，通过渗透式的教学方式，把教学内容进行分期、分散的补充和拓展。

实际教学过程中，化学教学的内容往往受到一定的条件限制，化学课时在学科中的设置较少，其内容又较为复杂，教学任务重，遇到脱节和需要衔接的知识点，老师难以通过课堂时间完整地补充，这样的方式既耽误教学进度又难以保证教学任务的实现。大部分脱节与衔接的知识具有一定的难度，内容较为集中，也无法通过单次课堂灌输来完成，学生掌握起来难度更大。因此，高中化学课堂教学实践过程中，应当采取科学的分期衔接的方式，突出化学教学的有效性和实效性。

3. 分层衔接

分层衔接教学策略有两层含义：一是根据学生学情来分层，将需要衔接的知识分为新知识与复习内容、选修与必修等，根据不同的层次划分，进行分阶段、分时期的补充拓展教学；二是根据学习目标划分学生学习的目标层级，统一进行分层次教学。

4. 分类衔接

实际衔接教学策略实施过程中，需要根据衔接知识的内容属性来决定分类衔接的教学策略，还应当考虑到脱节知识的多少和类型，这种方法是将衔接内容作为补充或拓展来实现教学策略的衔接。

分类衔接与分层连接往往同时应用于教学活动中，其分类主要是按照衔接内容分类、分层后由低到高，由简单到复杂的过程，另一种则是按照衔接内容分类、分层后，进行多周期、多节课程的学习活动，逐步完成教学内容。

三、异课兼容

异课兼容是指教学内容采用不同的教学思路和教学结构，一般多采用多节课程教授的方式，通过不同教学模式的对比，结合学生实际情况分析，寻求适合学生当前学习活动的最优衔接方式，进一步优化衔接教学课程设计。该种兼容模式能够吸收或兼容课堂中适合学生学习的、符合实际内容的学习活动。

该种兼容衔接的教学策略能够兼容不同层次学生学习的需求，能够根据班级的现实情况，制定相应的教学策略，该方法较为灵活，可以兼容不同的知识内容，是一种较为综合的衔接教学策略。

衔接教学策略的教学效果需要在教学实践中获得，需要根据具体情况而定，教育没有固定的方法与模式，都是相互比较，择优选择，教学效果是检验教学策略的途径。

第四节 效果衔接教学策略

在教学效果中采用衔接的方式方法和策略来完成教学任务的方法是效果衔接教学策略。通过这种方式，能够实现教学效果的真实性和有效性。具体教学过程中，教师采取的教学途径皆与策略实施相联系，最终目的是实现教学的真实和有效。化学课堂教学中，既要重视学生的实际情况，又要重视学生未来的发展，既要把握基础能力，发挥学生的特长，又要实现学生全面发展的素质要求。教学没有固定的法则，应当根据学生实际情况，采取不同的教学方法，找到适合的途径和策略。一切从提高学生的综合素养出发，采取有针对性的可靠的方式来落实衔接教学的目标策略。该种研究方法能够促使教师提高课堂教学水平，提高教师的科研能力。教育教学的最终目标是实现师生的共同成长。

通常研究衔接教学策略主要根据现实情况来定，例如某学校采取的研究思路：以某校中学教师活动中心为例的研究中表明，该方法适用于由一个试点推出，逐步扩展到省市，进一步扩展到其他省市。将面临的问题是，该学校所处的位置为政治商贸中心，其物质条件和文化资源充足，教育代表程度较高，且该地该研究受到时间空间限制，难以实现跨校、跨地区的研究，对管理提出较高要求。再者，人力物力均有限，难以得到预期目标。

我们需要讨论关于衔接教学的一些问题，如怎样将补充、拓展点内容有机地衔接在一起，怎样做到衔接教学的真实性和有效性，如何通过将衔接教学推广、如何起到辐射作用带动全国范围内的化学教学活动。

为了实现初、高中化学之间有效性、实用性之间的衔接教学，使化学教学内容更加有理论、实践和推广价值，应当将衔接的途径和策略尝试运用在不同的化学课堂中，不断地讨论和改进方式方法，以完成更好的衔接。得到的成果做进一步的推广，带动全国教育活动的发展，可以通过竞赛活动等在期刊上交流与分享经验，起到良好的辐射推广作用。

一、学生综合素养显著提高

有研究表明，各个学习阶段的学生都会受到衔接方式的影响，这体现在学生的学习过程、学习方法及心理情感上，衔接教学实现前后，学生的各种反应变化较大，以高中学生为例，讲述一下衔接教学的变化。

在学习过程角度：高中与初中在化学课程组织和构建方面有着极大的区别，但高中的化学知识量明显要远高于初中阶段，这一阶段的学生已经逐渐脱离了被动学习的阶段，转而以一种更加积极主动的态度与参与到高中化学学习过程之中。

在学习方法角度：高中阶段的学生在经历相对初级的化学内容理解后，绝大多数都能够做到以科学的态度与观念来面对学习，能合理的解释化学实验课堂中所出现的奇妙的实验过程，具备了更加成熟的化学认知与学习能力。同时在学习的过程中逐渐养成总结经验和方法的习惯，并通过尝试各种学习方法来寻找最适合自己的参与化学学习过程中的方法，最终可养成终身学习的习惯。

在心理情感角度：高中阶段的学生相较于历经九年义务教育阶段的学生来讲，有了更加成熟和稳定的世界观与价值观，能够以积极的态度面对化学学习过程，心中充满理想与希望。

二、教师教学、科研能力大幅提升

衔接教学在帮助学生取得学习进步的同时，也使教师成长和发展的脚步加快。衔接教学帮教师提高教育教学水平、教育科研能力，从而全面提高综合素养。

1. 教学课堂焕然一新

教师接触衔接教学，需要及时改变思想观念主动学习新知识，促进了学生的自我学习能力，无论是教育理念还是教师自身的心里，都与之间出现了差异。教师充分认识教育的重点在于教导学生通过学习自主获取知识，而不是一味地灌输。学习要以学生自学为主，教师仅发挥辅助作用。"教学"的重点是在于"学"，而不是"教"。教师的教育教学理念应当以科学系统的理论为主要方向，以新课程为主要指导，从多个角度、多种思维来建立全面的立体的空间网络体系，将教学知识做动态的衔接。教师教学过程中要关注学生个性特长的发展，还要关注学生未来的发展，要发挥其主导作用，把学生作为学习活动的主体，教师的"导"与学生的主观能动性联系在一起，共同实现和谐、融洽、积极、主动的课堂学习氛围。化学课堂不仅是教师传授知识的场所，也是学生学会学习的场所，课堂上应当注重学生学习兴趣的培养，增加学生的意志品质和科学素养，培养学生的社会责任感，是化学课堂上升到更高、更新的层次，实现平台一体化教育。

2. 教育科研成绩突出

有统计表明，很多专家学者已经在衔接教学实践活动领域取得了优秀的成果，其相关论文或获奖成果已经有 89 项。通过衔接教学实践，提高了学生的学习效果，也加快了教师教学水平提升的步伐，提高了教师教育与科研的能力，有助于教师的专业发展，使其实现自我价值。

三、优良辐射不断延伸

1. 区域带动与示范

中学化学衔接过程中，我校在不断的摸索与试验之中掌握了很多方法，并且这一些方法在实施过程中都被证是切实可行的，能对提升化学成绩提供帮助。因此，我校在试验过程中所掌握的化学教学方法能够对未来中学化学教学过程提供很好的帮助，并在本区域内中学学生化学成绩提升和能力增强提供非常好的现实作用。中学化学在衔接的过程中，一方面我们选择了部分重点或难点的衔接课堂进行了有效的研究，另一方面我们将这部分研究成果在区域内的研讨会上进行了多次讨论与交流，这种教学方式受到了教研员的一致好评同时我们的任课教师认真总结此次实验过程和结果，并形成完整的学术论文在区域内和期刊网站上进行发表。

2. 推广经验分享

事实证明科学的教学方法不仅能够提升学生对知识和技能的掌握能力，同时也能够有效调动学生们的学习积极性，让学生们对化学学习的兴趣、心理、意志以及其他想法都能实现大幅提升，并实现教师个人能力和教学能力提升。当然，化学教学方法和教学结果的好坏并不能一言以蔽之，相同的教学方法在不同的两所学校甚至同一所学校两个不同的班级内都会产生不同的效果，因此要基于学生们的实际情况展开分析，以学生们的实际状况为基点，寻找最为合理的教学方式。

第五节 衔接教学策略教学案例研究

一、案例1：化学实验基本方法

衔接分析：高中化学教材必修1第一章"从实验学化学"包含"化学实验基本方法"和"化学计量在化学实验中的应用"两节内容。这两章节的操作方式都是以基础的实验教学为主，并且在内容展开的过程中融合了非常多的基础化学知识，这些化学知识对学生们后续的发展和知识的提升都具有非常重要的意义。高中化学第一节的第一课时多以铺垫型知识为主，实施此节课程的主要目的是为更加准确地确定学生个体的发展方向，并实现与初中化学的有效衔接。例如对于衔接的内容，首先，可对于混合物的分离与提纯展开分析，因为这两者的概念与原则所涉及的内容存在部分脱节，初中阶段所学习到的相关知识与高中阶段所学习的相关知识在内容和难度上面存在一定的差异，因此在第一节课程开展的过程中，应先对这部分知识和内容展开及时的补充，让学生们能够及时掌握更加准确的方法和更科学的态度来应对接下来的高中化学学习环节；其次，在初中化学的学习过程中，也对于常见危险物的几种标志进行了辨别，当然这几种标志并非化学材料和化学元素中对于人身体有害的部分，而是有害的因素，应该让学生们及时掌握，避免后续面临这些材料时不具备正确的应对方式；再次，化学仪器在实验过程中所存在的沉淀以及其他现象的清洗方式和提纯方式等这部分内容都是在考试过程中比较容易遇到的，并且是学生们学习化学应掌握的基础知识，然而这部分知识初中阶段所学习的内容与高中阶段所学习的内容相差甚远，课程开始时应将这部分知识进行有效的衔接。

在学生学习过程中，教师不应仅仅注重对于学生的基础知识的教育，更应注重学生们良好心理的养成，提升学生们的实际生活能力和动手能力；学科并不是独立存在的，学科之间也存在着千丝万缕的关系，因此在对某一学科展开教育过程中掌握好的其他学科的学习，对于物理性质中的工业及生态变化与化学知识的传输有非常大的关系。

（一）教学过程：

[情景创设] 化学是何物？

1. 首先可通过播放歌曲的方式调动学生们的情绪，例如北大化学教授撰写歌曲《化学是你，化学是我》。

2. 实验性是化学的基础性质。

3. 化学是不断尝试的一门学科。

引入新课程。

[设计意图] 能够有效激发化学学习的强烈兴趣，能够从全新的高度来认识化学与了解化学，并且能够在这一基础上充分认识到实验课程在化学教学过程中的重要作用。并且通过落实各个学科之间的衔接来达到提升学生们综合素质的效果。

[思考和交流]

1. 如何保障化学实验过程的安全性？化学实验室的规则是什么？

2. 有哪几种比较常见的化学危险物品的标志？

[归纳总结]

实验室安全性与实验室的规则：

1. 进入实验室之前。

2. 进入实验室之后。

3. 进行实验的过程中。

4. 做完试验之后。

5. 是否存在意外。

几种常见的化学物品

1. 种类：8 类。

2. 标志：初中部共要求 6 种，高中部共要求 10 种。

[实践应用] 酒精、浓硫酸以及氢氧化钠等材料应分别张贴什么标签？

[设计意图] 充分调动学生们的积极性和主体作用，并在教学的过程中积极培养学生们的自学能力和总结与归纳能力，提升学生们对知识和技能的应用能力。

[思考与交流]

1. 淘金者在淘金时所借助的化学方法是什么？

2. 你能否将与沙子搅拌在一起的铁屑进行有效分离？

3. 杂质的价值如何？是否杂质都是对社会有害无益的？

4. 结合初中所学习到的粗盐提纯等相关知识，总结与判断混合物分离与提纯的差异，并是总结两者之间相同之处。

[归纳小结]

1. 混合物的分离和提纯：一般借助了两个不同物质的不同属性，选择不同的方法将两种物质分开并将其恢复至原有状态的过程。

2. 混合物提纯：被提纯物质与杂质都存在着非常明显的性质差异，通过比较两者之间的性质差异能够分离出比较明显的差异材料，整个过程被称为混合物的提纯过程。

3.混合物分离与提纯所应遵循的原则

（1）分离原则：不增、不减、易分与复原。

（2）提纯的原则：不增（杂质）、不减（被提纯物）、易分。

（二）教学反思

本节课堂的组织和构建过程中使用了非常科学的教学思想，并将教学的理论高度提升到比较高的层次，并基于宏观、中观与微观三个视角展开分析，实现了将初中与高中课程的有机结合。并且实现了学科内、学科间等多维立体的有效衔接，可以说整个过程实现了对于学生们基础素质和能力的培养，同时也实现了个体学生某一特性或者突出能力的培养，是促进学生个体全面发展的重要方式，也是实现人全面提升的课堂典范。当然，教学过程需要更好地协调好化学实验过程与课堂时间容量之间的关系，实现两者的有机集合。

（三）专家点评

本节课堂中有几个突出的特点。首先，是对学生们的心理素质要实现有效的把握，实现对化学课程的了解和音乐的展示非常巧妙地融合在一起，并使之能够充分调动学生们的学习兴趣和实践能力，使得整个课堂教学的开展激情四溢。其次，重视多维立体的衔接，例如实现初中部、高中部化学知识的有效衔接。实现不同学科之间的有效衔接，如物理、语文、化学等；实现基础知识和实验能力的衔接。化学基础知识的学习目的是为了更好地将其应用于实践之中，理论为先导，实验为途径。综合来讲是一门富有动手实践能力和操作性的学科。再次，实现全面育人的效果。本节课堂开展以学生们个体能力的提升和合作能力的进步，实现了将知识进行打乱与重组，并将其综合水平实现内化和应用。总结来讲整个过程实现了将基础知识和实践能力的有机结合，同样也实现了对化学知识学习能力和学习方法的培养，实现和学生学习素养和发展素养的提升，对学生未来发展具有非常好的引领作用。

二、案例2：化学实验基本操作复习课

衔接分析：几乎对所有的高三学生来讲都会明显地感受到高中化学实验非常困难，并且结合往年的化学实验题得分情况来看，实验题的得分情况也不容乐观。因此，笔者结合一节基本实验操作衔接课程展开分析，装置气密性检查和试纸的应用是化学实验的基本操作，同时在中考和高考试卷中也经常会出现对于装置的气密性检查或者对于常见试纸的使用方式等，这些看似基础的内容，然而得分状况却不尽如人意，究其原因，初中部或者高中部的化学教材对于装置的气密性检查和对于试纸应用等相关内容的描述并不是非常多，例如有关于装置气密性检查的相关内容，仅在初中化学上册第22页出现过，在高中教材中均未出现有关于装置气密性使用的相关内容；有关于试纸的使用，也仅在初中化学下册

第 62 页和高中化学选修 4 第 47 页进行了描述，除此之外其他教材均无体现。

因此在化学课程和化学实验操作教授过程中，必须做到能够实现良好的衔接初中与高中、必修与选修之间的脱节点，并积极总结其中可能存在的问题。积极探究不同装置气密性的检查方式并基于探究结果进行总结，从而形成属于自己的知识网络，能够充分调动学生们的自主学习能力与分析、解决问题的能力，提升学生们的综合素养。

（一）教学过程

[情境创设] 高考考试说明曾明确地指出要求学生们掌握基础的化学实验技巧，而试纸的使用和装置的气密性检查，都属于基础的实验操作内容，并且会在中考和高考试题中频繁出现，而对于这部分试题学生们的得分率往往非常低，这几乎是每一位同学在学习过程中所面临的一个共同问题。你是否想解决这个问题？你打算如何解决这个问题？带着你的疑惑，投入到接下来来内容的学习当中吧，你必将能够找到属于你的收获！

[思考与交流] 你是否认识和了解比较常见的试纸？他们之间存在的差别是什么？

[归纳与总结]

1. 常见试纸

（1）pH 试纸。

（2）石蕊试纸（蓝色、红色）。

（3）品红试纸。

（4）KI——淀粉试纸。

2. 试纸的使用方法

（1）在使用试纸对目标溶液进行检测时，通常会先将试纸放在表面或者玻璃片上，借助沾有溶液的玻璃棒点在试纸中间，可通过观察试纸颜色不同的变化而判断溶液的性质。

（2）在使用试纸检测气体性质时，一般先用蒸馏水打湿试纸，再将其粘在玻璃棒的一端，通过移动玻璃棒将试纸放在盛有待测气体的试管口，试纸不可接触试管，最后通过观察试纸的颜色变化来判断具体的性质。

3. 试纸使用中的重要区别

（1）在使用试纸检测气体时，只有 pH 试纸不能提前用蒸馏水湿润，而其他试纸必须使用蒸馏水湿润后再投入使用，想一想这是为什么？

因为 pH 试纸在湿润之后会对溶液产生稀释作用，必将使得溶液的浓度减小，会对被检测物质的 pH 值产生较大的误差，因此在使用 pH 值之前，一般不会用蒸馏水湿润。

（2）pH 试纸也有区分，一般对于 pH 试纸的区分方式分为广泛 pH 试纸和精密 pH 值试纸两种，pH 试纸在读数时的有效数字不同，广泛 pH 试纸读数保留正整数，而精密 pH 试纸保留到小数点后一位。

[思考与交流] 当然说到这里也有很多同学明白了有关于 pH 试纸的使用方式，但是相较于 pH 试纸的使用方式，装置的气密性检查更为复杂，在每次书写作业时都非常容易出错，

甚至从来没有弄清楚过，这种问题怎么处理呢？

想要解决这个问题，首先请回忆初中化学的内容，当我们面对下图装置时，应该如何检测该种装置的气密性呢？

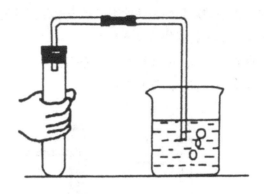

图4-1 气密检查

[归纳与小结]装置气密性的检查：

1.微热法

首先用双手、毛巾或者酒精灯加热烧瓶，等烧瓶的导管处出现气泡之后，将这些加热装置移开，而烧瓶冷却至室温后，导气管内会形成一条水柱，如存在这段水柱则证明该装置的气密性良好，反之则证明该装置的气密性不足。对于装置气密性的检查，其本质上来讲是通过气压差予以实现。

[实践与应用]如何检查下列整套装置的气密性（见图4-2）

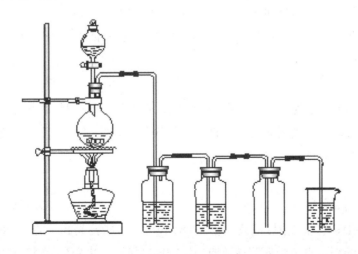

图4-2 微热法

如要检查 A、B、C、D 一整套装置的气密性是否良好，首先应关闭 A 装置分液漏斗的开关，并打开活塞 K，通过使用加热装置例如酒精灯加热烧瓶至 D 烧杯内出现气泡，则移开加热装置，在装置冷却之后，导气管内会存在一条水柱，如存在水柱，则证明该装置的气密性良好，如不存水柱则证明该装置的气密性不好。

[分组合作探究] 全班分为 4 个大组，每相邻的 4 个同学为一个小组，每个大组依次讨论探究下面一个问题：

（1）对于上述 4-1 中的装置气密性检查，是否还存在其他较好的方式？

（2）如何检查 4-3 中甲装置的情况下？

（3）如何只检查 4-2 中 A、B 两个装置的气密性？

（4）如何检查 4-3 中乙装置的气密性？

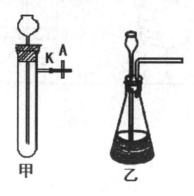

4-3 气密性检查

[归纳与总结]

2. 冷敷法

以 4-1 中的装置为例，正如上文所述，对于该装置的气密性检查实际上是运用了气压差的原理，而热敷法是通过加热装置观察导气管内的水柱，同样也可以使用冷敷法进行观察，例如将烧瓶放在盛有冰水的烧杯中，或者用占有冰水的毛巾冷却烧瓶，看导气管内是否形成一根水柱。

3. 液差法

以 4-3 中的甲装置为例，首先用止水夹夹住气管的 A 处，用长颈漏斗向试管内添加水，如长颈漏斗的玻璃管内液面与试管内的液面会形成液压差，同样可证明该装置的气密性良好，否则则证明该装置的机密性不好。

4. 分段法

以 4-2 为例如，检查 A、B 两个装置的气密性，首先应关闭 A 装置分液漏斗的开关，同时也关闭气孔 K，用酒精灯或其他装置加热设施 A，如装置 B 中的长颈漏斗水柱的高度高于烧杯 B 中的平均水位则证明该装置的气密性良好，反之则证明 A、B 两装置的气密性不好。

5. 变压法

以 4-3 图中的乙装置为例，首先将注射器的活塞向内或向外拉至某一高度，过一会儿若活塞能够复原到之前的位置，则证明该装置的气密性良好，如无法复原到之前的位置，则证明该装置的气密性不好。

总的来讲不同的装置对于其气密性的检查方式不一样，然而不管哪种装置对于其气密性的检查都是通过使用气压原理来实现。

[实践与应用]在装置图4-4中，请检查下列指定部分装置的气密性，并回答你用的是什么方法。

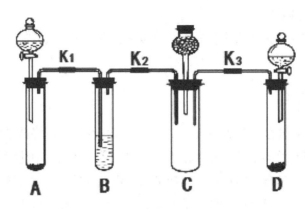

图4-4 气密性检查装置

（1）检查装置A、B的气密性。

（2）检查装置B、C、D的气密性。

（3）检查装置A的气密性。

（4）检查装置D的气密性。

[思考与交流]

（1）若检查装置A、B的气密性，用分段法、微热法和冷敷法等检查。

①想要检查装置A与B的气密性，可通过使用分段法、微热法或者冷敷法进行检查。

首先须关闭装置A分液漏斗的开关并借助止水夹橡皮管K进行阻断，使用酒精灯或其他方法来加热试管A，如装置B的导气管出口处存在气泡，则将加热装置移开，等整个装置冷却到室温之后观察装置B导气管内是否形成了一段水注，如存在，则证明装置A、B的气密性良好；反之则证明装置A与B的气密性不好。

②首先关闭装置A中分液漏斗的开关，并用止水夹夹住橡皮管K_2，通过使用浸入冰水的毛巾冷敷在试管A上并使其在短时间内制冷，如在这一过程中装置B内的导气管存在水柱则证明两者的气密性较好，如不存在水柱，则证明两者的气密性不好。

（2）若检查装置B、C、D的气密性，用分段法和微热法检查。

用橡皮塞塞紧装置C中干燥管出口处，关闭装置D中分液漏斗的开关，用止水夹夹住橡皮管K，用酒精灯（或双手或热毛巾）微热试管D，若装置B中导气管内形成一段水柱，则装置B、C、D的气密性良好。否则，装置B、C、D的气密性不好。

（3）若只检查装置A的气密性，用变压法检查。

关闭装置A中分液漏斗开关，用止水夹夹住橡皮管K_1，打开装置A中分液漏斗开关，若水不能连续顺利滴入试管 A 中，则装置 A 的气密性良好。否则，装置 A 的气密性不好。

（4）若只检查装置 D 的气密性，用变压法检查。

关闭装置 D 中分液漏斗开关，用止水夹夹住橡皮管 K_3，打开装置 D 中分液漏斗开关，若水不能连续顺利地滴入试管 D 中，则装置 D 的气密性良好。否则装置 D 的气密性不好。

[归纳与总结] 本节课的重点：

1. 常见试纸及其使用。

2. 化学实验装置气密性的检查方法：热敷法、冷敷法、液差法、分段法和变压法共五种方法。

（二）教学反思

教学过程中通过让学生们进行自主归纳与合作探究，可以将高考化学实验中的相关内容与初中化学进行有效的衔接，并且在这一过程中逐渐掌握高中化学的必修、选修以及高考所要求的终身必备基础实验技能，实现了高中化学教学的有效分层衔接，并且提高了学生的综合素养，锻炼了学生们的自主学习能力，在合作探究的过程中，还能够让师生融为一体，从而取得良好的教学效果。

高中化学在教学设计上属于分模块的教学模式，这种教学模式在知识的连贯性和系统性方面比较不足，必然会给知识和教学方法产生散乱、脱节等感受，如果针对这些驳杂的知识进行有效的归纳和衔接，这些都有待于我们进一步挖掘和探究。

（三）专家点评

1. 首先应准确掌握教材与考试说明的相关内容，其中涉及的学生们的盲点、难点或者脱节点等内容都应在高考复习的过程中进行有效衔接，并积极实施分层衔接，注意在教学课程开展的过程中应做到让师生、生生融为一体，进而做到大幅提升教学效果的目的。

2. 将试纸的使用方法和装置气密性检查放在高考复习的衔接过程中，积极引导学生们进行综合与系统归纳，提升高考复习效率。

3. 课堂开展的过程中应注重对学生思维的启迪，积极培养与训练学生们思维的灵活性和严谨性，并引导学生们培养合作探究能力和知识归纳能力。

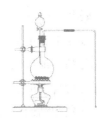

第五章 高中化学学科思想建构与能力培养的教学设计

第一节 金属的化学性质——矛盾普遍性和特殊性思想的应用

一、教学背景分析

1. 内容分析

这节课选自人教版高中化学必修 1 第三章第一节"金属的化学性质"，其内容是在初中介绍的金属和金属材料基础上的进一步拓展和提高。课本中涉及了四种金属，即钠、铝、铁、铜，都非常具有代表性：包括两种主族元素、两种副族元素，一种非常活泼的金属、两种较活泼金属、一种不活泼金属；除钠以外，其他三种金属都非常常见。关于本节内容，《课程标准》中提出两大方面的要求，其一是根据生产、生活中的实例或通过实验探究，了解钠、铝、铁、铜等金属及其化合物的主要性质；其二是了解物质的量在化学方程式计算中的应用。

根据课标要求，本节内容计划三课时完成。

第一课时：金属与非金属（O_2）的反应

第二课时：金属与酸和水的反应

第三课时：铝与氢氧化钠溶液的反应及物质的量在化学方程式计算中的应用，本教学设计为第一课时内容。

2. 学情分析

学生在初中化学学习过程中认识到了铝、铁、铜三种金属，但是对这几种金属的认知多以其物理性质为主，有关于其化学性质的认识仅停留在学习铁与氧的反应、金属活动性的顺序、初步了解金属与盐或酸等物质的反应规律上。在这一基础上，可积极引导学生们进一步了解和总结金属的物理性质，并积极归纳其基本属性，同时也可实现对金属化学性质的进一步预测，能够更好地推进本节课程教学，并且能够为后续对钠、铝等金属的进一步推测埋下伏笔。

3.教学策略

结合教学目标，本节课程在教学过程中可采取一明一暗两条主线来推进展开。

明线：学科知识——金属的化学性质与非金属（如 O_2）的反应。首先应让学生们展开合理的预测，学生们学习到的金属门类和数量已经不少，可让学生们在总结之前经验的基础上对金属的化学性质进行合理的预测，再由教师对学生们的学习过程进行合理的引导与科学的猜测，最后通过实验的方式来得出最终结果。整个过程中，各种现象和结论都是学生们通过自己的努力获得，这有利于提升学生们的独立思考能力，并能够有效提升学生学习能力和总结表达能力。在实验操作过程中有效提高学习效率，达到提升试验效果的目的。

暗线：学科思想构建——矛盾的普遍性和特殊性。教学过程中可通过对钠和铝的结构性质展开分析的对比，并使用恰当的方式运用辩证唯物主义观点，使整个教学的过程潜移默化地达到理解与反思辩证的成果，并将矛盾的普遍性和特殊性进行统一构建，形成一些化学基本思想与方法，最终实现培养学生运用概念实现对问题的分析与解决。

4.技术准备

实验、PPT 课件、实物投影仪。

二、设计理论依据

构建主义认为：知识并不是教师被动传授的，而是学习者在一定的情境下，借助学习过程中的其他人的（例如教师或者其他同学）帮助，并结合适合自己的、必要的学习手段，通过意义构建的方式所取得。

辩证唯物主义认为，物质属性中往往带有一般的、规律的一面，又带有特殊的、反常的一面，彼此之间既存在个性，又存在例外的情况，因此我们在对物质的研究学习过程中一方面要抓住物质的普遍规律，另一方面也应抓住其个性，两者结合才能实现对物质深刻而又全面的认知。

三、教学目标制订

1.学习目标制订

（1）知识与技能目标

通过实验的方式了解金属钠、铝与氧气的反应，并积极归纳出活泼金属易与氧气发生反应情况的一般规律和特殊性质；了解金属氧化膜在日常生活和生产中的作用。

（2）过程与方法目标

情境教学法和实验探究法等方式是充分了解化学元素属性的方法，在使用的过程中让学生逐渐形成了相对合理的推理、综合与归纳能力。因此，通过对部分化学元素的实验例如钠、铝等，能够有效培养学生们的实验探索能力。

（3）情感态度与价值观目标

可通过实验的方式来培养学生们严谨与认真的学习态度和实验方法，并通过不断加强研究性学习的方式来培养学生们的操作能力和洞察能力，在沟通和实验交互的过程中提升思维能力和团队协作能力，并通过对活泼金属钠与氧气的反应来思考化学知识的普遍性和一致性。

2. 教学重难点确定

（1）教学重点：钠、铝与 O_2 反应。

（2）教学难点：矛盾普遍性和特殊性思想的渗透和学科方法的培养。

四、教学反思

本人将此教学实验过程在执教的班级内展开了分析和实验，并积极结合现有的教学效果展开反思。化学的学科思想是基于化学视角出发的一种对自然与社会学科的存在与发展基本认知的能力和观点，同样也是化学学科素养的灵魂。在化学设计过程中应积极把握化学的学科特点和认知能力，将课本或者其他地方的教学素材进行深入的挖掘，并基于学科思想精心设计教学过程，这必将能够实现不断潜移默化地让学生们的掌握辩证唯物的观念，并善于使用辩证观点思考和解决问题，最终达到让化学学科充满韵味，使其能够在不断的化学探究和思考过程中掌握化学，并形成属于自己的基础化学知识和能力。

但课程教授的过程中涉及了对矛盾普遍性和特殊性思想的渗透，这具有一定难度，因此教学过程采用了一明一暗两条主线联合开展的方式，由明线带动暗线，并在知识构建的过程中逐渐渗透。这种教学方式从现有的教学课堂的反馈情况来看效果较好。

本节课程的开展过程主要通过对钠、铝化学性质展开分析和对比，并涉及了有关于普遍性和特殊性含义的渗透，因此教学过程中应让学生们充分去感受铝与钠之间存在的异同，进而更好地让学生们理解金属普遍性和特殊性的含义。但受到现有条件的制约，尚未能够实现让每一位学生都能够充分参与到动手实验的过程，导致教学效果势必存在一定的限制。但是在之后的教学过程中可通过视频回放的方式让学生们增强对知识的感知效果。

第二节 碱金属元素结构决定性质、性质反映结构思想的应用

一、教学背景分析

1.内容分析

这节课选自人教版教材高中化学必修 2 第一章第一节"元素周期表",本节内容主要包括:元素周期表、元素的性质与原子结构和核素。

初中阶段的学生们已经对元素周期表有了相对详细的学习,并且已经在高中化学必修 1 中学习了有关于钠的物理性质和化学性质。而本章节内容则在此基础上通过观察碱金属元素核外电子排布的相同点和不同点来分析碱金属元素性质的相似性和递变性,然后通过实验的方式来研究钾与钠两元素的相似性和递变性,并结合教材的内容判断得出碱元素金属所存在的性质。最后通过引导学生们对于碱金属元素原子结构的性质进行探讨,从而激发学生们养成自主探究的能力,进一步了解相关元素的具体属性,最后得出同族元素核外电子排布的相同点决定了元素性质存在相似性结论,通过以上的学习,学生们能够对同族元素有了更深的了解,并为进一步学习卤族元素和元素周期做好准备。

本节内容计划四课时完成。

第一课时:元素周期表。

第二课时:碱金属元素。

第三课时:卤族元素。

第四课时:核素。

本课时侧重于碱金属元素原子结构与其性质之间的关系的学习。

2.学情分析

学生在高中化学必修 1 中已学习过钠、铝、铁、铜等金属及其化合物的相关知识,知道钠的物理性质和化学性质,积累了一些元素及其化合物知识的经验和方法;刚刚学习了元素周期表,知道周期表的编排原则。以上这些知识储备为学生完成本课时的学习任务打下了基础。

3.教学策略

本节课程的内容和知识量并不大,但是内容所反映出来的结构特征对性质的反应却非常复杂,很多学生对这一概念的理解能力并不强。为能够更好地引导学生们掌握金属钠和铝元素之间的结构关系,理解结构性质和化学学科思想的变化,并能够熟练运用结构性质的变化来确定化学结构和性质之间的关系,理解结构决定性质的化学学科思想,教师运用结构决定性质的化学学科思想来指导学生们的化学学习,并在教学过程中设计和建立了类

比平台，让学生们能够在教师的指导下有效展开实验；另外还通过学生实践体验的方式建立妥善的实验体系和思想构建，并最终经历思维碰撞之后尝试用新的方式解决问题。

4. 技术准备

（1）电教设备：计算机、PPT课件、实物投影仪。

（2）仪器药品（按六人一组准备实验用品）

药品：钾、钠、蒸馏水、酚酞。

仪器：酒精灯、铁三脚架、泥三角、坩埚、坩埚钳、烧杯。

二、设计指导思想

紧密结合的碱金属元素的原子结构特征，依据钠原子结构和性质来巧妙地设置悬念，并积极创设问题情景，激发学生们主动参与和深度参与的热情。通过主体深度参与和小组合作探究交流的方式能够有效构建碱金属原子结构性质之间的关系，使"知识与技能""过程与方法""情况与态度价值观"等目标实现有机融合与落实，构建以教师精心设置的问题为导向、以学生自我学习能力和思考能力为辅助的架构。能够让学生们在进行学习和探索的过程中掌握基础的化学探究技巧，并强化科学探索意识，在这个过程中帮助学生用构建结构决定性质、性质反映结构的化学思想，并在课堂教学过程中，引导学生们通过使用阅读时间观察等多种手段来获取外界信息，并运用类比归纳和概括等方式来对信息进行加工，从而做到真正激发学生学习化学的兴趣，提升学生们学习能力，并在这一过程中反映结构化学学科的思想。课堂实施教学过程中还应积极引导学生们通过使用阅读、实验、观察等多种手段获取信息，使用类比、归纳与概括等方式实现信息的加工，最终达到真实激发学生们化学学习兴趣的目的。

三、设计理论依据

正如上述构建主义所推崇的知识不是通过教师直接传授所得到的，而是学习者在一定的情况下借助其他人的帮助，并利用必要的学习资料，通过意义构建的方式而获得的。这种意义构建的方式更强调了学习者的主观作用，同样构建主义倡导教师指导下的学生主体作用，也就是教师并不是优先于学生，教师仅仅是帮助学生们学习的一个推动者、促进者，学生是对知识接受和加工的主体，是整个过程开展的主动构建者，而不是仅通过外部刺激和被动接受而行成的知识获取者。

四、教学目标制订

1. 学习目标制订

（1）知识与技能目标

需要知道碱金属元素在周期表的位置，并能够掌握碱金属元素原子结构的相同点和不同点，并结合相关数据和实验来理解碱金属元素的性质和原子结构之间的关系。

（2）过程与方法目标

积极通过自主学习与合作探究的方式引导学生们能够从碱金属元素的原子结构出发，比较它们原子结构的相同点和不同点，并基于观测结果，合理的推测碱金属元素的化学性质，培养学生们养成类比思想，掌握结构决定性质，性质反映结构的原理。通过学生们自己设计实验，研究钠、钾等金属元素的强弱，能够培养学生们的发散思维，并通过对上述元素与水的实验现象观察分析，能培养学生们的实践探索能力和动手能力，推动学生们全面发展。

（3）情感态度与价值观目标

通过对碱金属的物理性质与化学性质的基本规律进行学习，能够让学生们掌握结构决定性质、性质反映结构的原理，并培养起学生量变引起质变的辩证唯物主义观点，能够让学生们的科学态度和化学精神都实现质的提升。

2. 教学重、难点确定

（1）教学重点：碱金属元素的性和原子结构之间的关系。

（2）教学难点：碱金属元素性质的相似性与递变性是原子结构的直接反映。

五、教学设计

环节一：创设情境、激励学习

[情境导入]通过使用多媒体课件来展示英国化学家戴维使用电解法来制备钾的故事：戴维通过使用电解法将实验后所得到的生成物导入到乘有清水的大玻璃杯中，只听见轰的一声发生了非常猛烈的燃烧和爆炸，而且戴维在这一事件中也丧失了一只眼睛。

[趣味激疑]钾和水发生了什么反应？为何产生猛烈的燃烧和爆炸？下面我们通过本节内容的学习来解开这些谜团。

[提示任务]展示本节课的学习任务：

1. 了解碱金属元素在元素周期表中的位置。

2. 结合有关数据和实验事实，理解碱金属元素的性质与原子结构的关系。

环节二：学科思想建构——合作探究、建构知识

[问题设置一]我们在必修1第三章学过金属钠，它有哪些化学性质？它给你留下的最深刻的印象是什么？

[设计意图] 复习旧知，为新知学习搭建类比平台。

[学生活动] 学生回忆、整理后在组内交流。

[问题设置二] 我们把 I A 族元素（除 H 外）称为碱金属元素。我们为什么要把它们编在一个族呢？它们的原子结构有何异同？

学生观察教材第 5 页碱金属的原子结构示意图，分析碱金属原子结构的异同点，独立思考后在组内交流。

[设计意图] 培养学生主动参与学习过程的意识，让学生自己观察碱金属原子结构示意图，比较异同点，为渗透结构决定性质的化学学科思想做准备。

[学生活动] 阅读并填写教材第 5 页"科学探究"相关内容，经独立思考后在小组内交流讨论，每组学生代表阐述观点，其他同学辨析、补充、完善，直至形成正确、完整的结论。

[释疑解惑] 元素的性质主要取决于原子的最外层电子数，最外层有 1~3 个电子，容易失去，显还原性，且最外层电子数目越少，越易失去电子；最外层有 5~7 个电子，容易得到电子，显氧化性，且最外层电子数目越多，越易得到电子；最外层有 4 个电子，一般既不容易失电子也不容易得电子。

[问题设置三] 从碱金属元素原子的结构能否推知其化学性质？其化学性质是否具有共性和差异性？

学生经独立思考后在小组内交流讨论，形成结论。

[释疑解惑] 由于元素化学性质与元素原子的最外层电子数密切相关，碱金属元素原子的最外层上都只有一个电子，因此它们应该具有相似的化学性质，由此可推知它们也应该像钠一样，在化学反应中倾向于失去一个电子，形成 +1 价的阳离子，易与氧气等非金属单质及水发生化学反应。

[实验演示 1] 分别取一小块钾、钠，擦干表面的煤油后，将二者同时放到同一个石棉网上加热，观察比较二者与氧气反应的现象。

[设计意图] 让学生直观感受钾、钠与氧气反应现象的异同，培养其实验观察、现象描述和对比分析的能力。

[活动探究] 以学习小组为单位对实验结果展开了对比和分析，并通过对钾、钠原子结构之间的相同点和不同点展开分析，让学生们独立思考，并形成最终结果。

[学生收获] 钠、钾两元素的最外层都只有一个电子，因此两者之间具有相同的化学性质。化学反应中都倾向于失去一个电子，并且都容易和氧气发生反应。但相较于钠，钾多了一个电子层，因此在与氧气发生反应时，其剧烈程度明显更强。

[实验演示 2] 分别取绿豆大小钾、钠两晶体，并吸干附着其上的煤油，投入放有水的两个烧杯中，仔细观察两者和水的反应情况。

[设计意图] 让学生能够非常直观地感受到钾、钠两元素与水的反应状况，并进一步培养其实验观察和现象对比的能力。

[活动探究]结合实验现象分析和讨论钠、钾两元素的具体化学性质存在的不同和相同点。

[设计意图]培养学生们对比分析的能力，并为类比思想和结构性质等化学学科思想做建构准备。

学生们在经过一致思考和交流讨论之后，最终形成了正确的结论。

六、教学反思

此类教学设计进行实践教学之后，对比此前的目标能够非常明显的感受到教师教学观念的变化，需要将学科思想的转变渗透在非常重要的位置上。然而学科思想的形成需要学生们能够主动运用化学思维去认识身边事物，并在不断学习和思考的过程中逐渐掌握和使用相对完善的学科思想去解决问题。单纯的知识教学只是让学生们逐渐掌握一些具体的事实，却无法形成属于自己的探索意识和思维能力。

1.成功之处

以往在进行碱金属的教学时，通常是以教师讲授为主，纵使课堂上演示了几个实验，学生总是被动接受知识，没有自己的思考，学生没有得到学科思想方法的熏陶，学习能力未能提升。但是在新教材中，元素及其化合物知识的设计理念是螺旋式上升的，因此在碱金属教学时，笔者充分考虑学生已有基础，创设有效学生活动，全面调动学生学习的积极性，充分发挥学生主动性，设计了环环相扣的"问题串"启发引导学生运用已经学习过的金属钠的相关知识为支架，通过观察碱金属元素原子的结构示意图类比预测碱金属元素的性质，然后由学生设计实验验证自己的预测，最后让学生根据实验现象和原子结构去分析碱金属元素性质的相似性和递变性，水到渠成地理清原子结构与性质之间的关系，最终形成结构决定性质的化学学科思想。学习过程中，学生的主体作用得到淋漓尽致的体现，学生学到了科学方法，其科学探究能力和解决问题的能力会潜移默化地得到培养，促进其化学课程的学习。整堂课是让学生在已有基础上发现问题、解决新问题，促进其学习能力不断上升，从而实现教学目标要求。

2.不足之处

本节教学实践发现，通过设置悬念，增强了学生的好奇心，激发了学生自主学习的兴趣；让学生自己探究规律并运用规律指导自己进一步学习新知识，能够加深学生的理解能力和自学能力。但也有不足之处，如：要照顾到全体学生学习进度，应该把问题设置得更贴近学生的已有知识基础上，在讨论时留出稍长的时间，让理解能力稍弱的学生在其他同学的启发带动下有自己的感悟，例题的呈现要及时，总结和思想方法的形成应由学生体验完成等，这些问题都是笔者再教时必须努力改进的地方。

第三节 化学平衡常数——平衡思想的应用

一、教学背景分析

1.内容分析

本节课选自人教版高中化学选修4第二章第三节"化学平衡",本课时内容主要包括:化学平衡常数的含义、根据化学平衡常数的计算式进行简单计算及化学反应进行方向的判断。

在近几年教材的修订改版中,人教版高中化学教材中再度引入了化学平衡常数,而且对知识内容的层次要求比较高,并成为课改后化学高考的新考点,这应引起广大教师在教学中的关注。

从过去三年的高考试题来看,高考对化学平衡常数的要求主要是初步认识其含义及影响因素,并能用化学平衡常数对反应是否处于平衡状态进行判断和对反应物的转化率进行定量计算。教科书列举了 $H_2(g)+I_2(g)\rightarrow 2HI(g)$ 反应中的相关数据,从定量的角度给以深化,希望学生能够从变化的数据中找出规律,即化学平衡常数,并学会描述化学平衡的建立过程,知道化学平衡常数的含义,能利用化学平衡常数计算反应物的转化率。

化学平衡常数的内容计划1课时完成。

2.学情分析

在必修阶段和选修阶段,学生对可逆反应、化学平衡已经有了初步认识,选修阶段充分利用学生的"最近发展区",从学生已有的平衡知识入手,导入化学平衡常数概念的建立,深化利用平衡常数判断可逆反应达到平衡的判断方法,这样逐步深入地认识知识,容易启发学生的思维。

3.教学策略

化学平衡常数的教学是在学习了化学平衡的基础上提出的新问题,教学中主要采取例题探究式教学、学生合作探究式教学以及结合多媒体辅助教学的策略。

4.技术准备

计算机、PPT课件、多媒体投影仪。

二、设计指导思想

本教学设计,一方面依据《课程标准》对化学平衡的要求:知道化学反应的可逆性及其限度,能描述化学平衡的建立过程,认识化学平衡移动规律;知道化学平衡常数和转化率的含义,能进行化学平衡常数和转化率的计算。另一方面依据了"化学反应原理"模块的功能定位,发展学生的"定量观""微粒观""动态观",引入化学平衡常数的学习,对学生判断化学平衡移动方向带来了科学的依据，从而明确了教学设计的核心目标，从定量的角度建立学生对化学反应限度的认识。

在此基础上，本设计又对化学平衡常数的功能与价值，以及学生认识发展的特点进行了分析，通过数据的分析与计算，使学生对化学平衡能够有一个更为深刻的认识，进而确定了"向数据寻求帮助，让数据支撑结论"的教学设计思路。

三、设计理论依据

建构主义学习理论：本教学设计是基于学生积极参与教师的教学建构知识体系基础上，学生在动手动脑的过程中，发现和提出有探究价值的化学问题，并敢于质疑，独立思考，合作交流，从而自己得出结论，并构建知识体系。

四、教学目标制订

1.学习目标制订

（1）知识与技能目标

知道化学平衡常数的含义；能利用化学平衡常数进行简单的计算；会用化学平衡常数判断反应进行的方向。

（2）过程与方法目标

在平衡常数的概念教学中，培养学生的思维能力；通过化学平衡常数的计算教学，培养学生的计算能力；通过让学生进行数据分析，培养学生进行分析、处理数据的能力，提高学生逻辑归纳能力。

（3）情感态度与价值观目标

以本节知识为载体使学生感到获取新知识、新方法的喜悦，激发学生学习化学的积极性；通过对实验数据的分析，培养学生严谨求实、积极实践的科学作风。

3.教学重、难点确定

（1）教学重点：化学平衡常数的定义、化学平衡常数的计算。

（2）教学难点：化学平衡常数的计算、判断反应进行的方向。

五、教学设计

1.教学框架设计

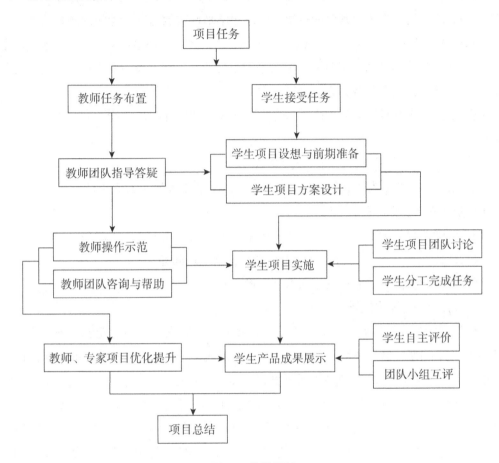

图 5-1 教学框架

2.教学环节设计

环节一：温故知新，激发求知欲

[温故知新]前面我们学习了化学平衡，化学平衡有什么特征呢？平衡移动原理（勒夏特列原理）的内容是什么？

[教师指导]为了寻找定量描述化学反应限度的方法，人们对许多化学平衡体系的数据进行了分析，终于发现：用化学平衡常数可以表征化学反应限度的相对大小。

[设计意图]复习引入新课，让学生明确学习目标，激发学生的求知欲望。

环节二：学科思想建构——合作探究、建构知识

[指导阅读]指导学生阅读教材第28~29页的内容。

[提示任务]

（1）分析表格中的数据，寻找其中的规律。

（2）对比观察第1、3、3组数据与第4、5、6组数据，从中可以得出什么结论？

[学生归纳] 人们对其他化学平衡体系的数据进行分析，发现了类似的关系，明确了平衡常数的含义。

[设计意图] 培养学生分析数据的能力、处理数据的能力、合作探究的能力、对比能力，让学生在交流和讨论中体会概念的构建，明确化学平衡常数这一概念的内涵。

[知识建构] 对于可逆反应：$mA（g）+nB（g）=pC（g）+qD（g）$，在一定温度下，当这个可逆反应达到平衡状态时，生成物平衡浓度的幂之积与反应物平衡浓度的幂之积的比值是一个常数，这个常数称为化学平衡常数，简称平衡常数。

[思维碰撞 1] 如何将文字表述式书写为数学表达式？此时反应物浓度、生成物浓度是多少？

[学生收获] 学会平衡常数的数学表达式。

[思维碰撞 2] 平衡浓度的单位是 $mol \cdot L^{-1}$，请问平衡常数 K 有无单位？

[初步认知] 平衡常数的单位。

因为浓度的单位为 $mol \cdot L^{-1}$，所以 K 的单位为 $（mol \cdot L^{-1}）^{D}$；$D_n=p+q-m-n$。

[设计意图] 培养学生分析推导能力，同时自己发现问题。

环节三：学科能力培养——深入探究、形成方法

[深入探究] 多媒体投影。

[设计意图] 培养学生的动手动脑能力和较强的问题意识，使之能够发现和提出有探究价值的化学问题，敢于质疑，独立思考，逐步形成善于与人分工和合作的团队精神。

[教师指导] 规范书写平衡常数关系式的规则。

[释疑解惑] 如果反应中有固体和纯液体参加，它们的浓度不应写在平衡关系式中，因为它们的浓度是固定不变的，化学平衡关系式中只包括气态物质和溶液中各溶质的浓度。

[寻找规律] 学生在教师指导下寻找规律：在稀溶液中进行的反应，如有水参加，水的浓度也不必写在平衡关系式中；非水溶液中的反应，如有水生成或有水参加反应，此时水的浓度不可视为常数，必须表示在平衡关系式中。

六、教学反思

1. 该部分知识的授课难点主要是如何把握教材的深度。本教学设计的宗旨是如何遵循循序渐进的教学原则，使学生较好地掌握该部分知识。对于有一定难度的知识的学习是通过合作学习和探究教学完成的。

2. 教学中充分调动学生的积极性，培养学生合作学习的能力，为后续学习打下坚实的基础。

3. 在教学中安排学生自主学习时，部分学生当作任务来完成，需要老师"盯着"；部分学生的学习有一定困难，跟不上进度，需要老师及时发现并给予指导，故如何提高学生课堂学习的积极性仍是教学中须继续研究的课题。

4.对于平衡常数的应用部分，还须在今后的教学中加强训练。

5.在教师充分认识学科思想建构的重要性后，以学科思想指导平衡常数的教学从教师的角度来看是较为容易接受的，但在具体的学科思想建构中需要考虑的因素很多，如学生已有的知识、教学情境的创设等。总而言之，不管什么样的方法，在教学中真正做到因材施教、循循善诱，才是好的教学方法。

第四节 电化学原理——程序化思想的应用

一、教学背景分析

1.内容分析

这节课选自高三第二轮总复习中关于"电化学"专题化学复习课，本节课主要分为两部分："构建原电池及电解池解题思维模型"和"用电化学解题思维模型解决新型电池问题"。

电化学是中学化学重要基本理论之一，既涉及电化学的理论知识，又与元素化合物知识、氧化还原反应知识等密切相关，在历年高考中占有重要的地位。在此之前，学生已经复习了电极反应式的书写规律，本节课在此基础上，针对学生已经掌握的电化学基础知识进行梳理，首先通过几个装置的判断，让学生回顾原电池和电解池装置的判断方法；其次通过对近几年高考典型试题分析，让学生进一步复习巩固原电池原理、电解原理及其应用，同时在教学中注重用程序化思想提高学生分析问题和解决实际问题的能力；最后安排"思考与交流"，明确解决此类问题的一般思路和方法——构建电化学解题思维模型。通过以上学习，让学生了解到在高考试题中考查电化学的方式方法，同时也领悟第二轮专题复习中核心化学思想——程序化思想在高考解题中的重要性，为下一步学生学习氧化还原反应、能量转换、元素化合物知识、电解质溶液、原电池和电解原理及有关计算等打下良好基础，对培养学生从实践到理论、又从理论到实践的认知规律的提高有很大的作用。

本节内容计划四课时完成。

第一课时：电极反应式的书写方法归纳。

第二课时：电化学解题思维模型构建。

第三课时：原电池与电解池的组合装置。

第四课时：电化学中的计算方法归纳。

本教学设计为第二课时一电化学解题思维模型构建。

2.学情分析

学生已经在必修和选修阶段学习了电化学的知识，有一定的知识基础，并且在高三第一轮复习当中，再一次系统地进行了复习，基础知识掌握情况良好，具有一定分析问题和解决问题的能力。第二轮复习主要是通过利用学生的发展性思维，从典型高考试题入手，引导学生构建解决电化学问题的思维模型，这样由"个体"到"整体"的深入认知方式，便于让学生领悟建构程序法思想的重要性和必要性，并在后期的复习中加以运用。

3. 教学策略

本节内容理论性强，概念较为抽象。为了能较好地引导学生回顾原电池原理、电解原理及其应用，并进一步理解原电池和电解池的解题思维模式，教学时设计了近几年在高考中出现的几个典型考题，通过"思考与交流"，达到程序化学科思想的建构，最终培养学生在形成概念后即能运用概念分析解决问题。

4. 技术准备

电教设备：计算机、PPT 课件、实物投影仪。

二、设计指导思想

本节教学主要围绕《课程标准》和《考试说明》进行教学设计：以电化学原理的考点及提高学生解决问题能力为着力点创设问题情境，通过考试说明解读、考情分析、高考试题导入，以教师精心设置的问题为主导，激发学生在主动参与、自主学习、小组讨论为主体的科学探究中构建电化学解题的思维模型，通过"一个"到"一类"的触类旁通方式，加深学生对电化学知识的理解，提高学生分析和解决问题的能力。

三、设计理论依据

建构主义学习理论：本教学设计基于学生独立思考、合作交流中发现和提出有价值的化学规律和解题方法，从而形成适合学生自身的规律，并构建知识体系，深入领会化学学科思想的内涵。

最近发展区理论：最近发展区理论认为，学生的发展有两种水平，一种是学生的现有水平，指独立活动时所能达到的解决问题的水平；另一种是学生可能的发展水平，也就是通过教学所获得的潜力。两者之间的差异就是最近发展区。教学应着眼于学生的最近发展区，为学生提供带有难度的内容，调动学生的积极性，发挥其潜能，超越其最近发展区而达到其困难发展到的水平，然后在此基础上进行下一个发展区的发展。

四、教学目标制订

1. 学习目标制订

（1）知识与技能目标

对高中电化学知识进行记忆、归纳、巩固；灵活掌握电化学试题的一般解法并构建电化学解题思维模型；形成电化学知识系统性、整体性认识的能力。

（2）过程与方法目标

引导学生构建原电池－电解池电化学解题思维模型，并用该模型解决新型电池问题。

（3）情感态度与价值观目标

通过本节知识的复习，培养学生接受、吸收、整合化学信息的能力；通过提取题干信息并进行分析，培养学生解决（解答）化学问题的能力。

2. 教学重难点确定

（1）教学重点：电化学解题思维模型构建。

（2）教学难点：用电化学解题思维模型解决新型电池问题。

五、教学设计

1. 教学框架设计

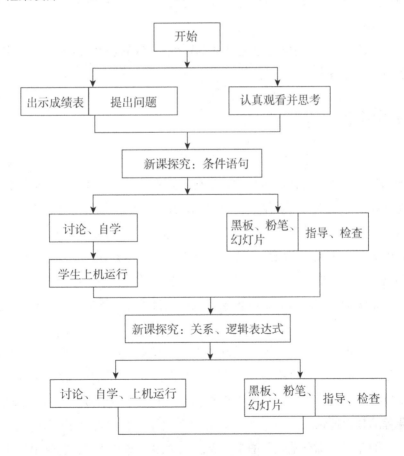

图 5-2 教学框架设计

2. 教学环节设计

环节一：《考试说明》展示及考情分析，激发求知欲

[情境导入] 展示近三年高考试题及近两次本校学生在教学测试中电化学部分的得分率。

[提示任务] 提出本节课复习目标——构建电化学解题思维模型。

[认知升华] 展示最新《考试说明》分析及考情分析：

（1）《考试说明》要求：了解原电池和电解池的工作原理，能写出电极反应和电池反应方程式；了解常见化学电源的种类及其工作原理。

（2）考情分析：电化学为每年高考必考内容。题型主要分为选择题和填空题。原电池一般结合能源与环保问题，以新型电池为依托；而电解池则一般以化工生产为依托，考查相关的基础知识。

[设计意图] 根据学生实际情况明确复习目标，激发学生的求知欲。

环节二：学科能力培养——深入探究、形成方法

[能力提升] 根据原电池及电解池解题思维模型构建电化学解题的思维模型。

[思维碰撞] 分析试题信息→确定电池类型及电极→分析电极反应→书写电极反应式→按试题要求解答试题。

[设计意图] 让学生透彻掌握电化学基本原理，准确判断电池类型，运用电化学解题思维模型进行程序化解题。

六、教学反思

该教学设计在经过教学实践后，有如下思考。

本节课的难点在于如何让学生将化学学科思想中的"程序化思想"运用到高考解题能力中，即能够建立电化学解题思维模型及熟练运用。在教学设计中严格把握由易到难、由浅入深的教学原则，力求做到：在教学设计中，努力创设问题的真实情境，采用问题驱动、练习等形式引导学生正确理解概念，并能辩证地从正反两方面来正确看待问题；教师成为学生学习的组织者、合作者、引导者和参与者。在教学过程中，通过学生独立完成和小组合作探究，化枯燥的知识复习为解题思维模式构建过程的生动展示，培养了学生分析解决问题的能力。

本节课采用数据分析引入新课，激发学生学习兴趣，整节课学生学习的积极性很高。课前布置的复习，同学们认真准备；课堂的"合作探究"，同学们踊跃参与。在课堂活动中，学生体验到了自主学习、合作学习和学习化学自我提高的乐趣，整体教学效果比较好，体现了新课程的教学理念。

由于学生的差异，部分基础差的学生无法完全跟上老师节奏，对于第一轮复习的知识点遗忘性较大，知识网络不完善，语言表述欠规范，学习效果不甚理想。另外，部分学生的交流意识不强，虽然学生进行小组讨论，仍然有一小部分学生充当了"听众"的角色，还没有从被动的学习中解放出来，变成主动的学习。

本节课的教学内容是高三第二轮复习的内容，课堂容量较大，学生在构建解题思维模型及知识的记忆方法后，由于时间关系，在教学设计中的"检测训练"环节过于仓促，所以未能在课堂上对学生学习能力的提升起到验证作用。

再教设计的思考：高考作为一种选拔，必然要强调能力，而能力就反映在创新意识和解决问题的能力上，所以，教学中要进一步创设情境，运用多种教学方式和手段，尊重和满足不同学生的需要，引导学生积极主动地学习，注重学生的个体差异和采用合理的教学手段，关注和尊重不同学生的发展需要，善于发现和挖掘学生的潜能，为他们提供发展和思维的平台，培养学生的创新意识，让课堂变得活起来，让每个学生都在思考，每个学生都在发现。这样的结果是课堂有了气氛，学习有了动力，能力有了提高，创新有了意识。对于设计中涉及的例题及习题的选择，不能与教材脱节，既要尊重资料，也不能过于依赖资料，要符合学生实际情况、高考考试说明的要求和学科思想的建构，做到取舍得当，补充恰当。总的说来，如何搞好高三化学第二轮课堂复习，讲究的是效果和提高，要达到这个目的，互动是非常重要的，教师既要研究《考试说明》和考点，还要时刻关注学生的思想动态，才能及时地引导和鼓励学生，形成一种学生自发学习的良好氛围，这样自然会收到较好的复习效果。

第五节 铁及其化合物——分类思想的应用

一、教学背景分析

1. 内容分析

本节课选自高三第二轮复习中元素及其化合物部分，以金属铁作为代表复习金属模块相关内容。"铁及其化合物"的知识重点有两部分：（1）"铁三角"为核心的铁及其化合物之间的转换关系。该部分试题多以实验探究或选择、填空题的形式出现，可能考查基本概念、基本理论以及实验操作等方面的知识。（2）Fe^{3+}、Fe^{2+}、$Fe(OH)_2$ 的氧化性或还原性。该部分试题往往以离子共存、离子方程式的正误判断形式出现，或以解题突破口形式出现，成为解题的关键。

经过第一轮复习和近期的习题训练，学生已经对铁及其化合物知识有了一定的认识和知识积累，本节重点在于"分类思想"对元素及其化合物知识的复习的指导性，所以教学设计分为两个层级。一是从元素组成角度理解物质转化，重点回顾从通性去认识铁的氧化物和氢氧化物的制备方法；从变价角度理解物质转化，可以通过探究 Fe^{2+} 和 Fe^{3+} 的相互转化途径，分析选择氧化剂和还原剂，书写相关氧化还原反应的离子方程式（第一课时）。二是以分类思想为指导原则组织学生自行归纳铁的重要化合物的相关性质和梳理其在化工生产和实际生活中的应用（第二课时）。这种复习方式也为其他元素及其化合物的性质及其转化知识的复习提供了方法基础。

本教学设计为第一课时内容。

2. 学情分析

高三的学生通过必修 1 "金属及其化合物"的学习了解了金属的通性，重点学习了代表性金属的特性；在已有氧化还原反应相关知识储备后，了解了从价态分析不同价态的铁元素既可以表现氧化性又可以表现还原性，深化了物质类别的性质。但这个时段的学生，经过第一轮复习的知识梳理，正处于难以发现自身问题、"听得懂，不会做"的困境，大部分学生自以为知识点都是清楚的，一味只攻综合性题目，不重视回归教材的复习，不重视基础知识（如化学用语）的梳理，眼高手低，难以在解题技能上有所突破。基于以上问题，笔者在第二轮复习中采用"明线"（学科某知识点）与"暗线"（学科思想和方法）相结合，明确考试说明要点，抓住学生问题，贯穿学科思想建构和方法培养的复习策略进行小专题整合，以期达到高效的复习目的。现以"铁及其化合物"为知识背景，进行分类思想的复习指导和离子方程式书写的相关问题梳理。

3. 教学策略

物质分类、氧化还原反应为学生提供了两个审视物质的角度——元素组成角度和常见的氧化剂、还原剂角度，也提供了两个转化物质的角度——不变价角度和变价角度。铁及其化合物可以从元素组成和化合价的角度进行交叉分类，也可以从这两个角度进行转化分析，所以本节课的基本策略是根据元素组成找到物质所属类别，复习物质的通性；根据核心元素的化合价，利用氧化还原反应原理巩固物质的氧化性和还原性，并进一步理解反应的本质。教学时设计了实验探究辅助理解性质复习的教学模式，结合学生实践体验学习模式，侧重通过实践体验自主建构知识体系，达到分类归纳、总结这一学科思想，最终让学生养成关于元素及其化合物的良好复习方法，并能运用分类方法解决问题的教学策略。

4. 技术准备

实验药品和仪器、计算机、PPT 课件、多媒体投影仪。

二、设计指导思想

高三化学复习课的目的在于有效地帮助学生构建知识网络、掌握知识内容、锻炼思维能力、领悟思想方法，并从中汲取丰富的"营养"，为其终身发展所需的科学素养奠定坚实的基础。在前不久贵阳市组织的"2015 高考备考及复习策略培训"中，北京专家谈到的"化学是以元素为核心的，任何割裂开元素及其化合物的理论复习都是没有意义的"给笔者很大启发，让本人领悟到在进行基本概念与理论、化学用语等的复习中如果没有实际的元素为支撑是没有办法进行设计教学的，在学习知识之后没有应用的思想为延伸也是没有生命力的，并且也没有把握高考命题的基本思想。所以后期的小专题设计，笔者都以知识为"落脚点"，以元素化合物为载体来设计课堂的主线索，例如本节内容就是选择生活中应用最广泛的金属材料铁及其化合物为知识背景，重点通过 Fe^{2+} 和 Fe^{3+} 的性质和相互转化为课堂的"明线"，复习相关氧化还原的知识和离子方程式的书写，据此形成从元素组成和物质价态来研究物质的两个视角，使知识系统化；用学科思想和方法为"暗线"提炼化学观点和学科精髓，使学生对化学学科本质、规律和价值进行再认识。元素单质及其化合物的教学几乎涉及所有的化学观念，既包含基本的元素观、微粒观、转化观，同样也包含了分类观、守恒观、平衡观等。本节内容选择"分类思想"为复习指导的方法，以期望学生能举一反三，达到高效复习的目的，并在此复习巩固过程中，帮助学生建构中学化学教学中化学物质分类的学科思想。

三、设计理论依据

建构主义学习理论认为，知识不是通过教师传授得到的，而是学习者在一定的情境下，借助其他人（包括教师和学习伙伴）的帮助，利用必要的学习资料，通过意义建构的方式而获得的。

四、教学目标制订

1. 学习目标制订

（1）知识与技能目标

①了解 $Fe(OH)_2$ 的制备。

②掌握 Fe^{2+} 和 Fe^{3+} 的检验方法、Fe^{2+} 和 Fe^{3+} 的相互转化、各价态铁元素的氧化性和还原性。

③能熟练书写重要的离子反应方程式。

（2）过程与方法目标

①通过 Fe^{2+} 和 Fe^{3+} 的相互转化过程，体会运用氧化还原反应的理论指导物质性质和转化的复习。

②掌握物质检验的方法由简单到复杂的顺序选择。从氧化剂、还原剂的选择过程体会多角度分析问题，并形成独立解决方案的思维方法。

③通过学习体会宏观的实验现象其实是微观粒子之间的相互作用的结果。

④根据实验结论联系现实，形成解决实际问题的思维。

（3）情感态度与价值观目标

①关注实际问题和社会热点问题，养成从生活中发现问题的意识。

②通过运用所学知识解决问题的过程，体会科学研究的严谨性。

③将看似杂乱无序的化学知识以适当的方法进行分类，构建新的知识体系，形成化学

基本观念中的"分类观"。

3.教学重难点确定

（1）教学重点：Fe^{2+} 和 Fe^{3+} 的检验方法，Fe^{2+} 和 Fe^{3+} 的相互转化途径。

（2）教学难点：Fe^{2+} 和 Fe^{3+} 的相互转化途径和相关离子方程式的书写。

五、教学设计

教学环节设计

环节一：创设情境，引出复习线索

[设疑激趣]市售脱氧剂比较常见的有还原剂铁，我们发现其生产日期越近的颜色越黑，生产日期较远的颜色偏红棕色。各位化学小专家们能不能设计实验证明其成分，判断某生产日期较远的脱氧剂被氧化的情况呢？

[提示任务]

（1）设计方案：验证铁元素被氧化后的化合价；

（2）选择药品，进行实验；

（3）讨论优化，选择最佳鉴定方案。

[引导思考]脱氧剂为偏红棕色固体，大家猜测可能是什么？

[情况预测]脱氧剂可能出现几种情况：被氧化为氧化亚铁、被氧化为氧化铁、被氧化为氧化亚铁和氧化铁。

[目的性追问]1.如何检验这些固体氧化物的成分？

[知识回顾]这些氧化物或单质都是固体，要通过将脱氧剂溶解于稀盐酸形成溶液得到相应的离子，才能进行相关检验。

[目的性追问]2.能与盐酸反应得到相应的离子，体现了脱氧剂的什么性质？

[知识回顾]碱性氧化物的通性。

[思维碰撞]请同学们整理在探究中可能出现的铁的化合物，在一张白纸上尽可能多地写出与铁元素相关的常见物质，并用物质分类思想来整理这些重要化合物。

[评价互动]由小组推荐代表展示交流，其他同学进行评价。

[实时点评]教师巡视课堂，将现场生成的优秀案例汇总展示。

环节二：学科能力培养——深入探究、形成方法

[问题设置]对于以上检验 Fe^{2+}、Fe^{3+} 的常用方法，如何分类整理记忆？

[活动与收获]学生思考，合作交流，归纳形成认知：类型一，复分解型、盐的通性，根据加碱后的特征反应现象判断；类型二，物质特性型，硫氰化钾和铁氰化钾；类型三，氧化还原型，利用 Fe^{2+} 的还原性和 Fe^{3+} 的氧化性。

[拓展延伸]当食品食用完后，脱氧剂是否成为一种不可回收的垃圾？请思考。

（1）如果可以回收，可采取什么方法？

（2）将废旧物质转化为有用的物质是一种回收利用的途径，大家知道氯化铁和氯化亚铁的用途吗？

[学生活动]独立思考、小组讨论、充分交流。

[得出结论]对于脱氧剂可以利用化学方法将其转化为其他物质进行回收再利用。

由于该物质可能是铁和其氧化物的混合物，所以可先将其溶解于盐酸，然后根据需要进行处理，可将其制成纯净的氯化铁或氯化亚铁。

[信息呈现]氯化铁的用途：刻蚀电路铜板，有机催化剂，收敛、止血剂，絮凝剂。氯化亚铁的用途：净化漂染、电镀废水，作还原剂和媒染剂。

[深入探究]用尽可能多的方法实现 Fe^{2+} 和 Fe^{3+} 的相互转化，写出化学方程式，是离子反应的写出离子方程式，并从分类思想的角度分析：实现转化加入的物质具有什么性质？

[学生活动]独立思考，完成相关化学用语的书写、讨论交流。

[答疑解惑]针对学生活动产生的问题和发现知识的增长点进行释疑解惑。

[知识建构]用分类法总结 Fe^{2+} 和 Fe^{3+} 的相互转化关系。

$Fe^{2+} \rightarrow Fe^{3+}$：加入氧化剂，如 O_2、Cl_2、$KMnO_4$、HNO_3 等；

$Fe^{3+} \rightarrow Fe^{2+}$：加入还原剂，如 Fe 粉、$I^-$、Cu 等。

[思维碰撞]从环境保护、经济、效率这几个角度进行讨论分析，小结氧化剂与还原剂的选用原则。

[形成方法]脱氧剂成分的探究帮助我们复习了铁元素的相关性质，从分类角度思考复习元素及其化合物的两大视角：元素观–化合价不变–组成元素划分类别–物质的通性；价态观–化合价升降–氧化、还原过程–物质的还原性和氧化性。

[设计意图]用分类法总结 Fe^{2+} 和 Fe^{3+} 的相互转化关系。在学生解决问题时，适时地为其提供所需知识支撑（新信息），为学生进行物质的回收提供思维的建构点，并最终使学生形成理解元素性质的两个维度：元素观和价态观，将分类的学科思想贯穿于元素及其化合物的复习。

六、课后反思

学生在整个中学阶段接触了不少铁的化合物，但大多数学生仍然把含铁物质当作独立的整体来认识，没有提出其中的"组成元素"，对这些物质的认识是肤浅的、零散的，没有形成认知的系统，所以造成性质记忆混乱、不准确等现象，并且也不能从一种物质的性质迁移到一类物质的性质。因此，学生要从两方面进行发展：一是要"转换视角"，将认识物质的视角从"物质本身"转变到组成元素，从对单一含铁物质的认识发展到以铁元素为核心的物质组的认识；二是要重点发展从核心元素化合价研究物质性质的视角，初步以元素为核心和价态变化这两个视角建立铁及其化合物的二维坐标，并将其迁移到其他元素化合物的复习中去。所以本课是基于规律的思想化、反应的多样化、思维的发散化、错误的典例化来进行设计的，学生参与度高。以往的复习课都是老师讲解（题目或知识），学生被动识记，效率低下，本节课通过方法的指导，将一些基本化学素养贯穿在复习课堂中，将复习面拓宽，使相关知识和训练得到了整合，提高了复习课堂的活力和效率。

但本节设计在时间分配上要做好调整，尤其是面对不同层次的学生，在例题选择上应该做更多准备，以适应不同学生的水平。也可以尝试先做后总结的模式，让学生先做相关内容的复习题，找出解答中存在的问题，再带着问题参与学习，发现自身知识与技能的缺陷，可能使复习效果更优化。另外，在合作学习阶段也要进一步思考如何充分调动所有学生的参与和积极性，在课题设计时要考虑怎么实现观察和调控，让每位学生都参与到预设的复习环节中来，这样才能使学生都能有所收获，实现整体的进步。

同时，要以融合了知识、方法、策略的问题为载体，把教学的重心落在问题的分析、探究、解决的过程上。本设计在这方面还有不足，仍须努力改进，让学生有更多的科学思维的过程，更多的体验、整合、内化的过程。

该案例在设计之初是希望学生通过分类思想的建构，加深对元素及其化合物知识的深度和广度的认知，深化学生对同种元素的不同物质间转换关系的理解，形成认知规律。教学实践中师生共同经历了分类思想的建构过程，感受到了分类思想在复习中起到的重要作用，在今后的教学中，教师只须引导进行知识梳理，让学生自觉形成"分类归纳"的学科能力。

第六节 芳香烃——类比思想及结构决定性质、性质反映结构思想的应用

一、教学背景分析

1.内容分析

这节课选自人教版教材高中化学选修5第二章第二节"芳香烃"，本节内容分为三部分：苯的结构和性质、苯的同系物的结构和性质及芳香烃的来源及应用。

苯的结构与性质，学生在化学必修2中学习过，但时间过了大半年，学生遗忘较多。因此，本节课先对苯的结构与性质进行复习，为学生学习苯的同系物建立类比支架，为渗透类比思想做铺垫。在此基础上，以探究性学习为主导、以小组讨论为主要形式来开展教学，意在帮助学生实现从分子结构的角度进一步认识有机物的性质，在学生已有知识经验的基础上探讨有机物分子结构与其性质之间的关系，使学生进一步认识物质结构与其性质之间的关系，培养学生利用有机物结构的知识解释其性质的能力，为后续学习卤代烃、醇、酚、醛和羧酸等知识打好基础。为了落实重点、突破难点，教学设计时，除充分发挥学生学习

的主动性外，还采用多媒体展示苯的结构及各反应方程式，让学生直观感受，记忆更加深刻。

本节内容计划用一课时完成。

2.学情分析

学生在高中化学必修2中已经学习了苯的结构和性质，能正确书写苯的分子式、结构式，了解苯的化学性质；经过一年半的高中化学学习，学生具有一定的假设、推理、设计实验验证假设等实践能力。以上这些知识储备都为学生完成本节课的学习任务打下了基础。

3.教学策略

本节内容与高中化学必修2中苯的内容联系紧密，结构决定性质、性质反映结构的化学学科思想较为突出。为了能较好地引导学生掌握苯及其同系物的结构特征和化学性质，理解并形成结构决定性质、性质反映结构的化学学科思想，教学设计时，教师尽量做学生认知的指导者，引导他们通过科学研究的方式来发现问题，想方设法解决自己发现的这些问题，从而培养学生的自主学习和探究能力。教学中要引导学生思考和探究，思考问题的思路和方法最关键，它对学生学习知识的效率产生直接影响。

本次设计采用先"从结构到性质学生观察、学生预测"、后"从性质到结构学生小结"的双向探究方式，让学生自己感悟"物质性质与结构"的基本对应关系，在有限的课堂教学时限达到学生自主探究、主动学习、建构知识体系、发展综合能力的总体教学目标，使学生形成"结构决定性质、性质反映结构"的化学思想；侧重通过实践体验自主建构知识体系，达到类比学科思想的建构，最终培养学生形成正确的思维方式，能够运用类比方法分析解决问题，为后续学习醇和酚的性质的差异性、分析二者性质差异的原因奠定基础。

4.技术准备

（1）电教设备：计算机、PPT课件、苯与溴的取代反应、苯与浓硝酸的取代反应的视频文件、多媒体投影仪。

（2）教学模型：苯分子结构模型。

（3）仪器药品

药品：苯、甲苯、酸性高锰酸钾溶液。

仪器：表面皿、试管、试管架、胶头滴管。

二、设计指导思想

化学教学的思想构建主要围绕"知识技能""过程方法""情感态度价值观"这三个维度，三者相互联系、相互影响，共同融合，通过实验探究的方式，了解苯及其同系物的物理、化学性质，并为其创设恰当的问题情景，引导学生主动参与苯相关知识的学习，引导学生通过小组或者集体讨论、深度探讨的方式，获取最终的结果，可以借助实验方式，通过类比的方法探究苯的物质性质。课程前，教师为学生制定好问题，可以作为引导人的身份，帮助学生提出问题，引发一系列相关的问题探讨，可以为学生准备视频、音频资料，安排学生自主思考后，进行小组讨论后，由实验探究得出结论，最后集体讨论给出结果，教师进行最终的总结和评价。教师应当安排学生亲身参与其中，通过形象、直观的方式进行科学探究，使化学教学活动贴近学生。如在苯及同系物结构与性质研究的课堂中，激发学生对苯及其同系物的探究欲望，让学生了解苯的物质结构和性质并用类比的方式研究其同系物。在这类化学活动中，学科思想的构建十分重要。教师应当培养学生在学会学科探究基本方法时，能够用主动积极的心态学习化学知识，提高科学探究的能力。教师应当帮助学生构建类比的思想，引导学生通过实验、观察等手段来获取知识，帮助学生学会归纳总结的信息处理方法。

三、设计理论依据

从发展区理论的角度来看，学生发展的水平一般有两种：一是学生当前学习阶段所拥有的学习水平，包括学生独立解决问题的能力和独立思考的能力等；二是学生未来将能达到的水平，一般是由教学过程获得的，是一种潜在的发展水平。这两种水平之间存在着差异，主要取决于学生的最近发展区。教学的重点就是从学生最近发展区的角度，为学生提供带有层级的学习任务，通过这种梯度的学习方式，使学生能够得到符合自身发展情况的教学目标，调动学生的学习积极性，激发学生的潜能，使其能够突破最近发展区，实现知识、技能水平的提升，并且以此为基础进一步激发学生的潜能，本节主要以"苯的性质与结构"这一化学课程为例，讲解如何建立符合学生最近发展区的教学体系。

四、教学目标制订

1. 学习目标的制订

（1）知识与技能目标

通过对苯知识的掌握，类比到苯的同系物。从苯的物理、化学性质及其结构出发，研究苯的同系物相对应的结构与性质，通过对比的方法，研究苯和苯的同系物之间的相似处与不同处；探索芳香烃的相关知识。

（2）过程与方法目标

建立类比的思想体系，通过观察、实验探究等方式，对物质的化学性质进行探究，培养学生建立起推理、类比、归纳总结的能力；通过类比苯及其同系物的各种结构、性质来建立起正确的、科学的思想方法。

（3）情感态度与价值观目标

培养学生的辩证唯物主义思想，对学生进行科学思想培育，使其能够掌握化学学科的思想方法。通过对苯及其同系物的性质研究来类比相似物质的性质，通过结构反应物质性质等，对比苯及其同系物的结构、性质的异同来举一反三，学会化学的学习方法。

3. 教学重难点确定

（1）教学的重点是对物质结构特点和化学性质的探索。根据化学反应所需的条件来设定实验方案，通过培养学生类比的思想，帮助学生建立起化学学科的思想。

（2）教学的难点在于研究苯的同系物的结构和化学性质。

五、教学设计

环节一：创设于当前学习内容相对应的情景，激励学生的学习兴趣

[情境导入] 通过多媒体展示的形式解释化学家们对第一次世界大战的预言。

[趣味激疑] 探究东南亚婆罗洲岛的石油成分与其他地区的差异；探究德国人利用甲苯和含苯材料制备材料。本节内容能够帮助你了解一下相关的知识。

[提示任务] 本节课主要任务为：

1. 学习苯的化学结构和化学性质。

2. 从苯的化学性质出发，了解其同系物化学结构和化学性质。

3. 利用对比、类比等方法，学习苯及其同系物之间的相同与不同，主要从分子的结构、性质、组成上入手，分析几者之间的差异。

4. 学习认识芳香烃，了解其构成和应用。

环节二：通过合作探究，进行学科知识思想的建构

[问题设置1] 探究苯分析的分子结构、分子内碳键之间的化学键，研究苯与溴、苯与浓硝酸之间的化学取代反应，以及与氢的加成反应等，研究其化学反应所必需的条件。

[设计意图] 温故而知新，为新知识做好铺垫。

[教师指导] 教师上课之前需要做到认真分析教学材料，为学生设置好课程中的问题。课堂上，教师需要引导学生进行自主的讨论、自主探索或者小组讨论等，进一步理解所学课程。

[投影展示] 利用投影展示相关的音频、视频等资料，使学生能够直观地获取学习资料，从有机物的分类可得，芳香族化合物是由一种天然的香树脂或香精油提取的化合物，该类物质具有一定的香味。然而，很多已知的芳香族化合物没有芳香气味。

因此，"芳香族化合物"这一名称已经不再适合当前物质的研究，只不过出于习惯一直沿用。

[问题设置2] 烃类物质的定义是怎样的？芳香烃又是一种怎样的烃？其化学结构和性质又是怎样的？有何共同性和异同性？

[教师指导] 教师指导学生通过提出问题的方式回忆起有关于烃的概念和结构特性，让学生独立思考之后，进行小组讨论，可以对学生进行适当的引导。

[投影展示] 播放苯分子的相关视频，介绍苯的模型和结构。

[设计意图] 使学生能够建立起对苯结构模型直观感受。

[思维碰撞 1] 由苯的分子组成来看，苯结构不饱和度较高，但它既不能使高锰酸钾溶液褪色又不能使四氯化碳溶液褪色，通过这一实验现象来看，苯分子的分子结构中含有碳碳双键或碳碳三键。

[指导阅读] 由教师指导学生阅读并了解和所学知识相关的文字或图片资料，使学生们加深对苯的认知，学生在进行讨论后，教师在进行分析获得结论。

[要点梳理] 苯分子内部不存在碳碳双键和碳碳三键，这种键结构与之前所了解的键不同，它既不属于碳碳双键也不属于碳碳三键，是一种介于两者之间的特殊键。

[问题设置 3] 烷烃－乙烷有哪些化学性质？其内部结构中的碳碳单键、碳氢单键具有哪些特性？碳碳双键的烯烃－乙烯其化学性质和化学结构又怎样理解：

[设计意图] 对已掌握的化学知识进行回顾与复习，通过"结构决定性质"来研究化学中的物质性质，通过"性质反应结构"来完成思想结构体系的建立。

首先安排学生进行独立的思考和提问，然后根据思考后的问题进行小组间的交流与讨论，小组间交换意见。教师可以采用多媒体演示的方式，帮助学生建立起对乙烷、乙烯等的分子结构的认知，进一步了解其化学性质。学生通过一系列的学习活动，能够更加了解碳碳单键的取代反应，碳碳双键是物质进行氧化、加聚、加成反应的结构基础。

[活动探究] 将学生划分为多个小组，进行分组讨论，苯分子内的碳碳键既不是单键也不是双键，而是一种介于两者之间的结构，其主要的表现即为取代反应提供了机构基础。这种键难以发生氧化反应和加成反应，探讨这与苯结构和性质之间的关联，发现事物的本质。

[初步认知] 根据课堂学生的反应和学生探究的结果，指导学生对有机物的结构、性质进行进一步的认知，围绕"结构决定性质，性质反应结构"这一主旨，展开化学课程教学。通过实验研究证明此观点的正确性。苯分子内部的碳碳键区别于单键和双键的化学性质，因此，苯这种物质中的碳键决定了它能够发生取代反应。

[思想建构] 培养学生对结构、性质之间关系的认知。

[思考与交流] 根据苯的化学性质设计实验方案，如苯与浓硝酸的反应实验、苯与溴的化学反应实验等。可以安排学生自主设计实验，然后以小组为单位进行化学实验的研究，包括各部分化学实验品、药剂、装置的作用等。

[观看视频] 通过观看化学实验的视频，了解化学实验的思想、步骤、操作方法和注意事项等，由教师带领学生分组讨论，最终进行总结。

[设计意图] 制备硝基苯和溴苯的实验有一定的难度，其重要性较高。教师为学生播放相关的视频资料，能让学生提前了解一些实验相关的注意事项和步骤等，提高学生设计实验的能力。

[深入探究] 引导学生利用结构和性质的关系迁移分析出苯的结构和性质的关系，指导学生探究甲苯的化学性质，并设计相关的实验。

[学生活动] 可以让学生根据所学的相关知识，先对甲苯的化学性质进行预测，让学

生结合已有的知识设计实验，利用实验验证自己的预测，组内进行合作与交流，选择适合的方案。

[实验演示]将少量甲苯滴到表面皿上，用火柴引燃。

学生观察现象并分析现象产生的原因。

[实验探究]苯的同系物的化学性质：[实验2-2]把苯、甲苯各2 mL分别注入2支试管，再各加入3滴$KMnO_4$酸性溶液，用力振荡，观察并记录溶液的颜色变化。

[思维碰撞2]以上实验反映了什么问题？可以用苯和其同系物的化学性质、结构特征的角度分析问题。

[设计意图]通过实验的过程，能让学生直观感受到甲苯的化学反应；通过对苯的同系物与苯的化学性质的比较，引导学生分析甲苯的结构性质并对其进行预测，再与其实际的化学性质相比较，加深学生的印象，加深对甲苯知识的记忆。通过该过程，学生能更加了解甲苯的相关性质，也可以为苯和其同系物的进一步研究打下基础。

[教师指导]由教师提出问题，引导学生通过对比、类比等方式，了解甲苯、甲烷等物质的分子结构和化学结构等，由于甲苯和甲烷具有相似的分子结构，甲苯将苯环中替换为氢原子即为甲烷，所以两种物质的化学性质具有相同点。探讨两种物质的异同，帮助学生进一步分析两种物质的分子构造，通过分析得出苯环对甲基的影响作用，进而引发酸性$KMnO_4$能够氧化甲基这一结论。

[类比延伸]通过类比可以发现，甲苯与苯的化学性质有相似之处，苯与浓硫酸、浓硝酸可以发生取代反应，甲苯也可以。该化学反应的条件为30℃，浓硫酸或者浓硝酸中的硝基取代苯环上的氢原子，发生取代反应。在一定条件下，甲苯也可以与浓硝酸或浓硫酸发生类似反应。

[揭开谜底]德国人当年就是利用富含甲苯的石油制备2，4，6-三硝基甲苯（TNT炸药）的，很快就发动了第一次世界大战。

[学生收获]

1.甲苯能够高锰酸钾发生氧化反应，但苯不能。

2.甲苯等的同系物可以发生与苯化学性质相似的反应，如浓硝酸、溴繁盛的取代反应，与氢气发生的加成反应等。

环节三：学科能力培养——深入探究、形成方法

[思维碰撞3]试分析苯与甲苯在结构和化学性质上的异同，从中你能得到什么启示？试从二者性质的相同点和不同点两个角度进行总结。

学生个人反思总结，小组讨论形成初步认知，最后小组代表反馈讨论结果。

[总结归纳]1.相同点：都可燃烧，都可与溴和浓硝酸发生取代反应，可与氢气发生加成反应；2.不同点：苯的取代产物一般都是一取代产物，甲苯的取代产物可以是一取代或三取代产物；苯的同系物可以使酸性$KMnO_4$溶液褪色，苯不可以。

[释疑解惑]苯的同系物中烷基的存在，使苯环上烷基碳的邻对位碳上的氢原子活化，

取代反应变得容易，取代产物可以是一取代或三取代产物；受苯环的影响，连在苯环上的烷基被活化，可以使酸性 $KMnO_4$ 溶液褪色（发生类似烯烃等不饱和烃的氧化反应）。

[形成方法] 芳香烃都含有苯环这一特殊结构，因此都能与溴和浓硝酸发生取代反应，与氢气发生加成反应；若苯环侧链上的第一个碳原子上连有氢原子，则该侧链可以被酸性 $KMnO_4$ 溶液氧化。

[释疑解惑] 有机物与同主元素的表现形式具有相似性，相同之处的结构特点导致性质具有相似性，而结构不同之处体现属性差异性。芳香烃内部结构都是由苯环所组成，因此都能够和浓硝酸、溴等物质产生取代反应，和氢气产生加成反应；也就是说如果苯的同系物侧链第一个 C 原子含有 H 原子，则就证明这个侧链能够被高锰酸钾所氧化，产生化学反应。这种极为常见的知识就是化学上所说的"结构决定性质、性质反应结构"。因此我们在学习化学的过程中，可以借鉴这种化学含义，进行延伸产生新的思维，提高我们学习新事物的能力。

环节四：归纳提升、学以致用

[尝试运用] 总结应用、拓展升华

[学生整理1] 引导学生了解和认知芳香烃的内涵和结构，以甲苯和苯为研究对象，指导学生采用类比的思想和化学思维，独立思考问题，通过研究苯的就够进而类比出芳香烃的结构，通过这种方法，拓展学生思维，培养化学技巧和能力，深入了解化学同系物的性质和结构。

[问题设置4] 运用类比思想和"结构决定性质、性质反映结构"的化学学科思想推断苯的同系物的化学性质还须注意的事项。

[教师指导] 苯的同系物能否被酸性 $KMnO_4$ 溶液氧化，实验表明与其侧链最靠近苯环的那个碳原子是否连有氢原子有关。苯的同系物的侧链最靠近苯环的那个碳原子若连有氢原子，就可以被酸性 $KMnO_4$ 溶液氧化。

[问题设置5] 芳香烃的来源有哪些？它们有何应用？

[指导阅读] 学生阅读教材第 39 页相关内容及资料卡片，梳理芳香烃的来源及其在工业、生产、生活中的应用。

六、教学反思

通过对上述化学课程的设计分析，我们可以得出以下结论：

关于化学物质结构和化学性质的实验教学活动过程，教师应当全面系统地分析学生的学情，对学生所处的学习阶段有一定的了解，在课程开始之前，对授课内容进行一定的设计，分析课堂活动的最终目标，要有整体把握的思想，根据课程内容制订教学计划，并依据情况不断地补充和更新。课堂教学时，先对学生已学习的知识进行一定的复习，既能让学生回顾掌握已有的知识，又能让他们更快地融入到课堂内容，为接下来的课堂教学做好铺垫，复习苯的结构与知识，通过类比的方式学习苯的同系物的结构与知识。通过建立类比这种知识学习体系，培养学生正确的学习方式。使学生对苯的结构有一定的清晰认知，再由苯过渡到甲苯，避免出现学习的断层情况，能让学生在熟悉的内容中，更加快速地进入状态，更快地学习新的知识点，更容易接受新内容。苯与苯的同系物之间在结构上存在差异，该差异决定了两者的性质有所不同，这一点可以让学生感觉到学习的新知识，不是一味的复习，而是由复习开始，逐渐接触新的知识点。通过以上几个例子可以看出，学习问题的思路是层层递进的，引导学生通过所学的知识并以此为基点，学习相关的新内容，能够调动学生学习的兴趣，使学生能够主动地、积极地学习，发挥学生在课堂中的主体作用。教师应当培养学生的类比思想，通过推移的方式将课堂设计的问题和要实现的目标，进行消化吸收。利用提问的方式，观察评判学生在课堂上的学习情况，了解学生的知识掌握情况。帮助学生建立系统的化学学科体系，使学生在知识和能力之间建立联系，提高学生解决问题和科学探究的能力，这是一种高效的学习方式。

但这种方式并非完美的，也存在一定的缺陷，这种教学方式没有全面考虑到不同学习能力的学生，起点不相同或者认识水平不同的学生，其作用差距较大。一节课的课堂容量有限，学习能力强的学生，出现"吃不饱"的现象。实际教学时，可以根据学生的实际学习水平进行适当的补充和拓展延伸，设置适合学生学习的难度，有一定的难度，就可以启发学生思考。学科的思想建设的培养方面，需要得到最大限度的重视。教师在设计和实践时，加强学生的动手能力，培养学生自主思考的能力，根据学生情况，有计划、有目的地渗透给学生，让学生都能有所收获。

第七节 资源综合利用环境保护——绿色化学思想的应用

一、教学背景分析

1.内容分析

本节课的教学是人教版必修2中的第四章节选内容，属于高中化学教材最后一个模块。本节主要讲述了化学发展与人类社会发展之间的关系，从环境保护和资源利用开发为出发点，突出化学未来可持续发展进程重点，属于将上文内容进行延伸和扩展。人类赖以生存和发展的能源材料，都是从地球资源中进行掠夺，并且绝大部分都属于不可再生能源，这对人类对地球长期发展来说都是需要面临的严峻问题。因此人类要想继续发展进步，要做到合理利用自然资源，高效使用资源，避免造成资源的浪费。同时对于环境的污染和破坏问题，需要格外关注，采取措施缓解生态环境压力，而这方面离不开化学的贡献，既能帮助资源开发利用提供相关技术，又能帮助降解垃圾，改善现有环境恶化问题。因此教材在安排内容时，让两节内容紧密联系，让学生深入理解化学对于环境优化的作用，建立可持续发展观念，从自我做起，为环境保护努力。在学习化学知识的基础上，深刻全面了解绿色化学。

这堂课由两部分课时组成，教授学生化学知识。

第一课时内容是关于合理利用资源的知识。

第二课时内容是如何利用绿色化学进行环境保护。

接下来讲述第二课时的主要内容。

2. 学情分析

本节课时内容是让学生在高一时进行学习，经过小学、初中时间段的学习和成长，到了高一时期，学生已经能够独立思考，掌握基础化学知识和理论，可以对化学实验做到独立完成，能够发散思维，对问题进行设计分析，进而操作实验，并且对实验结果进行归纳总结。本课内容将化学知识与现实相结合，旨在激发学生学习化学兴趣，养成爱好，能够自主探究事物发展的源头。本课时内容属于高中化学必修课内容中的重点，在结尾部分，能够帮助学生进行复习，总结整个学期知识汇总，并且对学生未来新的学习方向指导以及就业升学都能起到推动作用。

3. 教学策略

本课时教授内容站在保护环境和合理利用开发资源的角度，将人类社会发展与化学学科之间的关系阐明，与上课时的内容紧密相连，互相融合。本节课时教学的主要目的在于让学生充分了解化学学科的知识和内涵，因此教师在教授时不必过于深究和探讨，而是引导学生通过学习化学，自主参与到学习活动中，能够增强自身参与感和责任心，充分激发学习化学兴趣。

对于本节知识的开展，教师可以采取多种方式与展现形式，例如：图表、播放相关视频、进行小组讨论，教师可以带领学生对化工厂、石油厂、环保局等部门进行参观和学习，或者采用问卷调查方式，让学生外出搜集资料，对学校周边污染地进行源头调查和分析，让学生切身体会到化学的重要性和知识的作用，通过不同形式的学习，丰富自己。

根据化学知识内容的不同，应该结合各地区、不同学校的具体情况来进行安排，形成自己的教学特色。本课时内容也将采用分组教学和集体教学两种方式开展。

4. 技术准备

为课堂教学准备相关技术和设备，例如，多媒体投影、图表、视频资料、构建模型等。

二、设计指导思想

当前课程标准已经做了新的改革，对于教学的内容要求贴近生活和社会现实，进行化学知识传授与教学，应该将学生看作教学的主体，是课堂的主人，根据学生已经习得知识与经验，引导学生细心观察，发现生活中化学相关问题，进而独立思考，互相沟通小组讨论，找到解决问题的措施。当前我国的环境污染问题十分严重，环境保护是社会发展亟待解决的难题，而本节课就对此方面内容进行学习，让学生了解到环境保护与人类发展的关系。当前整个世界都处于人口剧增、经济飞速发展时期，人们为了利益，为了发展不断向自然索取、掠夺资源，对环境造成了不可逆的伤害，这对整个人类来说是极为不利的。因此要想实现人类社会可持续发展与自然和谐相处，必然要学会保护自然，彼此尊重，缓解自然生态压力。化学的未来发展目标也应该是可持续发展，应以绿色化学为主旨，保证环境不被破坏，才能让化学发展得更长久。

对于本课时主要分为两点：一是让学生自发主动进行调查研究，在整个过程中发现环境污染程度与保护环境重要性，对学生进行分组，让他们根据生活经验和日常所见，讨论分析都有哪些环境污染情况，找出环境污染破坏的源头、造成的损失以及如何改进；二是让学生根据已学内容和对环境了解经验，寻求解决办法时学到化学知识和内涵，树立绿色化学的中心思想。

三、设计理论依据

1.多元智能理论

所谓多元智理论是指，每个人的智力发展都存在差异性，具有多元化特征。因此教师进行教学、化学实验、研发项目时，应该多鼓励学生进行细心观察、与自然进行沟通计算、自我思维发散，并在课堂上踊跃发言、学会倾听，旨在帮助学生开发多元化智能，体现教育中的"以人为本"，为教育提供理论基础。

在新课程改革后对于化学教学任务提出的要求为：在教学内容中，将人类对物质变化的研究和摸索以及化学学科演变传授给学生，帮助学生根据自身所学知识与现实相结合，进而对化学技巧的理论和方法进行领悟，促进学生对化学与生活的关系进一步了解和认知，对当前人类关注的化学问题给予重视，培养学生对祖国的使命感和责任感，养成正确的决策能力，树立科学发展观，在日常实践与实验中锻炼学生创新能力。

2.建构主义学习理论

所谓建构主义理论就是认为，学习知识应该通过自身思维和理论，建立知识体系，在一定的复杂真实情境中，经过教师或其他人的辅导，利用相关学习素材，进而获得知识与能力。

四、教学目标制订

1.学习目标制订

（1）知识与技能目标

对于当今社会环境现状和问题做到了解熟知，学习保护环境的知识和技巧，树立良好的环境保护思想，采用绿色化学思维解决现实中的问题。

（2）过程与方法目标

授课之前，带领学生对课程内容进行调查和研究，搜集化学资料和内容，主动参与其中，自主通过收集资料、调查现象、沟通合作、实验探究的方式获得想要的知识与内容。课上进行小组讨论和交流，让学生可以多维度、多方面地考虑问题，解决问题。

（3）情感态度与价值观目标

开展环境教育的活动，让学生切身了解到环境保护的知识与内容，提升保护环境意识，增强自身责任感和使命感，充分感受化学与社会发展的关系。

2.教学重难点确定

（1）教学重点：旨在培养学生热爱环境、保护环境的决心和意识，感受化学应用于环境保护的价值和作用机制，深刻了解绿色化学的内涵。

（2）教学难点：对环境保护主人翁意识的形成和增强以及绿色化学思想内涵的理解。

五、教学设计

环节一：建设问题情境，帮助学生引入学习课题

[情境导入]播放事先准备的视频短片《地球，我们美丽的家园》《保护环境，停止污染》。

[科普知识普及]地球是我们最美丽和赖以生存的家园，有数以万计不同种类的物种，是我们每个人生存和发展都离不开的摇篮。但是现在我们的地球已经被严重污染，目前正在经历层出不穷的伤害，例如水环境污染、大气污染、温室效应、酸雨、土地沙漠化、垃圾污染，等等，我们的生存环境正在日益恶化，这对地球上各物种的生命延续和发展都极为不利，对于自然资源的再生和环境的可持续发展造成不可逆损失。因此我们每个人都应该从自身做起，共同爱护和保护我们家园，增强对祖国对地球的责任感和使命感，积极参与到保护环境、热爱地球的工作中。

[设计意图]通过播放相关环境视频，将环境污染现状以及造成的后果展现给学生，让学生更加直观地了解到环境污染和破坏的严重性，进而踊跃参与环境保护任务中。

环节二：对环境造成污染的原因和改进措施进行学习，建立自身绿色化学的系统

[提示任务]在我们每个人日常生活与周边环境中就存在各种各样的污染现象与实例，这一切对人类生产、生存与发展都将造成严重后果，因此对于环境污染如何定义？如何对其进行分类呢？这些是我们需要学习的知识。

[要点梳理]对环境污染问题进行阐述和分类。

环境污染按照分类不同可以分为三种：一是根据环境要素可分为，大气污染、土壤污染和水体污染；二是根据形成污染属性分为，生物污染、物理污染、能源污染等；三是根据人们生产活动方式可分为，城市环境污染、农业环境污染与工业环境污染。

[提示任务] 对环境污染的概念以及如何分类学习以后，将学生进行分组，自由讨论相关问题和内容。

[问题设置1] 了解大气污染源头、造成危害以及解决方案。

[思维碰撞] 独立思考大气污染问题，小组讨论沟通污染的形成原因、危害损失以及挽救措施。

[结论预设] 对结果进行预设，认为大气污染的源头来自各种能源的燃烧和使用、钢铁等金属的冶炼、汽车尾气排放以及工业生产造成材料的不充分燃烧产生的废气。

造成的危害则有以下几点：对人们身体造成损伤，衍生各种疾病；减缓动植物生长和发育；对建筑物造成损伤破坏；影响全球气候变化。

针对以上现象提出的解决措施为：改善传统资源使用架构，研究开发新型能源，例如太阳能、地热、风能等可再生资源，减少煤矿、石油等的开采和使用，促进资源重复利用和可持续发展；对产生废气进行回收，研发新技术重新利用，减少对大气的污染和破坏；植树造林，大力开展绿化事业，增加森林等植被的覆盖面积。

[知识拓展]"伦敦烟雾事件"。

[问题设置2] 水污染的来源、危害及治理。

[学生活动] 思考，讨论水体污染的来源、危害及治理，参照上述学习方式进行知识梳理。

[要点梳理] 水体污染的主要来源有以下几点：工业产生的废水、冶炼钢铁、生活废水、农药废物排放、降雨对大气污染物的冲刷，等等。

上述来源废水能够将水源成分发生改变，污染水体和生态环境，使得水体产生富营养化，影响民众用水安全和需求，对海边风景造成污染。

因此根据这种现象应该采取相关举措，对污水进行处理之后达到安全标准在排放，建立相关检测规定，对用水要求进行改革，不断研发新技术，促进工业更高效安全进行，对化学用品、农药等严格把控，合理使用。

[知识拓展]"日本水俣病事件"。

[问题设置3] 居室污染的来源、危害及防治措施。

[自主学习] 学会收集居室污染的来源、危害及防治措施的相关知识。

[结论预设]（1）来源：煤、石油、液化气、天然气等的燃烧，煎、炒、烘、烤等高温烹调加工中产生的烟雾，烟草的燃烧，电器发出的电磁波，地毯中的螨虫，建筑装潢材料产生的甲醛，放射性稀有气体，日用化学品，家宠等。

（2）危害：引起人体呼吸道、消化道等疾病，导致各种癌症、皮肤病、传染病，影响婴幼儿智力和发育等。

（3）防治措施：保持室内清洁通风，对电器辐射采取防护措施并保持距离，厨房要有通风换气设施，宠物要经常洗浴，女性朋友要慎用化妆品和日常化学用品，建议男士少抽烟或不抽烟。

[学习任务] 原子能化石燃料对环境的影响。

[信息给予]（此部分内容可采用多媒体投影进行展示）所谓核动力是指，利用铀-235的原子核，通过中子进行冲击裂变，进而将体内核能释放出来，通过加热水形成蒸汽，用来发电作为发电机的驱动力。核动力采用的燃料是核燃料，对比传统的石油和煤能源来说，具备不漏油的优点，对环境和空气不会造成污染和破坏。但是其致命缺点是存在放射性的污染。因此要想采用这种燃料，必须保证其反应后产生的放射性污染废物不能进入生态环境中，应该对其做到隔离存储。美国在20世纪后期，在对放射性废物进行存储时，存放在 $2400m^3$ 的容器中，产生辐射容易因内热而沸腾膨胀，因此需要采取措施进行冷却处理，这种办法虽然能保证放射性废物能够被隔离不进入环境，但依旧不是长久之计，并没有更加合理和完善的办法，一旦操作不甚容易造成严重后果。因此对于放射性废物的存储和处理，仍是当前很多化学家需要研究攻克的课题，即便有专家提出过相关建议，仍得不到实质性进展。当前对于放射性废物处理的统一意见是采用深部地层埋藏，利用玻璃将放射性废物进行固化，冷却几十年后于地下岩层保存。

对于放射性废物于深部岩层埋藏的具体办法按照以下步骤操作：在地下深层岩层处挖掘洞室，设立一个不锈钢容器用来装玻璃固化体，完成后将容器放在开挖洞室内，再其周边用膨润土进行填充形成密闭空间，避免放射性废物发生泄漏。

[设计意图] 在化学教学课堂上，可以多借用视频、图片等形式，利用多媒体进行投影教学，可以让学生直观生动地了解环境污染的成因、源头、危害以及解决措施，更能深刻体会环境污染问题迫在眉睫，需要提出更多的措施去解决，建立绿色化学的思想和体系。

环节三：领悟"原子经济"理念——体会绿色化学思想

[指导阅读] 了解什么是绿色化学，什么是原子经济。

[教师总结] 举例阐述绿色化学和原子经济。

[问题呈现] 投影由乙烯生产环氧乙烷的生产流程。

[思考与交流] 讨论用乙烯生产环氧乙烷的原子经济效率。

[释疑解惑] 原子利用率 =M（环氧乙烷）/[M（环氧乙烷）+M（$CaCl_2$）+M（H_2O）]×100%

[要点梳理] 原子经济：按照绿色化学的原则，最理想的"原子经济"就是将反应物的原子全部转化为期望的最终产物。这时原子的利用率为100%。

[设计意图] 从专业知识上提升学生对绿色化学的认识，培养学生节能、环保的思想。

环节四：归纳应用、思想升华

[德育培养] 环境保护是整个社会和人类需要共同努力和奋斗的事情，是每个公民都需要履行的责任和义务，因此社会对每个公民都提出要求，要求我们树立环境保护思想，包括土地、水源、森林、矿物质等自然资源合理利用和开发，能够高效使用自然资源避免资源浪费，尽最大努力改善我们现在的生态环境。保护环境是一个长期且漫长的事业，需要每个人都参与其中，共同贡献自己的一部分力量，只有全人类在这方面团结一心，才能取得成效。

尤其是我们青年一代，是承担历史发展和责任的成员，更应该从小做起，从点滴做起，增强自身保护环境的意识，树立科学发展观，提升对社会对自然的使命感和责任感，自觉主动地参与到保护环境的工作中。

假如每个人都能参与到保护环境的行动中，从点滴小事做起，世界将会有什么变化呢？产生怎样的结局呢？

之前有人曾经计算过，将世界上所有制造的纸张进行回收和重新开发利用，就能满足人们对于新纸张的大部分需求，这样做可以避免森林大规模造成破坏和砍伐，有助于环境保护和自然资源保存，防止水土流失和土地沙漠化。再者，日常中很多饮料都用易拉罐来存储，但是这需要制造大量的铝来保证易拉罐的生产，就对环境造成污染和破坏，耗费大量能源材料。可以鼓励宣传民众在日常生活中，节约用纸，少饮食易拉罐饮料，对易拉罐进行回收和利用，这都是日常中容易做到的小事。足可见，日常生活中点滴小事就可以保护环境，为缓解生态压力贡献自己力量，所以大家更应该从身边小事做起，共同保护环境。

六、教学反思

这一节内容的教学是将书本内容进行科普，如果进行讲述时采用传统的教学方式进行科普知识的教学，传统的教学方式一般是采用"一言堂"的方式进行，大部分时间就是教师在讲台上面讲述内容，学生只是被动地进行知识的接收，学生感受不到学习化学的乐趣，师生关系也是一味地处于告知与被告知的状态，学生对于学习感受到了乏味，无法带动所有精力进行学习，新型的教学模式是教师通过了解学生的特征并结合书本的内容进行教学方法的设计，为了将学生的主导作用进行体现而选择将教学方法以结合阅读—讨论探究—总结—整理汇总的方式进行设计。这种教学方式的运用能充分地将学生的分析、思维、总结、归纳、阅读的能力进行提高。

我们在课堂教育中，不应只关注学习知识与能力，还应重视思想道德对学生的影响，因此，这节课就充分地对学生思想道德的教育进行训练。学生通过在教学模式下的学习，学生学习到与环境保护相关的知识，并在学习环境保护知识的前提下增加自身对于化学绿色理念的理解，深入感受到在社会的发展方面化学一直起到至关重要的作用。学生也在学习绿色化学时激发自己对于环境呈主体作用的思想，更加激发学生对于环境保护的意识，对于环境保护的责任感油然而生。教学模式中常用的教学手法就是情境的创设，通常学生在情境创设时是处于情境创设→自主性探究→学生之间探讨研究→最终的评价的过程。这类教学方式的运用能让学生提前进行学习内容的复习，对于不明白的新知识也会激发学生自主查阅资料的积极性，学生学习的自主性、团队合作性以及课堂学习的积极性都得到了最大限度的提升。学生对于化学学习的兴趣也根据小组之内互相讨论、师生之间相互讨论方式运用得到激发。这样的既锻炼了学生的语言能力，又进一步提升了学生的环境的保护意识，从而增强了学生使命感、责任感。

在对待后续的化学教学时，将整合图表、实物等多媒体教学资源，运用在课堂的教学中，学生能根据多媒体教学手段的运用增加自己的知识量，也能够使学生对于化学的兴趣最大化，能在一定程度上提升学生在化学课堂上的参与感，从而确保每个学生都能够参与教学任务，使学生怀揣着对化学满满的热爱进行学习，能将课上所讲的信息更加深刻地引入脑海中。学生也将在本节课的内容学习完成之后，进行同伴之间评价与小组之间的评价，最后将由教师进行最终的总结性评价，学生进行评价的主要目的就是能够充分认识到自己对于知识点的掌握情况，能够更明确地明白自己在本节课收获了什么。评价方式也具有多样性，学生将会运用多种评价方式对学习成果进行详细的评价。

第八节 离子反应——实践出真知思想的应用

一、教学背景分析

1. 内容分析

离子反应这节课是高中化学人教版中的必修内容，离子反应这节课分为离子反应与发生反应的条件和在水溶液中酸、碱、盐的电离两部分。

化学一般是在初中阶段开始接触，初中化学中包含溶液的导电性相关内容，因此学生关于这方面的实验在初中时期就已经操作过。离子反应就是在溶液的导电性前提下进行实验，分别加热固体硝酸钾、氯化钠与氢氧化钠直至熔化和以溶液的状态时进行导电，以此实验将电解质的知识理念进行引导。氯化钠可以从微观的方向研究在水中的变化过程，在水中，氯化钠一般分为电离与溶解两方面，并且在学习电解质溶液时将三种酸（HCl、H_2SO_4、HNO_3）的方程式引出，从而将酸的定义在电离的方向得出。在本节课学习完成的最后进行讨论与评价，教师适当地对学生进行指点，使学生能够将盐与碱的含义从电离的方向进行概括。学生通过本节内容的学习明白离子之间产生的反应实际上是引起在溶液里电解质所导致的反应本质。进一步做好学习离子反应时的条件等知识。

关于非电解质与强弱电解质等相关知识本节并没有介绍，主要讲述在离子反应发生时的所需条件与概念。

离子反应这节课主要包含两个知识点，其一为在水溶液中酸、碱、盐的电离，其二为离子反应时所需的条件及离子反应的本质。计划在两个课时进行讲述。

课时一：酸、碱、盐在水溶液中的电离。

课时二：离子反应及其发生的条件。

教学内容设计为课时一：酸、碱、盐在水溶液中的电离。

2.学情分析

化学中的阴、阳离子符号以及酸、碱、盐的特质是初中时期化学内容，且能够全面理解与掌握，溶液的导电性学生已在初中时期做过实验，具有亲自实践的体会，物质导电最基础的本质曾在初中的物理知识中进行讲解，是将电荷进行定向移动的过程。学生可以根据扎实的知识储备顺利地进行本节课的学习。

3.教学策略

离子反应的内容具有较强的理论性，但是对于概念来说并不是那么简单易懂，是一种较为抽象的概念。学生在学习电解质这一内容时，抽象的概念学生并不容易理解，为了帮助学生能准确地明白电解质导电的根本原因以及概念，将教学模式根据本节内容进行调整，充分考虑本节内容的难点与重点，设计出用实验进行概念与实质探究的教学方式，教师应明确了解学生的学习习性从而进行教学模式的设计，教学设计更注重学生通过实践而将自己的知识体系进行构建，让学生养成一种只有通过实践才能够明确地了解学科的真实概念的模式，通过这一教学模式的运用，学生将会养成良好实践学习习惯。

4.技术准备

（1）电教设备：电脑、PPT课件、氧化钠在水中电离模拟动画视频文件、多媒体投影仪。

（2）仪器药品：按四人一组准备实验用品。

药品：氢氧化钙固体、硝酸钾固体、氯化钠固体、硫酸溶液、蔗糖固体、无水酒精、蒸馏水、火柴。

仪器：点滴板、药匙、胶头滴管、自制导电性检测仪、酒精灯、试管、试管夹、试管架。

二、设计指导思想

在电解质的学习当中，该内容具有较强的理论性，并且电解质的概念较为抽象，在学习这方面内容时，教师应当设计符合本内容的教学模式，教学模式的设计应将课程观的实践与理论结合，以概念教学为主要构建目的教学的方式进行教学的模式，教学模式中一般采用的教学手法是问题情境的创设，针对本章内容来说，问题情境的创设应紧扣电解质的概念与理论进行创设，从而将学生对于化学实验的好奇心与兴趣进行激发，使学生能够通过实验的实践充分了解电解质与非电解质之间的本质区别，知道为什么电解质导电而非电解质不导电的原因，为此只有使学生沉浸在化学实验的乐趣中，才能让学习效果事半功倍。教师在课堂上会引出与本节课相关的问题作为本节课学习的目标，其问题的设定是经过教师精心设计的，符合本节课的主要内容，能够带动学生积极自主的进行学习。在小组内进行深入研究与讨论，学生在追寻答案的过程中会产生新问题，这需要学生进一步提出问题，小组之间再进行讨论后，并解决问题之后进行自我评价与小组之间的评价，最后由教师进行最终的统一评价，使学生在相互讨论、相互交流、相互质疑中将学习的知识记忆更加深刻，并在学生自己亲自实践的实验当中更加清楚明白电解质溶液的导电性以及概念等。培养学生对待科学的探究兴趣，增强学生对于化学科学的探索欲望。引导学生明确养成自主探索科学知识的重要性，旨在帮助学生的思维能力、科学探索能力、学习能力都能够得到提高。

三、设计理论依据

1. 建构主义学习理论

对于知识获取的过程，每个人都有不同的理解，建构主义学习理论就一直以为知识的获得是学生在学习中遇到的人或事得到一定帮助，自身主动进行未知知识的查阅与学习，从而建构出学生本身的知识体系的过程。知识并不是通过教师单纯的对学生进行书本固有知识的告知途径获得。

2. 最近发展区理论

关于学生在未来的发展，发展区的理论认为分为两类：其一，学生自己独立解决事件问题时的水平，学生在遇到问题与困难时，自己将问题能否顺利解决的水平就是现有的学生水平；其二，每个学生都具有无穷的潜力，通过系统的教学与学习能够将学生自身的潜力发挥到多大，是学生有可能进行发展的水平，总而言之就是学生的潜力有多大。最近发展区的理论就是将现有水平与发展水平进行比较，之间存在的区别就是最近发展区的理念核心。关于最近发展区理论的研究应引起教学的注意，在教学中以学生的潜力发展为主要目标，根据最近发展区的理念制订出适合激发学生潜力的问题，问题的难度要符合学生的承受力，主要原因在于较难的问题学生无法解决就会打击学生的自信心，使学生产生挫败感。相反，简单的问题对于学生没有任何挑战力，则会让学生失去耐心，从而丧失对学习的兴趣，因此问题的设置是需要结合各方面的因素，难度适中的问题才能最大程度激发学生对于化学学习的兴趣，学生学习的兴趣、探索的欲望与学习的潜力，使学生能够产生质的飞跃，到达学生本身发展水平的最高程度。教师要努力激发学生的最大化潜力，然后让学生在目前潜力最大化的前提下进行下一步的锻炼和学习。

第九节 金属的化学性质——实践出真知思想的应用

一、教学背景分析

1. 内容分析

金属的化学性质是高中化学中的内容，分为金属与非金属的反应以及金属与酸和水的反应两部分内容。本次主要讲述金属与酸和水的反应这一部分。

本章的学习是在第一章与第二章的前提下进行元素化合物的具体介绍。在中学阶段我们就已经接触过元素化合物的学习，这是最基础的化学知识，在未来的生活中将会经常接触元素化合物。因此学生只有将元素化合物进行充分了解与认知，才能在未来的生活中明白元素化合物的应用价值。基础的知识会对以后的学习以及已学知识的巩固起到重要作用，学生在学习元素周期律、物质结构时将会运用到基础的元素化合物，扎实的基础知识在以后化学的学习中起到至关重要的作用，在此基础的前提下对于新知识的学习能更好地融会贯通。学生在学习化学期间也能因为对元素化合物的充分了解而掌握化学学习的方法，化学在以后的社会发展与生活中占据重要地位，学生通过化学的学习能更清楚明白了解化学的重要性，提高学生对于化学学习的兴趣。

金属的化学性质主要包含钠、铁与水的反应、金属与酸的反应等内容，学生通过本节内容的学习能够明确金属性质有怎样的规律，可以通过学习金属与酸和水的反应了解递变规律与金属的性质。

2.学情分析

关于金属的活动性能是初中阶段的学习知识，因此，学生在初中阶段就接触过金属的变化，对金属、酸和盐溶液有大致的了解。

氧化还原反应是在高中阶段进行学习，同时学习的还有离子反应等化学知识，学生通过化学知识的学习更加准确明白化学之间各种反应的本质；学生对于化学实验的操作方法是通过第一章的内容进行学习与巩固的，学生亲自实践过实验的操作，实践能力得到了锻炼和显著提升，化学对于学生来说一直是神秘的、五彩缤纷的。化学元素对学生有着较大的吸引力，学生通过化学实验的操作，对于化学科学的兴趣更加浓烈。学生只有在不断的学习中才能进一步地提升化学水平，本节课的学习与上一课有着相关联系，因此，上一课知识的学习为学生学习金属的化学物质起到重要的帮助作用，金属与非金属反应与金属的化学物质具有连贯性，因此，扎实的化学基础知识对以后化学知识的学习是至关重要的。

3.教学策略

在教学过程中，每位教师的教学方法与教学理念都存在差异，主张学习需要不断实践的课程观，认为在学习中学生才是学习的主人，是学习过程的主导者。"以人为本"是实践课程观的教学理念，知识体系的构建是在学生学习化学时不断的探索、讨论、交流与反思的过程中进行。本节课以实践课程观为主要教学理念，主张在对待学生学习化学时将学生分组进行实验的教学策略，确保每个学生都能够参与到实验的操作中，使学生能直观地观察水与钠的反应是如何进行的。教师应在学生进行实验的过程中进行全场的实时监控，对于学生在实验操作中的操作方法、实验过程的观察方法以及实验结果的记录方法进行观察并纠正与指正，学生可以根据实验的现场观察与实践将自身的观察能力、实践能力、思维能力、学习能力等进行培养与提升。

本节内容的学习中，重点与难点是水与钠的反应现象，教师应针对本节的难点进行指导，从而引领学生回想已学知识离子反应与氧化还原理论，并有效运用到钠与水反应中，进行深入研究与探讨，采用递进的方式攻克此难点，教师根据这一教学方式将钠与水反应本质直观地展现给学生。

可分三部分设计铁与水蒸气的反应原理，并根据模块化的方式进行实验的设计：其一，水蒸气的制取装置；其二，水蒸气与铁粉产生反应的装置；其三，将实验中产生的气体进行收集并且验证的装置。与此同时，提供相关的仪器信息与简图。将总任务进行分解，从而降低任务的难度，攻克难关，使学生能够根据自己所学知识任务完成。遇到难以解决的难题，学生自主进行课外资料的查阅与研究，从而将任务更好地完成，学生的实践能力也因为实验的操作得到明显提升。

教师应在学生完成实验并且得到结论之后，对学生进行引领，使学生能够将实验过程中的情况进行总结，并在同学之间交流，集思广益，从而明白自己在实践过程中的不足，加以提高，学生能够根据这一方式将自己的思维能力进行培养从而形成在实践过程中寻求真相的学习模式，具体为：猜想的提出—将实验进行验证—分析得出的理论—总结出实验的最终结果。

二、设计指导思想

本节课程主要介绍钠元素与铁元素的性质，通过钠、铁与水和酸酸性溶液之间反应实验来探究其科学本质，解决化学问题。中学化学教师在对本课程设计时，需要将实验内容放在首位，围绕实验展开教学，通过有趣的实验调动学生学习热情，活跃课堂氛围，同时增强学生参与性，让学生亲自动手完成实验，落实三维目标教学手段。化学教师可以根据实验情境，向学生提出相应问题，让学生在实践活动中寻找问题答案，通过自身努力和团队协作共同解决问题，使学生深刻体会科学探究魅力，提升学生科学精神和科学素养。还可以通过给学生划分学习小组和实验小组，增强学生之间沟通交流，让其明白团队合作重要性。实验小组在进行钠、铁与水或酸等液体实验室时，每位同学应分工明确，通过各种实验方法确保实验成功，在探寻科学真理的过程中获取知识。

三、设计理论依据

1.实践课程观理论

课程教学要结合可持续发展教育理念，以人为本就是可持续发展教育理念的核心。在实践课程设计时，要时刻以学生为课程设计中心，旨在通过实践活动提高学生思维活动能力，培养学生实验能力，树立正确价值观念，提升学生科学素养，让学生积极主动参与到化学学习中来，通过实践活动获取更多知识内容。

2.构建主义学习理论

课程教学设计还应遵循构建主义学习理论，改变传统教育教学观念，不再只通过教师讲授方式进行教学，要为学生创造良好学习环境，让学生在实践活动中通过自我探寻、与他人合作、查阅资料等方式主动获取知识。

四、教学目标制订

1. 学习目标制订

（1）知识与技能目标

使学生熟悉金属元素与酸性溶液的反应原理；了解钠、铁与水的反应原理；掌握钠元素与铁元素化学性质。

（2）过程与方法目标

化学授课教师通过课程讲解、提出问题、安排实验活动等方式使学生对钠、铁与水和酸反应有更进一步了解，学习实验步骤与实验方法。并通过实验活动掌握钠元素与铁元素化学性质，提升学生思维能力和动手能力。

（3）情感态度与价值观目标

通过讲解与实践活动相结合的方式让学生在获取化学知识同时，增强学生学习热情，真切体验科学探究过程艰辛，培养学生坚韧不拔、百折不挠、永不放弃的精神，使学生树立正确人生观和价值观。

2. 教学重难点确定

（1）教学重点：铁与水蒸气反应实验方法与技巧；钠与铁化学性质；钠与水实验反应原理和反应现象。

（2）教学难点：钠与水反应过程与反应原理；铁与水蒸气反应过程与实验方法。

五、教学设计

环节一：创设学习情境、调动学习积极性

[情境导入]授课教师可通过借助多媒体技术，与学生共同观看央视《走近科学》纪录片中关于《鬼打墙，水鬼的秘密》一期的内容。

[趣味激疑]观看节目后，教师可向学生们发起提问，世界上真的有"水鬼"存在吗？同学在生活中见过"水鬼"吗？通过本节课程学习来揭开"水鬼"的秘密。

[提示任务]本节课程学生主要任务如下：

1. 自主进行实验操作，总结纳、铁与水反应原理；

2. 自主进行实验操作，总结金属物质与酸性溶液反应的原理；

3. 通过对实验过程和实验结果总结，掌握金属元素的化学性质。

环节二：学科思想建构，学生合作探究真理、建构知识学习

[问题设置1]教师根据学生情况将学生分为若干实验小组，并布置任务，让学生通过

已准备好的物质和实验器材完成金属钠与水反应实验，观察反映现象，总结反应原理。

[设计意图]通过布置学生进行金属钠与水反应实验，可以提高学生学习热情，让学生积极参与到实验活动中来，掌握实验技巧与实验方法，提高学生动手能力。

[活动探究]学生在进行金属钠与水反应实验时，需要遵循实验规范，听从老师指导，同时注意以下事项：

1. 实验前需要用滤纸将金属钠表面煤油吸干；

2. 实验前要将金属钠切成绿豆大小；

3. 实验过程中不可用手直接触摸金属钠，须借助镊子来拿取。

[提示观察]学生在实验过程中需要注意观察以下现象：

1. 金属钠通过反应是否发生变形？

2. 金属钠在反应过程中是静止状态还是运动状态？

3. 金属钠在反应过程中是否发出声音？

4. 金属钠在实验中是否漂浮在水上？

5. 金属钠与水反应后，溶液颜色是否发生了变化？

学生通过自主完成实验，观察实验中各种现象，总结实验规律，在实验结束后须讲述实验过程中现象变化情况。

[结论预设]金属钠在与水反应过程中，起初漂浮在水面上，随后直接熔化并变为发光球形，在水面上不规则运动，并发出声响，直至消失在水溶液中，溶液颜色由无色变为红色。

[问题设置2]金属钠放置在水溶液中为什么在水面不规则运动？反应结束后水溶液为什么会变为红色？

[结论预设]金属钠与水反应生成了新的碱性物质，并有气体产生。

[问题设置3]金属钠与水反应所生成碱性物质是什么？产生了何种气体呢？

[设计意图]让学生对实验过程进行反思，培养学生独立思考能力。

[初步认知]金属钠与水反应所生成碱性物质为氢氧化钠，实验产生气体为氢气，其反应方程式为：

$$2Na+2H_2O = 2NaOH+H_2 \uparrow$$

[问题延伸]金属钠与水反应生成碱性物质为氢氧化钠？金属钠与水反应为何没有生成氧气？此反应是否为氧化还原反应？

[释疑解惑]在金属钠与水的反应中，水中有氢元素和氧元素两种元素，氧元素化合价无法降低，而氢元素化合价可以降低，钠元素在水中化合价会升高，因此水与金属钠反应不会有氧气产生，只能生成氢气。

[问题设置4]根据金属钠与水的反应，推测出其他金属物质与水或酸反应现象与原理。

[设计意图]在实验完成后，教师引导学生从离子反应角度去解答金属钠与水反应原理，

并根据其原理推测其他金属与酸反应原理。

[教师指导]化学教师通过多媒体技术让学生观看金属钠与水反应动画模拟过程,帮助学生分析解答问题。

[结论预设]金属钠与水反应过程中,水经过电离生成氢离子,金属钠在水中失去电子变为钠离子,氢离子得到电子变成氢气。

[问题设置5]根据实验所学内容总结其他金属与酸性溶液反应原理。

[设计意图]通过实验让学生了解金属与酸性溶液反应原理。

[结论预设]

1. 金属钠与水的反应原理是钠元素与水电离生成氢离子的过程。

2. 金属与酸性物质反应原理是金属与酸性溶液电离出氢离子的过程。

3. 金属元素表中活性越弱的金属元素与水反应越困难。

[要点梳理]使学生通过实验总结出金属与酸性溶液反应原理就是金属与酸性溶液电离出氢离子的反应。

环节三:培养学生科学探究能力和实验方法

[问题延伸]通过两个实验以及规律总结,请学生判断金属铁是否能与水产生反应,说明原因并通过实验证明。

[深入探究]化学教师组织学生进行铁与水蒸气反应分组实验,并告知学生实验注意事项和实验规范,让学生按照正确实验流程分组完成实验,并记录实验数据,观察实验现象和结果。

[设计意图]通过组织铁与水蒸气实验,提高学生实验动手能力,掌握实验技巧。

[教师指导]教师在学生进行实验室给予学生科学指导,让学生顺利完成实验:

1. 首先要设计收集水蒸气实验装置;

2. 指导学生设计可以让铁粉与水蒸气在高温下反应的实验装置;

3. 指导学生设计可以收集实验生成物质与气体的实验装置。

[思维碰撞]学生在指导下完成实验设计后,教师要对学生设计成果进行评价,并与学生讨论,提出合理建议。

六、教学反思

通过设计教学课程并完成教学后,需要做如下反思:

1. 成功之处

(1)本节课堂设计,给学生创设了良好的教学情境,以学生为中心,组织学生进行实验活动,提高学生学习热情,锻炼学生实验能力,增强学生学习兴趣。

本节课程化学教师先通过多媒体技术给学生播放央视《走近科学》栏目中与本节课程内容相关的节目片段《鬼打墙,水鬼的秘密》,讲述了骗子利用金属钠与水反应的现象行骗的故事。通过视频内容调动学生们学习热情，并将课本中化学知识与日常生活相结合，让学生了解化学与生活息息相关。与此同时，通过上述视频中骗子利用化学骗人的故事，还可以教导学生树立正确价值观念，提升学生科学素养。

（2）在金属钠、金属铁与水反应相关教学内容中，穿插氧化还原与离子反应理论等知识，使学生通过理论与实践相结合进行学习。

课程中教师先对金属钠与水反应进行教学，让学生自主完成金属钠与水反应实验，观察实验现象，总结实验原理，并在此基础上让学生了解反应中所运用到的离子反应理论与氧化还原理论，总结该理论的应用规律。通过总结理论应用规律，在进一步去了解铁与水蒸气反应原理，从而达到通过实践探求理论知识，由理论知识指导实践的科学研究过程。

2.再教思考

（1）在学习本节课程内容之前，学生已经在之前学习中接触过离子反应理论和氧化还原理论，对两种理论内容有所了解，但对两种理论的具体应用还知之甚少。两种理论内容较为复杂，在学生对其进行学习时，化学教师要采用理论与实践相结合的方式，让学生通过实践去主动探寻结果，将实验结果总结为理论知识，在通过教师引导，将理论应用于实验活动中，提高学生总结能力。

（2）在学生去做金属铁与水蒸气反应实验时，教师要给予学生一定信息，让学生在遵循实验规则前提下，自主完成实验过程，并观察实验现象，总结实验规律，提高学生独立实验能力，让学生在实验中获取知识。

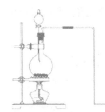

第六章 化学课堂教学技能

第一节 优秀课堂——课堂教学建议

在中学化学教学阶段，化学教师要创办优秀课堂，制定科学的教学计划和教学设计，通过创设学习情境、组织实践活动等方式，充分调动学生积极性，活跃课堂氛围，增强学生化学兴趣，提高学生学习效率。同时，在教学过程中要树立学生正确的价值观念，培养学生科学精神，提升科学素养和综合素质，让学生得以全面健康发展。

1. 提高教师自身素质

中学阶段化学是提高学生化学学习热情的重要时期，在我国教育教学体制改革中，化学教学改革是其重要组成部分，这也就对中学化学教师提出了更高的要求。化学教师首先需要具备较强专业知识，对中学课程中化学内容有深刻理解，同时还须具备组织能力和实验能力，组织学生进行实践活动，保持与学生沟通交流，活跃课堂氛围，提高学生学习热情。

2. 正确理解素质教育

素质教育是现代教育体制改革中的核心观点，如何将中学化学教育与素质教育有效结合是现阶段中学化学教师所面临的主要问题。中学化学所学内容均为基础化学知识，且不可避免地要为应对考试而学习，因此在中学化学教学中还是要以提高学生学习效率、获取更多化学知识为主。在此基础上，教师可以通过组织实验等方式来改变传统教学模式，在使学生获取知识的同时，锻炼学生思维能力和动手能力，让学生在学习之余可以放松身心，增强与同学之间交流，提高学生综合素养。

3. 培养兴趣、激发求知欲

中学化学是化学学科入门阶段，这一阶段教学旨在培养学生对化学的学习兴趣，让学生打开化学世界大门，走进化学世界中，正确认知化学世界，并去探寻化学世界奥秘。学习兴趣是学生主动学习的动力，提高学生学习兴趣的方法有主要有以下两点：

（1）通过组织实践活动来提升学生学习热情。例如，在讲解氢氧化钠溶液与酚酞溶液和盐酸溶液反应内容时，教师可以组织学生进行分组实验，让学生通过自主实验来观察实验现象，在此实验过程中，溶液颜色会随着加入其他试剂而出现颜色变化，颜色变化会吸引学生注意力，使学生产生好奇心，通过与同学和老师交流而解决心中疑虑，调动学生学习主动性。

（2）化学教师可以通过设计相关情境来提高学生学习兴趣。例如，在讲解白磷的化学性质时，教师可以给学生设计一下情境："在某地有一服装厂，在某天凌晨突然发生大火，厂内员工发现后及时进行扑救，最终大火被扑灭，没有造成人员伤亡，但部分服装原料被烧毁。厂长决定开始调查着火原因，仓库大门和窗户均没有被破坏痕迹，监控发现着火之前时间段内也无人去过仓管库，只在火灾现场发现含有白磷的纸盒。"通过设计上述情境，将学生带到破案故事中，让学生通过实验去破解服装厂着火原因，并最终得出白磷自燃的原因。将知识融入与情境中，可以开发学生思维，提高学生积极性，提升学习效率。

4. 化学教学如何着眼于素质教育

在素质教育视野下进行化学教学，首先应该做到的是对实验的重视和关注。就像我国著名化学家戴安邦曾经提到过，对于化学的教学仅仅只是知识传递和技能传输并不够，需要在此基础上，注重锻炼学生化学思维，培养独立思考能力，利用科学的态度和方法去创新，形成良好的科学精神。在化学实验教学中，应该突出学生主体位置，教师只是从旁辅助角色，帮助学生答疑解惑，指明方向。让学生独立自主参与实验，在实验中找到解决化学问题的办法，发散思维，促进智力发育，可以说化学实验是化学教育必不可少的一部分，且具有显著成效。因此即便现在升学考试中没有化学实验这项内容，我们也不应该对其过分忽视。化学实验可以帮助学生直观、深入巩固课上知识与技能，在其参与操作中获取化学知识，更能加深记忆。通过化学实验还可以提高学生的观察能力、动手能力和创新能力。

不仅如此，对于课外活动也应该给予足够重视，组织课余活动可以积极体现素质教育的内涵，在化学教学中，我们应该积极创新、开设新颖课外活动，让学生主动积极参与其中充分感受化学课程的乐趣。课外活动的类型和方式有很多种，比如表演化学魔术、做化学实验、化学板报、化学手抄报、化学社会调查、调查问卷、工厂及环保部门参观活动，等等。通过组织学生到化工厂等地方进行参观，可以让学生更加直观地了解到化学的应用，让学生将知识与现实结合起来，更易了解化学，加深学习记忆，同时能感受到广大劳动人们的创新和努力，让学生充分感受基层民众对工作的努力和对社会财富的贡献。这比单纯在课本上讲述化学知识更能获得成效，让学生对化学的认知和了解更进一步，培养学生对化学学科的热爱和兴趣。

除此以外，还应该关注学生对化学的练习和学习方法的引导。大家都知道学生培养自主学习能力十分重要，为以后学习、发展都能打下良好基础，但是应该采用何种方式进行培养？本人认为需要重点关注两点：一是引导学生阅读；二是引导学生练习。

第二节 方法课堂——课堂教学方法

一、生活化教学

教学活动开展的过程中，教师不仅仅要将课堂学习到的知识和能力传递给学生，同时也要积极引导学生们从日常生活和经验中对所学的知识和能力进行论证，在理解的基础上形成自己的知识和能力，要求在学习过程中加深有关于知识和社会、生活、科技、发展之间的联系。教学内容组织上，教师要充分利用教材所提供的相关生活知识和资料并对发生在学生们身边的非常熟悉的事情进行剖析，将其作为教学活动开展的一个案例，让学生们能够从已有的经验出发，大大提升学生们的学习兴趣，并进一步培养学生们的科学素养。

（一）生活化教学的背景

1.当前高中化学教学现状

结合现有的教学情况可知，很多教育者在展开化学教学活动时，都过分地追求学习成绩对于学生们的影响，单纯地认为所有教学活动开展的目的是为了让学生们学习成绩能够进一步提升，能够让学生们考上理想的大学，然而忽视了化学这门应用学科对于学生们实际操作能力和与社会沟通的重要性。可以说部分教育工作者在化学教学活动开展的过程中，没有真正认识到这门学科对于学生们的意义和影响，而在学习化学的初始阶段，就抱着这种过分的功利性态度，必然会导致学生们错失学习化学的、充满兴趣的最好时期。

同时化学作为一门自然科学，与人类的生产活动和生活有着非常紧密的联系，可以说化学是一门非常灵活并且实用的学科。而在现有的教学过程中过分地重视学生们的化学成绩，仅仅是将化学这门学科作为一门高考科目而展开教学活动，教师和学生尤其注重化学基础知识体系的学习，并在教学活动开展的过程中将学习的重点放在高考或者平时考试所注重的内容上，以至于化学这门学科在实际应用中的重要作用和与现实的联系很少在教学活动开展的过程中被提及，这对于学生们来讲无法与自身的实际生活状况联系在一起，无法与某一学科产生共鸣，必然会存在被动接受和消极的态度。这种教学方式不仅扼杀了学生们对于化学这门学科的兴趣，更阻止了学生们对于未知和对于好奇心的追求。这种培养方式虽然能够让学生们在考试场上赢得成功，然而所培养出的学生大部分都不具备探索精神和创新精神，无法使其潜力和个性得以充分发挥，尤其随着时间的推移，这种兴趣和探索精神将会逐渐被磨灭。回归生活世界是当今世界各国对于基础教育改革的重要探索方向，而这一方向的提出正是基于传统教育过程中所产生的弊端。

2.生活化教学的历史渊源

教育活动的开展自其诞生之日，便是源于生活和服务生活，并且教学活动始终是一种围绕着人的活动，并随着人类社会的发展变革而产生起伏的一种行为。因此将生活和教育联系在一起，并在实际生活中实现教育自身发展，最终达到促进人类文明进步是教学活动追求的目标。然而随着社会的不断发展，尤其是受现有的考试机制影响，教学活动的功利性逐渐增强，逐渐与社会分离，片面基础知识的追求和理论的学习，必将导致教学活动最终与社会脱节。

（1）教育在生活中产生

原始人类的社会化进程当中，教育会随着社会生产力和社会生活的不断进步而逐渐提升。但是这一时期的教育并没有完全与生活和实践脱离出来，形成一种只属于自己的相对独立的教育形态，因为这一时期的教育是为了生活而展开的，并且以生活为素材展开教育活动，这也从侧面证明了教育活动和生活实践活动是不可分割的。

（2）教育与生活的脱离

农业社会中，随着生产能力的不断进步，人们逐渐掌握了利用自然和战胜自然的技术，并在不断的实践过程中加深了这一认知并获得了了解和认识世界的能力，因此在这样的背景下，独立的教育意识形态逐渐兴起并成形，并且随着社会文明的不断进步，教育逐渐脱离了原始的实践活动，不再完全成为生活和实践的附庸，而是一门独立的学科被分化出来，并由专业的教师和专门的场地展开教学活动，但也正是因这一现象的产生教育活动与实践逐渐产生了背道而驰的倾向。

而19世纪以来，工业革命和资本主义实现了飞速发展，并在这一时期科学技术也得到了极大的进步，和之前的社会生活相比较，这一时期的知识和技能都实现了大幅度的提升，并且以人类生活的各个角度为例，这些分门别类的角度都可以单独拿来作为一门课程而展开专业性的研究和独立性的学习，并且人们在这一学习过程中，逐渐掌握了更加清晰的认识世界和认识规律的能力。当然在这一过程中所表现出来的弊端越来越明显，那就是学校生活和社会生活之间的脱节变得逐渐严重。以自然科学认识论为基础的教学论认为教学活动开展的目的仅仅是为了让学生们的智力和能力得到提升，从而更方便与学生们找到自己未来发展的方向并投入到社会当中，成为对社会、对自己有用的人，因此这一过程仅仅是对学生未来生活会产生影响，并不对现在学生生活产生影响。因此这一时期的教育工作者认为学生不必过分地去感受与体验生活，认为教育的价值在于对知识的掌握能力，但是忽视了书本上的知识与现实的联系。

（3）教育回归生活

20世纪以来，随着科技的迅速发展，现代人们的生活方式和生产方式都发生了非常深远的变化，并且这些变化对于现代教育也提出了更高的要求，仅依靠传统的认知行为已经不满足时代发展的具体需求，因此教育活动不得不更加联系实际，并走入生活。在这一时期涌现出一批反对传统教育的新教育学家，例如杜威、罗素、陶行知等。这些教育学家都主张遵循学生们个性发展让学生能够在活动的过程中展现自己的个性和能力。并且他们认为，教育的来源是生活，同样教育也是人们生活的必需品，教育和生活本身就是不可分割的，将教育落实在生活上又重新得到了各国的重视。

3.新课改的教育理念

（1）新课改

教育其实也是一种生活，并且该种生活方式的主体是人。教育生活化的发展方向是现代教育界非常认可并且受到欧美等国家广泛关注的一种新的教学理念，并且该种教学理念也受到了广泛的心理学家和教育学家的研究，逐渐成为一个热点问题。瑞士著名心理学家Jean Piaget 指出，教育最重要的目标不是重复前人的做法，而是培养具有革新能力的人。现代教育提倡"以人为本"，重视对人主体性的关心和对人的生命价值的尊重。学生是学习者的角色，也是生活参与者，教育也是他们生活的世界。回归生活世界是现代教育最显著的特征和根本任务，回归生活的化学教育可以体现教学的最终意义。教育的艺术不在于传授能力，而在于激励、觉醒、启发。

新课程改革最为提倡的理念之一，就是让学生们能够回归到现实世界当中，让理论知识的学习和实际生活结合在一起。对于化学这一课程来讲，新课改要求学生们主动走进化学、学习化学，并结合化学知识来运用到自己的生活当中，使知识能够密切联系实际，在丰富多样的生活中寻找化学和应用化学，从而激发出学生们有关于学习化学的兴趣，充分调动学生们学习化学的积极性，并努力培养自身的责任感，从而让新课改所提倡的生活化理念，能够实际应用在化学这门课程的学习过程当中。

在新课程改革中，高中化学教材的选择一方面要重视基础性，同时也要兼顾时代性和选择性，这必然要求化学教材的选择能够与实际生活相联系，并对当代社会的特色和现代科技的特点进行有效的呼应，能够让化学知识和学生们的生活息息相关。化学课程的总目标是全面提升学生们的科学素养，并构建起与之相匹配的化学课程教学体系和课程展开模式，使化学知识的学习能够贴近生活、贴近社会，因此化学知识强调的是让学生们从自身实际生活的角度出发，以贴近生活和贴近社会的思想基调做指导，更加强调了学生们以已有生活经验为基础，将这些基础应用在化学学习当中并在教师和同学的帮助下主动探究和学习相关化学知识，了解这部分化学内容对于自身生活的影响，从而进一步体验到科技和社会进步对于自身发展的红利。通过主动探究这一过程，不仅满足了学生们对于未知因素的探索心理、能够满足学生们的好奇心和求知欲，同时也可以在这一过程中学习到很多与自己生活和发展息息相关的知识，能够充分地了解各个物质的属性和具体用途，从而帮助学生们真正地认识化学和应用化学，形成科学发展观以及对于自然科学的正确态度和理解。

（2）化学教育的现实价值

①提高学生的科学素养

教育是社会生活的一部分，并且发生在实际生活当中，新课改背景下的化学教育，更加注重了化学知识和理论现实的联系性，体现在学生学习化学的过程当中，表现为学生能够将书本中的知识与自身发展和周边的环境生活结合在一起，能够更有效地理解书本中的知识，将抽象的知识应用到实际生活当中，并赋予知识以鲜活的生命，给教育活动提供了充分的现实意义。教学活动的开展并不仅仅是学生们对于某些未知的理论概念的认知过程，同样也是对于未知因素的了解和探索过程，更是对先进生产力的把握和知识与实际的联系过程。

化学教学在开展的过程中更加关注学生对于自身经验兴趣以及爱好的发展需求，能够让传统教学背景下枯燥无味的教学内容得以更加灵活地体现，能够通过学生对现实生活的理解和观察更加深刻地了解和体会科学的实际应用价值。这样做不仅充分发挥了学生的特长和想象能力，还可以让学生在自身发展的过程中实现理论知识和现实能力的结合，并在学习主体也就是学生的身上得以充分体现。整个过程不仅重视了学生对于基础化学概念的学习和对化学理论知识体系的认知，同样也在化学学习过程中有意识地体现了现代科学思想和科学价值观。

化学学习不但要求学生能够将社会经验和课本上的知识进行紧密的联系，更要求学生能够使用这部分知识将其应用到实际生活当中，并为自己的生活带来更多的便利。作为一门自然学科，化学自身的优势在于真实背景下的化学学习能够有利于化学教学更好地走进学生生活和走进社会，让学生们真正体验到了从生活走进化学，从化学走向社会的这一过程，能够让学生们认识并应用化学知识，增强社会责任感。

②促进教育工作者的专业进步

新课改和传统教学观念有着非常明显的不同，然而新课改的理念即使再科学，如果脱离了教学过程和教学实践活动也将会是纸上谈兵。因此，教育工作者只有将课堂学习和现实生活紧密联系在一起，并将所学习到的知识深刻带入到实际生活当中，才能够更好地体现新课改的教育精神。

③教学方式的有益探索

现在社会发展过程中的很多问题都和化学发展息息相关，因此在引导学生学习化学知识的同时，也可以从中加入社会热点问题，因为学生对于社会热点的关注性会非常强，而且这部分关注是出于主动性的，并不是被动接受的，这种关注方式能够有效调动学生的学习兴趣和积极性，而将这部分热点问题带入到化学知识的学习当中，一方面能够为学生更好地解释实施热点中的相关知识和内容，另一方面也能够让学生充分地了解和学习化学知识，并将其应用到实际生活当中，再者以科学的态度对时事热点进行深度的剖析，也有助于学生养成科学发展观念和正确的学习态度，为其终身发展和学习能力的培养提供了有效的途径。

（二）生活化教学理论综述

1.生活化教学的理论基础

（1）心理学基础

瑞士心理学家皮亚杰最早提出了建构主义。在他的理论中，强调的是学生的主动性、社会性、情境性。他认为：学习活动是在与身边环境相互交流的过程中发生的，学习者在此过程中逐步建立起对外部世界的认识，同时使自身得到发展。由于我们并不是独立存在的，而人人都有自己探索事物的方式，因此在学习活动中，教师和学生都应该注重交流与合作。学习不仅仅是自身对知识的认识和师生之间信息的传递，更重要的是学习者通过交流和合作对新旧知识和经验进行认识和完善的过程。因此，合作学习受到建构主义者的广泛重视。在认识活动中，每个人看到的事物都是不一样的，并没有统一的标准，学习者可以通过合作使认识和理解更加丰富和全面。在教学活动中，学习者可以在已有经验的基础上进一步学习新的知识，从原有知识经验中提高自己。总的来说，教学活动不只是知识的传递，更是一种处理和转换的过程。

在建构主义理论中，教师应该在教学活动中重视学生自身对事物的理解，尊重学生的看法，并根据对学生看法的理解引导学生调整自己对知识的认识，学生对知识的理解。同时，教师也要努力对新知识、新内容进行认识和改造，使其能有效地与学生的原有知识和现实世界进行衔接和沟通，促进学生对新内容的认识。教师是意义建构的帮助者和促进者，学生是意义建构的主动者，是学习信息并对其进行加工的主体。教师是学习活动的主导者和指导者，而学生则是学习的过程中的主体，承担监控学习和探索新世界的责任，最终实现学生独立学习的能力。

（2）教育学基础

生活中伴随着教育。19世纪瑞士教育家费斯泰洛奇提出了生活教育的概念；20世纪初，美国教育家杜威根据自己对当时教育的实际状况，提出了教育即生活的理念；中国教育家陶行知在杜威理论的基础上，结合中国教育发展现状，形成了生活教育理论。从此以后，生活与教育的关系、科学世界与生活世界的关系等逐渐得到广泛讨论。

作为美国著名的教育家，杜威先生是实用主义教育的创始人之一。他的思想主要集中在三个方面：教育即生活、学校即社会、从做中学。他认为教育就是生活和经验的改造，传统教育是把成人的标准强加给正在逐渐成熟的儿童。对于正在成长的儿童来说，尽管优秀的教育工作者希望可以通过运用艺术的技巧掩饰过程中的强制性，但还是必须灌输给儿童。杜威先生的理论，给予当时美国传统教育模式当头棒喝，打破了教育受制于课本的方式，整合社会资源，很大程度上提高了教育效率。实用主义教育理论在教育理论发展和现实教育活动的发展进程中都具有重要的意义。

二、化学"开放式"教学

我国现如今发展的客观情况在《国家中长期教育改革和发展规划纲要（2010—2020年）》（以下简称《纲要》）中是这样描述的："当今世界发展、变革较大，处于大调整时期。科技随着经济全球化和世界多极化的发展进步飞速，与此同时，人才的竞争也越来越激烈。在处于改革发展关键时期的我国，培养创新型人才、提高国民综合素质显得尤为急迫和重要。""这个时代是怎样的，这个时代需要的人才又是怎样的？"教育发展中必须思考和解答的问题：创新型人才是什么，创新型人才要怎样培养。国内外学者在对于到底怎样的人才算是创新型人才的问题上，看法比不一致。

他们的核心想法大致一样，同常规人才比较，创新型人才是与其相对应类型的一种人才，这类人才在取得创新成果的同时，还具备创新的能力、创新的意识和创新的精神；这类人才以全面发展作为基础，倡导个性自由发展。《纲要》中表明，教育改革的核心就是坚持以人为本、全面实施素质教育，坚持德育为先、能力为重、全面发展，这"三个坚持"需要在培养目标时做到。随着时代的不断发展，教育也需要随之进行变革，对学校教学中的课程也提出了新的要求。著名科学家R·布里斯罗是这样说化学这一学科的："化学是一门中心的、实用的、创造性的科学。"在学习化学的过程中，学生不仅可以从中体会到探索的乐趣，还能够掌握研究方法，同时还能够培养学生创新和实践的能力。开放性的创新活动，其创新思维也是发散性的，发展性的创新型人才需要采用开放性的教学模式进行培养，"开放式"课堂教学模式在高中化学上应用的研究，对新课改有重要的指导意义和实践价值。

（一）高中化学开放式课堂教学的内涵

培养逻辑思维能力在化学教学中尤为重要，仅仅是具有思维能力是不够的，还需要具备创造性思维、开放式教学，需要把思维能力和创新性思维有效地结合起来。

1.化学开放式课堂教学的内涵界定

开放式教学和封闭式教学是相对的一种教学模式，而化学的核心是"问题"，在化学教学中，开放式课堂教学的特色是用开放性问题进行引导。综上，化学课堂中采用开放式教学，是以"开放性问题"为教学内容，以开放性思维、开放性活动作为培养目标和方式的一种教学形式。

开放是指教学目标、内容、过程、方法、环境的开放，以及师生关系、学业评价的开放。化学开放式教学是一种教学形式、理念、文化和艺术，化学开放式教学有民主性、创造性、合作性、动态性的特点。化学开放式教学这一种教学模式具有两方面的含义：一是开放式课堂教学为学生提供了利于交流的活动环境，还为学生创造了开放的活动环境；二是让学生创新思维得到更好的发展，让化学学习的过程变得生动活泼，变得更加个性化，为学生提供更为广阔的创新思维天地。

2.化学开放式课堂教学的内涵释义及要素分析

开放式教学应该具备的基本特征有三个，分别为：学生的问题是开放的，学生自身和化学活动是一体的，学生的活动环境是开放的。所以，化学教学中开放式教学，在开放的环境中为学生提供交流合作的开放性问题环境，以及有利于探索学习的开放性问题情境，在解决这些开放性问题的过程里，在原有的认知基础上，学生通过开放式教学这种有效的教学模式，使得不同进度、不同水平的学生都得到了不同程度的发展、学习和情感体验。开放式教学模式内涵具有几个方面：

（1）教学目标开放

因为每个学生对于学习化学的能力不同，水平也有所差异，教学目标不能要求绝对统一，其理论意义是人道主义心理学的教育概念。在教学过程中，因为每个学生的学习状况、学习能力和水平是不一样的，所以，教师在教学中可以根据学生的不同情况，适当调节教学目标，如若大多数学生基础比较弱，可以适当降低教学目标，反之，如果学生整体水平较高，则可以提高教学目标，更好地促进学生学习。这就说明教学目标是动态的、可以调整的，从充分体现了群体的开放性。为了让学生在课余时间能够更好地进行思考、学习，课堂上的问题要能够进行延伸，给学生后续思考、发展留下更大的空间。目前我国的教学方式是群体教学方式，无法做到给每个学生都配备单独的教师进行单独授课。但是，教师可以根据学生的不同水平进行分层，为不同层次的学生设计不同的教学目标，设立的教学目标应当符合学生自身的学习能力，从而达到学生个体性发展的要求。

（2）教学内容开放

课本中的元素和体系是稳定的，这是教学的基础部分，但是对于教学内容的呈现可以是开放的，所呈现出来的角度、可扩展外延的知识元素是开放的，这样的课程观以及建构主义是后现代主义的表达。化学学习需要加强学生同社会发展的联系，课堂内容也要随着现代科技的发展而发展。教师可以根据学生学习中对知识的掌握能力以及学生的自我水平的情况，对教学内容和教学方式进行适当的调整，因材施教，让每个学生都能够感受到学习的快乐，并让学生懂得"活到老，学到老"的道理，在不断学习中，增加基础知识掌握量，增强自我学习的能力，化学教学的方式一定要遵循个性自由和开放性。

（3）教学过程开放

教师教学，要让不同层次的学生全部参与其中。在开放的教学过程中，让学生更好地进行动手实验，通过师生之间的互动，以及学生与学生之间的互动，更好地掌握知识，增加学生探索新鲜事物的兴趣。开放的教学不是为了追求形式上的开放，而是让学生有更多的时间和空间积极参与各种实验活动，从实验活动中更加愉快地学习。

（4）教学方法开放

教学过程中教师可以适当采取一些措施，能够帮助学生提高学习积极性，因为教学的方法应当是开放的。化学教师可以与其他学科教师在教学方式上进行沟通交流。现在化学教学中，大多数学生对化学实验兴趣浓厚，为此教师可以增加化学实验的次数，在实验过程中增加学生学习兴趣，发挥学生学习的积极性和主动性，使学生自主探索问题的本质。开放式学习方法，要求教师根据不同情况随机调整教学模式。

（5）师生关系开放

教师在教学过程中处于主导地位，教师传授知识给学生，教给学生学习的方法。而目前开放式教学要求教师尊重学生在教学中的主体地位，这是后现代主义的理论，要求师生关系是平等的、和谐的。希望教师能够和学生一起进行活动实验，同学生建立民主的关系，教学模式不再是单方面的"一言堂"，而是在和谐的环境中引导学生学习，让学生在课堂教学生敢于举手发言，提出不同的想法，学会独立思考，让学生成为课堂真正的主人。

（6）教学环境开放

目前教学一般都是在教室里进行，但是化学教学中存在许多有趣的实验，固定的授课地点限制了学生学习的兴趣，导致对一些教学内容学生无法更好地掌握。开放的教学地点可以让学生走出教室，进入实验室或者走进大自然，环境的转变会刺激学生学习积极性，通过各种有趣的化学实验，让学生更好地了解掌握课本之外的知识，学生在课后可以选择感兴趣的问题，进行深入研究，同时巩固了课堂上的知识。

（7）教学评价开放

教学评价可以通过教师教学后，学生对知识的掌握情况进行开放式评价，还可以通过学生对课后作业的完成情况、教师和学生之间的沟通交流、学生之间的互动等方面进行评价。

（二）高中化学开放式课堂教学模式

1. 高中化学开放式课堂教学模式的建构原则

对于化学开放式课堂，新课改提出了一些新的要求，新课改对高中化学开放式课堂的要求结合开放式课堂理论基础和内涵，需要遵守以下六个原则：

（1）开放性原则

开放性原则是最为基础的原则，全面的开放包括思想、行为、教学上的开放。教学的目标不是固定的，是可以根据学生的需求进行适当的修改调整。教学的过程、内容以及教学的方法都应该是开放的，这有利于学生个性、思维的发展，为学生以后的发展打下了基础。

（2）主体性原则

教师在开放式教学中占据主导地位，学生是课堂的主体，教师根据学生不同情况，创造开放性环境，促进学生个性化发展。在开放式环境中，学生可以更好地进行发散思考，而教师也可以从中反思自己教学中的不足，改变自己的教学方式，提高自己的教学水平，丰富自己教学案例。开放式教学能够让教师和学生在教学过程中共同进步。

（3）过程性原则

教师在教学过程中，应该起到引导作用，引导学生对课本知识进行思考，引导学生更多去探索课本之外的知识，使学生掌握学习的方式方法。学生在以后的学习中对第一次接触的新知识，可以通过独立推理、思考得出一个结论，然后发现结论中存在的问题，提出问题之后通过老师的引导，分析解决这个问题。在这个过程中，学生亲自参与其中，提高了学生思维品质，对学生认知发展起到了重要的影响。师生共同参与这个教学过程，是化学思维过程原则的一个体现。

（4）探究性原则

学生在开放的教学过程中独立思考的能力明显提升，同时出现了无法适合全体学生知识水平的问题，以及认知结构特点的问题，为了激励学生提出自己的想法，提高学生学习的兴趣，教师要为学生创造良好的问题环境和解决问题的办法，培养学生在教学中发现、解决问题的能力。

（5）合作性原则

以群体的发展为基点，实现个体在群体发展过程中的自我突破，而不是单纯的强调个体的发展，是开放式教学模式的追求。在教学课堂中需要通过合作来达到平等，课堂教学在开放环境中发挥了集体作用。开放式教学最主要的育人目的就是培养学生的合作能力，同时合作学习也是开放教学最重要的方法。

2.高中化学开放式课堂教学模式的基本环节解析

（1）确定开放目标，创设问题情境

①知识性目标及情境创设原则

"知识是一个结构支撑着创造性思维，他与信息并不相同，为思维提供判断框架。"这是来自英国的课程理论学家劳伦斯·斯腾豪斯对知识价值以及知识性质的认知。知识储备是学生思维发展的重要条件，支撑学生进行思考、探究。

最初进行教育的目的就是为了传授知识，教师把知识和学习知识的方式传授给学生或其他受教育的人，同时传授的还有对世界的认知方式。所以，至始至终知识的传递都是教育的第一要义。教学的目标需要教师和学生进行交流合作才能够完成，而不能只依靠教师一人完成。

开放式问题的设计是教师在课堂中的教学核心，在原有授课内容体系没有太大改变的情况下，要求教师改变自身对知识体系的认知和理解方式，创造新的理解方向，打破对知识的固有理解。教师在授课中需要做到，能够让学生提出问题，而不是学生什么问题都没有，一味地进行填鸭式教学，完全没有自己的思考。这就需要教师在备课时，思考如何创造问题的情境，引导学生产生疑问、提出疑问，从而进行独立思考、解决问题。教师要做到的是引导学生在课堂上进行独立探究思考，而不只是依据课程信息主线内容进行授课。

教师在进行深层次知识传授的同时，需要注意学生的知识掌握情况以及知识水平能力，进行合理选择。教学过程中所学的内容，虽然是课标规定的内容，但对学生而言都是全新的知识，学生学习认知有相同的动机，这样对学生获取新知识起到促进作用，提高学生学习的积极性。开放式教学需要教师引发知识点，不是所有难度的知识点都可以引发学生探索研究问题，要选择适合学生整体知识水平与知识能力的问题。实践能力和情感体验的加强是开放式教学的目的，由此可知开放式教学的目的已经不单单是思维能力了。

知识体现出来的仅仅是自身的信息，是一维的，而开放式教学要求知识情境的多维性。在教学过程中教师如果只是对学生进行知识的告知，那么整个教学过程就仅仅是一个传递过程，学生无法进行自主思考，这样就降低了教育的效果。这样一来，教师在设计教学教案的时候，应当考虑教学知识环境中的其他要求，可以在设计时加入更细节的过程，还可以加入能够吸引学生的情感方面的因素，使得教学情境丰富多彩，提高学生学习的乐趣，增强教育的效果。

②行为性教学目标及情境创设原则

开放式教学模式鼓励学生在课堂上对问题进行开放性、发散性的交流和思考，把培养学生的行为能力成为作为教育教学目标，让学生通过师生交流、产生交流更有效地将课堂上所学到的知识转化为能力，并完善自身的知识建构。

教学的过程中，教师根据学生自我能力水平，选择适合学生的行为内容结合课本知识配合实践活动进行，这样可以让学生在实践活动中通过自身的行为形成良好的意识、获取相对应的能力、素养，使学生在开放式教学中思维更加活跃，思维活性更高，对学生知识建构提供了更好的条件。

教师在教学过程中，要强调学生对知识体系的建构，在化学教学中，实践活动和动手能力也同样重要，教师需要帮助学生掌握分析问题的逻辑，使学生的行为能力是整体有效的，而不是单独的个体。行为能力在知识体系中具有构建性，而实践能力在其基础上呈螺旋式上升状态。对于学生行为能力构建，可以使学生丰富知识体系，更好更有效地提高学习效果。

③情感性教学目标及情境创设原则

情感性教学是教师在教育教学中通过语言、行为等承载教师情感的方式对学生进行教学的一种手段；情景性教学是教师与学生双向沟通交流的过程，可以增进师生之间的感情；可以促使学生养成良好的学习能力，更加快速有效地掌握知识，现代化教学技术与教学理念相结合，实现教师教书育人的目的。

学生在开放式教学的过程中，通过实践活动和教师的引导对知识进行探究，让学生在实践活动中感受到学习的乐趣，从中找到学习的动力，这样一来，学生学习不再只是因为家长和老师的推动，而是找到了自身学习的快乐，教育不是单纯地让学生死记硬背地掌握知识，而是希望学生获得对学习的动力，这样才是真正的教书育人，为学生今后的发展过程打下了坚实的基础。

首先，教师在教学过程中，不能一味地进行填鸭式教学，这种形式的教学学生无法参与其中，而且学生会产生抵触情绪，这样就不利于学生进行独立自主的思考、研究。为了养成学生的自主能力，教师在教学中应当选择实施情感教育。在情感教育实施过程中，培养学生自主发现、总结和自主能力的养成。

其次，教师在设计教学内容时，应当以学生为主体，增加真实的情景体验。在体验的过程中，学生增加了学习化学的兴趣，并了解到自主能力的重要性和意义所在。在情景性教学中，教师不仅要为学生提供真实情景的同时，还要使学生在真实情景中进行应用，促进情感的转化，提高学生学习能力。

在学生学习过程中，教师可以在语言方面进行指导，教师要换位思考，根据学生自身学习水平和学习能力的情况，为学生提供更好更有效的帮助和指导，这体现了言语指导的促进性。言语指导具有实效性，言语指导的时效性是指教师应该把握时机，并不是所有时间段，学生都需要教师的指导，也不是让学生马上理解问题，可以使学生先进行独立的思考，在学生解决不了问题时，对学生加以引导，帮助学生思考、解决问题。在解决问题过程中，学生增强了成就感，更加热爱探究的过程。

（2）设计开放问题，展开自主探索

有研究指出，开放性问题的设计不是一元性的，而是多元性的，不仅仅是教师需要进行开放式问题的设计与研究，而是需要学生与教师共同参与其中。教师需要同学生进行双向的沟通交流，对教师编写、设计的开放性问题进行探讨研究。教师可以根据学生的反应，对问题内容进行适当的修改调整。开放性问题，能够使学生利用课余时间，积极主动地进行思考探究，拓展学生的思维，促进学生知识建构，激发学生学习兴趣，提高学生创新性思维能力。在如今的教学中，多媒体教学已经逐步走进课堂，而互联网有丰富多彩的知识，能够拓宽教师的知识储备，同时，也能拓宽学生的知识面。在设计开放性问题的时候，教师应遵循以下原则。

①开放性原则

开放性原则，不再让学生局限于固定的思维模式中，而是通过学生思维的发散，对问题进行多方面的思考，寻找解决问题的新方式、方法。在这个过程中，能够培养学生创新意识和创新性思维能力。在教师教学过程中，教师根据学生知识能力的不同，以及知识水平的差异，进行教案的编写以及开放式问题的设计，要采取分层次教学的方式，而不是盲目的追求教学目标的统一。

②灵活性原则

教师在设计教学内容时，需要遵守灵活性的原则。设计不能是单一、乏味的，会使学生对课堂教学失去兴趣，降低了教育的效果。丰富多彩的、生动形象的教学内容，可以吸引学生的注意力，让学生注意力集中在课堂教学中，提高学生对于学习的兴趣，提高教育教学的效果，使学生思维更加活络。

③层次性原则

在设计开放问题时应当根据学生对知识掌握的不同，能力和水平的差异，分层次进行阶梯式设计，根据从简单到困难的方式，层层递进，让学生慢慢扩大知识储备量，帮助学生进行更深层次的思考，构建创造性思维。

④实用性原则该原则

化学知识无处不在，源于生活，适用于生活。教师在设计开放式问题的，可以根据生活中化学的运用，设计一些和生活相关的开放问题，然后引导学生进行思考、探索，这样可以使学生在生活中遇到化学的运用时，自主进行观察探索，有效避免学生对化学知识的运用局限于课堂和考试中，促使学生积极主动进行分析、研究问题，提高化学知识的实用性。

（3）合作交流讨论，建构新知结构

开放式教学在追求教育模式的开放的同时，还要注意对学生个体个性化发展的培养。每个学生都是不同的个体，不同个体之间相互沟通交流，使学生可以看清自身的不足和其他同学的优势，从而取长补短，完善自身的知识体系建构。开放式教学中教师经常会让学生进行小组讨论，这种方式可以集思广益，学生思维得到更好的发散，拓宽思路，更好地解决问题。合作交流对比个体活动来看作用更加明显，学生在此过程中进行分工合作，通过探讨问题、研究问题、提出解决办法、证实可行性、解决问题的过程，每位学生都获得参与感，反应更加快速，能够更加有效解决问题。

（4）反馈调节巩固，强化运用变式

在教学过程中，教师需要了解学生对知识的掌握情况，根据学生对知识不同的掌握情况，进行课堂巩固练习。依照开放性原则，应从高、中、低三个层次设计分层次课堂练习，最为合适。对于知识掌握能力较强的学生，在课堂知识的基础上，设计发展性问题，让优生进行更深入的研究；对于处于中间位置的学生，针对课堂知识中的难点和易错点进行设计，让学生更好地掌握知识点；而对于知识掌握比较薄弱的学生，设计最基础的课堂知识巩固练习题。课堂反馈对教师来说十分重要，教师根据学生对课堂知识掌握情况的反馈，对不同层次的学生进行针对训练，在巩固学生知识的同时，为还有余力的学生提供了发展空间。随着新课改的推行，习题的变式教学逐渐成为一种更高效的课堂教学常用形式，教师在设计课堂习题时，可以使用这种变式，使学生对知识的掌握更加快速且知识运用更加灵活。

（5）多维深化拓展，评价作业反思

在以往的教学中，对于教学问题的设计一般由教师设计，而在开放式教学中，可以让学生根据自己对知识、问题的理解，自行设计开放性问题。这就需要学生对知识有更深入的了解，系统地把握知识的内在联系，并能运用相关知识分析、解决问题。这样做不仅丰富了课堂教学内容，还能促使学生更加积极主动地思考、学习，提高学习效率。学生还可以在课下进行反思总结，在反思中进一步加固对知识的掌握，找到规律，总结这一类问题的解决方法。开放性地设计教学，可以让教师与学生进行双向的交流，教师在交流过程中可以根据学生提出的问题，适当进行修改，进行开放式的评价，实现开放式课堂的真正开放。

第三节 技能课堂——课堂教学技能与导入技能

一、化学教学案编写技能

教师在授课准备中，需要编写教学案。教学案形式表现为在同一张纸上编写教案和引导学生自主学习和自主探究的导学案。在内容上表现为以教师"教"、学生"学"为主要目标进行编写，让教师与学生的互动交流更加有效。在编写教学案的时，教师要注意设计教师和学生的教学、学习活动，达到教师"教"与学生"学"的一体性。

以学生为主体设计是教学案的根本，在设计教学案时要符合学生的认知能力和认知水平，让教案增强教师与学生间的沟通交流，使学生学习积极性提高，自主学习能力加强，解决学生在学习过程中的疑惑。教师目前所面临的问题是如何将新课改中的理念、方法融合编写到教案中。

1. 化学教学案编写的原则

教师最重要的是在教学过程中把学习的方法传递给学生。教师需要按照教学目标，根据教学资料进行化学教学案的编写。同时，根据学生知识水平和能力的差异，进行分层次的教学教案编写，可以让学生直观地感受到教学的重点难点，加快学生对知识掌握的速度，引导学生拓宽思维。

（1）主体性原则

教学案应当引导学生对课堂上的问题以及课下练习进行自主思考，依靠学生自身能力解决问题，所以教学案的设计必须确定以学生为主体，尊重学生，让学生做课堂的主人，掌握课堂交流、探究和思考的节奏。这是教案编写的主体性原则。

（2）探究性原则

教师需要在教学过程中，提高学生对学习的兴趣和学习的积极性。这就需要教师在编写教案时，增加学生感兴趣的问题，让学生对问题有探究的想法，再通过教师的引导，学生相互交流、发散思维、积极思考，从而解决问题。在解决问题的过程中，学生体会到学习的乐趣，从而提高了学习的积极性。

（3）启发性原则

在教案中增添一些可以让学生思维得到发散的问题，提起学生探究问题的兴趣，让学生积极主动地去解决问题，教师在引导学生解决问题的同时，应该对教学中的难点重点进行标注，着重讲解，再配合课下练习思考题目，让学生在自主学习过程中，思维得到了扩展，培养学生解决问题的能力。

（4）层次性原则

教师应当考量学生的接受程度，按照层次性原则，在设计教案时进行分层设计，由简单到困难，由浅显到深入，让不同层次的学生都可以得到相应的收获，对知识掌握较好的学生可以进行更深入的探索研究；中等程度的学生可以更好地掌握课程中的难点、易错点；对于学习比较困难的学生来说，可以更好地巩固基础知识。层次性原则让所有层次的学生都能体会到学习的乐趣，提高学生的自信心。

2.化学教学案编写的内容

教案是教师顺利开展教学活动的保障，教师根据教材和教学目标进行编写。教师着重对教材中的难点重点进行研究分析，在设计教案时根据学生可以接受的程度，结合教学难点重点进行编写。

（1）确定目标

教师在编写教案时应按照新课标对化学教学三方面的要求进行设计，分别是知识与技能、情感态度与价值观、过程与方法。教师通过教案向学生传达学习目标和学习要求，在设计教案时教师要结合学生的知识水平了解教学目标，让学生通过教学目标进行探索研究。

（2）确定学法

教学教案中应当涉及教学的方法、学习方法不是一成不变的，根据时代的变化、教学环境的不同，要进行修改设计。根据教案，学生找到适合自己的学习方法，自主研究或者寻求合作，共同构建知识体系，总结解决问题的规律和方式方法。

（3）确定教法

每个阶段都应该有不同的教学方式，教师要根据学生个体的差异，制定适合不同程度学生的教学方法。教案在设计时，着重引导学生创造性思维的发展和个性化的发展，引导学生自主学习，创造适合学生思维发展的开放式情境。

（4）确定栏目

教学教案中关于栏目的设计既要符合新课改课标的要求，又能够激发学生学习兴趣，符合不同水平的学生，适当调整教案内容，使教案成为教师和学生都喜欢的教案。

3.化学教学案编写的形式

备课是教师的职业劳动，它的基本任务是在把握课标、吃透教材、理解课标和教学指导。在了解学情的情况下，依据教学规律进行课堂教学的创造性设计。备课是上好课的前提和关键备课内容简洁实用，且必须紧扣学生的学习过程，成为"教"与"学"的有效载体。教师

（1）标头设计

标头设计一般可统一按如下样式设计："××学年度××年级化学备课组教学案"。课题内容：……；主备人：……；参与者：……；审核人：……；时间：……。一.教学目标：……；二.教学过程等内容。

（2）学习目标

准确把握课程标准，设定科学合理的教学目标，进一步增强目标意识，整合知识与技能、过程与方法、情感态度与价值观三维目标的学科要义，既要体现统一的要求和标准，

又要符合学生实际，使学生在展开学习活动之前就能知道学习任务，并紧紧围绕目标展开学习活动。

（3）重点难点

根据教学目标与内容确定教学重点，根据学生知识基础与理解能力确定教学难点，在教学过程中，要不失时机地引导学生感知辨析重点与难点知识，并依据学生的学习状况，灵活地调整教学重难点。

（4）预习模块

用心设计预习任务，认真检查预习效果，引导学生找到已会点和疑难点，依据自身经验进行预习，帮助学生形成自己独特的体验和感受，为掌握新知识做好充分准备，教师应依据检查情况，以学定教，及时调整教学方案，准确把握教学起点，使教学更具针对性。

（5）传授新知

精心设计课堂导入，有效激发学生兴趣，课堂导入的设计要能够引起注意，迅速集中思维铺设桥梁，衔接新知与旧知，揭示课题体现教学意图，沟通感情创设学习环境，在教学实践中，根据不同课型与内容，灵活运用导入方法，努力做到既有创意又切合学情的教学方式。教师在授课时要注意难易点的讲解，对于简单的、学生大都掌握的知识点，可以一笔带过对于教材中的重难点着重进行引导，引导学生相互进行交流讨论，合作解决问题；对于实在解决不了的问题，及时记录下来，汇总给教师，在后续的教学中，着重解决。

（6）课堂反馈

及时反馈课堂学习效果，诊断导向与激励评价功能。一般来说该环节设置3~5小题，用时10~15分钟。题目难度要适中，通过反馈练习，教师对学生知识掌握情况有大致了解，适当进行授课方式的调整，更好地让学生掌握、巩固知识。

（7）课堂小结

及时对课上知识点进行梳理总结，对这节课所学到的知识进行巩固，同时教师在课堂小结时，可以提出一些开放性问题，让学生巩固知识，并进行更深层次的探索研究。

（8）课后作业

整体规划作业方案，有效巩固课堂教学，根据教学内容精心设计课后作业题，准确把握内容的科学性，难度的层次性，题目的趣味性、合理性，注重举一反三，有效促进学生掌握知识形成技能发展，智力培养能力，养成良好学习习惯，坚决杜绝牺牲学生的身心健康，扼杀学生的学习兴趣的题海战术。积极倡导教师先做题后布置，有检查、有记录，及时分析学生作业中存在的问题，并针对存在的问题进行相应的矫正。通过作业批改与分析，掌握教学情况，反馈教学，反馈教学效果，调整教学措施。

4.思考和体会

（1）化学教案在编写时，应该让备课组每位教师都参与其中，每人分别设计相应的量，设计完成后，由备课组长进行审核，合作互助，设计更好、更有效的优质教案。

（2）设计教案过程中，注意学生对已学知识的掌握情况，设计一些巩固知识点的课后练习。对于新知识的设计，教师应当设计一些学生感兴趣的开放性问题，让学生根据教案中的问题，自主研究探索，最后引导学生解决问题。使学生体会到解决问题的快乐，提高学生学习兴趣和学习积极性。

化学教案是课堂教学最重要的部分，教师根据学生情况和课本知识点进行编写化学教案，为教学的质量奠定了基础。化学教案中对新课改标准的运用，可以提升教师综合能力，加强教师与学生之间的双向交流，加强学生对学习的兴趣和自主学习的能力，提高教学效率。

二、化学教学设计技能

教学设计是根据课程标准的要求和教学对象的特点，将教学诸要素有序安排，确定合适的教学方案的设想和计划。一般包括教学目标、教学重难点、教学方法、教学步骤与时间分配等环节。教学设计是课堂教学的重要环节，也是教师发展必不可少的内涵，它反映了教师的教育观、教学理念、教学能力，是教师专业水平和教学风格的重要体现。

现代教育理论认为，教学设计不仅是一门科学，还是一门艺术。一位优秀的教师，必定要有一定的教育策略，体悟其中的智慧，并将其运用到教育教学中来，促进自身的成长，提高学生的发展。教学之所以被理解为一门科学，是因为教学的过程需要严谨的逻辑思维和科学的教学方法，比如从准备教案、教学日历、讲稿、课件等工作开始，都需要理解整门课的教学目标和教学方案，从而有目的性、针对性地传授知识，达到良好的教学效果。而之所以将教学也理解为一门艺术，是因为教育工作者除了传授知识，更要热爱教育事业，热爱学生，所谓"身教胜于言教"，当老师要为人师表，用人格魅力感染学生们，除了教知识，更要教做人。在教育过程中，因材施教，有耐心无偏见地对待每一个学生，这些都是艺术。当然包括老师的语言、举止、风度，对于一个好老师而言，这些都是艺术。教师是一个人灵魂的点拨者，教师应精心的去做一个智者，把所见所闻、所思所想，巧妙地与教学结合起来，绘制成一幕幕令学生终生难忘的教学画面，孜孜不倦地灌输到学生的脑海中去。

1. 教学设计的原则

课堂教育是教育教学中普遍使用的一种手段，它是教师给学生传授知识和技能的全过程，它主要包括教师讲解、学生问答、教学活动以及教学过程中使用的所有教具、也称"班级上课制"。它是学习者、教师和教学内容三者之间的相互作用。所以教师应该转变教学观念，发挥自己的教育思想，进行创造性教学设计。

（1）主动发展原则

学生学习需要秉承积极主动原则，要求学习者在学习过程中充分发挥内在的积极性与主动性，做到自觉自愿地掌握知识与技能，开发智力与培养能力。要认真而有效地贯彻这一原则，师生双方都必须作出一定努力：其一，教师要经常了解学习者的现状，调查影响他们学习的各种不利因素，使他们不断端正自己的学习态度，明确学习目的，鼓励他们的自觉性、积极性和主动性；其二，尊重学生的个体差异，根据学习内容、学科特点与学习者的个性特征等，采取相应的启发、指引手段，激发学习热情与好奇心；其三，鼓励学生将所学知识运用到解决实际问题上，让学习者能自己动手动脑分析与解决现实问题，把知识技能直接转化为学习动力，这样既达到了理论联系实际目的，也激发了积极主动性。形成现代社会所需要的更高的读写能力、技术能力、终身学习的能力，促使每一个学生身心的和谐发展。

2.建构性学习原则

建构主义学习，主张学习是建立在原有知识和经验的基础上，是通过新旧知识与经验之间的相互作用，不断扩充、改造已有知识和经验的过程。在传统教学中，学生学习的主要任务是记忆概念、原理和事实，并会模仿解题。建构主义学习理论以学生为中心，强调学生对知识的主动探索、主动发现和对所学知识意义的主动建构，而不是像传统教学那样，只是把知识从教师头脑中传送到学生的笔记本上。以学生为中心，强调的是"学"；以教师为中心，强调的是"教"。这正是两种教育思想、教学观念最根本的分歧点，由此而发展出两种对立的学习理论、教学理论和教学设计理论。

（3）合作互动原则

互动教学是一种尊重主体性、体现创造性、追求人性化的教学。学生在教师的组织和引导下，一起讨论和交流，可以彼此取长补短，共同完成对新知识的意义建构。"面向生活世界，让教学与生活融为一体：舒展学生个性，学会沟通和分享，让互动与合作充盈着教学肌体"是师生互动教学的基本思想，是课堂设计的基本理念。贯彻合作互动原则，要求教师在教学设计中改变学习的某些形式和内容，选择具有挑战性的问题加以实行。

（4）科学性原则

一个质量较高且可以实施进行的创造性教学设计必须以科学性做保障。教与学有其本身的规律，对字词的教学、对阅读的教学、对写作的教学等，概括地讲对学生听、说、读、写能力的培养，他们都有其自身的特点，大致一篇文章的理解，小到对一个字词的理解，甚至某个标点符号的使用，我们都要用科学的眼光来看待，都要用科学的方法来研究，不能想怎么做就怎么做。没有科学进行教学，学生学得累，教师教得苦，事倍功半。教师要做一名研究型的教师，应该不断研究教法和学法，根据教与学的规律进行教学，课堂的效率才能提高，学生也才能学有所用。此外，还应从每次教学活动的实践中，结合效果来反思创造性教学设计的得与失，不断丰富成功的经验，提高科学性。

2.中学化学教学设计的编制

教学作为教学设计的核心目的，首先要设定好确切的教学目的，其次对实现教学目的的过程进行深入的研究，最后对教学目的实现的程度进行评价，通过对实现教学目的整个过程的各个部分进行思考和探究，由此确保教学目的的实现。

通常教学设计分为四个层面：课程层面、学期或学年层面、单元或课题层面、课时层面。在教学设计中课程层面作为教师在教学过程中的主要内容，是课堂教学影响占据最多的部分。

教学设计在实施过程中不是单项输出的，是需要教学对象的双向循环体系。教学设计的主要环节虽然是教学目标，但在整个实施的过程中容易受教学对象、教学内容以及教学效果的影响。

（1）教学目标设计

教学目标作为课堂教学的主要支撑和内容，对课堂的学习起到了调控的作用，并且可以直接决定教学的起点，对学生以后的发展速度以及规划方面具有重要影响，可以直接鉴定教学效果，换句话说，教学活动实施过后，教学对象需要掌握的课本中的内容以及实际技能，对学习应具有怎么样的态度，并且要用可观察、可测量的专业语句描述出来。

通过对课程目标的深入研究可以得出教学目标，所以课程目标应该体现在教学目标的方方面面，教学目标与课程目标的内容在一定方面是相同的，我们具体可以分别为三个方面：知识与技能，过程与方法，情感与价值观。教学目标的确定需要提前研究课程标准和教材，并且要切合实际，符合教学对象的基础，在此基础上进行知识技能的训练，促进学生心理上和身体上的全面发展。

在根据学生实际的学习情况下，教师对课程标准进行一个具体的分析。要求教师在设置课程目标时应与教学对象现有的基础相联系，将较为空泛的教学目标设置成具体的、有针对性的、可操控的。教师通过完成各个阶段的教学目标，最后实现整个课程目标。所以，每个部分设置的教学目标都是很重要的，对课程目标完成有很大的影响。

新课程理念指的是基于知识、技能、过程和方法会，并从情感、态度和价值观等几个角度联合构建起来的一种适用于化学教学的三维目标，这一目标能够充分体现课堂教学过程学生的主体作用，并且具体目标具有实践性和可操作性，是学生们通过课内学习或者课外学习能够习得的一种有关于化学学习的基本要求。

在制定教学目标时应注意以下几个方面的内容：

①教学目标须具有实际操作性

首先，教学目标应做到尽可能明确，可通过实际测量和实验来得到具体数据，否则无法得到具有公信力和认可性较强结论。例如部分教师在进行课堂设计时会写下"元素周期表"的课堂教学目标："培养学生由量变到质变的辩证唯物主义思想。提高学生分析、解决问题的能力。"这种课堂设计方式一方面无法准确把握课堂学习的主体，另一方面也无法对课堂教学效果进行精确评价。

②教学目标要从"学"的角度表述

传统课堂的开展方式都是以教师为主体，所以多是"以教定学"。然而，学生才是课堂学习的主体，毕竟所有教学效果的展示都应以学生们的学习效果来作为评价，因此制定合理的教学目标应从"学"的角度展开分析而不是从"教"的角度来进行表达。

③对于情感、态度与价值观的表述

因为帮助学生去建立一个具体的认知系统和情感系统需要较长时间，在这段时间里面。教师无法预测学生的情感变化趋向，所以，像是情感、态度、价值观等无法硬性要求的目标，学生只按照学校的要求去参加指定的活动就可以，对从中学习到的内容不做硬性的要求。

④教学目标应反映学习的多样化和层次性

对于教学过程中，学生们知识和能力的培养以及学习过程所使用的方法和学生对于学习的情感态度与价值观，这几个不同维度的培养都不应厚此薄彼，如果是仅重视某一方面的培养而忽视了其他方面，则必然会产生类似于偏科的现象，会导致学生们过分朝着某一元素进行倾斜，因此在教学开展的过程中，应注重对于各个层次的整合，协调好各个目标和模块之间的关系，既做到突出重点又能够兼顾全局，让学生在学习的过程中不仅仅学习到知识，还可以掌握到属于自己的能力以及不断完善属于自身的合理价值观。

（2）教学内容设计

选择教学内容时，应该先满足教学目标的需求，根据实际的目标需求选择与之相呼应教学内容，在满足教学目标的基础上，还要注意与选择教学内容的基础性、现代性、现实性相呼应，并且还要根据实际情况结合教学对象的基础。还要对教学内容进行分类，不同种类的教学内容具备不同的特征根据特征的不同。需要采取与之相对应的教学方法和方式。还有对将要学习的内容和已经学习的知识内容做比较和联系，既能巩固已学习的知识，又能预习将学习的知识。在教授化学知识的同时，还应注重于实际日常生活相联系，把化学知识与科学技术、社会环境联系在一起，帮助学生从多个方面理解知识，有利于培养学生多角度分析化学问题和解决问题的能力。

设计教学内容时需要在整个化学系统论的高度，既要充分研究化学的内容和结构，还要分析化学知识体系中学习知识内容的深度和广度，由此来确定教学内容的重点和难点。并且还要根据具体的进度情况和学生掌握知识的基础能力来判断教学的重难点。教材上的内容，不作为教学内容的唯一选择，正确的做法是把教材的知识内容作为一个目标，围绕教材的内容，从网络、现实、日常生活中再做选择和延伸，同时要根据教学对象的基础能力和接受知识的程度以及学校的教学条件对选择的方向做筛选和整合，由此形成一个完整的教学内容。

组织教学内容是教学设计中一项非常重要的工作，而组织教学内容还应注意以下几个方面的问题：

①教学内容的广度与深度一定要恰到好处，一方面使其能够促进学生们的全面发展，另一方面也应做到能够和学生们的实际水平相联系。

②教学容量一定要合适。如教学容量过高，非常容易导致学生们在短时间内无法完全消化应掌握的知识，甚至会导致学生们出现消极心理"破罐破摔"。

③教学内容还应突出重点，并对难点制定出合理的突破措施。对于大多数学生来讲，在学习化学相关知识时都存在浅尝辄止的现象，也就是在学习到某一处基础知识时，教师

只对停留在较浅层的或者表面的知识进行适当的点拨，而对于难度较深的知识，大多数情况都是靠学生们自己领悟和体会，或者通过拓展训练的方式来习得，这必然会导致学生们的知识和水平受到课本知识或教师教授知识的限制，不利于学生们的全面发展。

④教学内容在呈现方面一定要做到有层次性，循序渐进，其排列和呈现方式都要妥当，并在练习的配置和其他环节中都要进行精心设计。

⑤在注重加强对知识进行挖掘的同时，还要在教材中挖掘出蕴含着提升学生的智力和情商水平的内容，在提升学生们知识的基础上让学生们做到全面发展。

⑥教学内容也应具有层次性，对于不同水平和不同风格的学生应通过不同的方式予以对待。分类指导和分层次教学都应体现在教学内容的设计过程中。

（3）教学策略设计

教学设计的中心部分是教师策略的选择和制定。教学策略指的是为实现某部分的教学目标，所采取的各种教学活动形式，教学策略实施的各个因素主要是目的是为了解决教学方式的问题。在实际的教学过程中，教学策略通常作为实现教学方法和教学技能的过程，与其他的方法和技能相比具有特别之处。教学策略的失声促进教学方法的实现，教学策略具有一定的依据，它是根据具体的教学目标和教学理念的共同监控下实现的，所以教学策略具有"计课"的色彩。

教学策略虽然具有一定的根据，但不是一成不变的，需要根据实际情况以及学生的基础调整，因为实际情况是无法预料的、较为复杂的，所以教学策略具有很大的创造空间，同时也充分体现了教师的教学水平和教学智慧。

三、化学课堂导入技能

化学作为一门在生活自然生产过程都有依据的学科，在课堂的教学中通常会有很多贴近生活的奇妙知识点，有时候会产生很奇妙的化学作用。按照道理说，化学在学生中应该是"热度"较高的学科，但是在实际的教学过程中发现，对于刚刚学习化学的学生来说，学习这门课的兴趣很高，但是会在尝试过新鲜感和奇妙的化学反应后，触及了较为深入的化学内容和理论时，会出现打击学生学习化学的兴趣的情况。还有一个原因是当学生在做实验时，会接触到一些有毒物质。或者了解当操作不当造成不可估量的后果后。只能对化学产生一种畏惧的心理，久而久之就会疏远这门学科。很多教师会抱怨学生上课开小差，偏科等情况。梳理清楚具体情况不难发现，引导不当是学生疏远这门学科的一个主要原因。

在上课前后的几分钟里，由于受下课氛围的影响，快速进入到最佳的学习状态是很难的，通常教师喜欢用"在上一个课程中的学习中……"这种极其普遍的语言开始这一节课程，就会使学生陷入一种厌倦、麻木的情绪，白白浪费这一段时间。所以，教师想要提高课堂的学习效率，需要不断抛弃旧的理念，做到与时俱进，对怎样吸引学生对新课程产生浓厚兴趣做深入的研究，把握住上课开始的几分钟，调动学生学习的积极性和好奇心，从而最大限度地实现教学效果。因此抓住课堂开始的时间是非常有必要的。

1. 课堂导入的意义

导入也叫"定向导入"，即把学生的思维引入一个特定的问题情境中去的行为方式。好的导入可以激发学生学习的动机，调动学生学习的积极性，同时可以使学生学习的思维由浅入深，从而由表及里地、有层次地推动学生接受和理解新知识。相反，不合逻辑的导入会使教学内容支离破碎，缺乏系统性。

（1）激发学习兴趣，形成学习动机

导入可以激发学生的学习兴趣和动机，调动学生学习的积极性，使师生思维同步推动。学生进入学习状态后，教师要把学生的思维引导到一个特定的问题上来，适时的问题引导能激起学生强烈的学习兴趣和求知欲望，使学生始终保持后继学习的饱满热情和主动性。

（2）引起对所学课题的关注，进入学习情境

注意力可以引导学生的精神与外界的知识相联系。因此教师要帮助学生在特定的教学环境下集中注意力，并具有自觉性。事情存在本身都具有一定的联系，教学也也是如此，当进入一个新课题时，就代表着一个新的开始，而在课题伊始帮助学生回顾上一段课题引发的思考，并把他们的注意力快速集中到新的课题学习阶段，由此帮助学生迅速进入最佳的学习状态，有利于提高教学效果。如果毫无头绪地进入新一阶段，会让学生摸不着头脑，很长一段时间找不到重点问题，不利于学习效果的提高。

2. 中学化学课堂导入的常用方法

导入新课程时需要的时间较短，但它是教师和学生是否可以完成学习任务的关键。在新知识学习前创设一个新的情境，将知识导入到情境中，利用熟悉的实际情况将要学习的知识巧妙地设计在一起，这就要求教师对学生的学习基础、学习进度、接受程度有一定的了解，这些了解都来自教师平时的教学经验以及对学生的关注度。创设性的导入方式，将学习内容导入教学情境中，既是对课程教学的创新也是教学与时俱进的标志。

（1）复习导入法

复习导入是较为传统的导入新课的方法"温故而知新"说的就是这个道理，有利于知识间的衔接，使得新课与旧课之间的过渡十分自然。复习导入法便于学生巩固已学的知识，便于新、旧知识的联系，便于教师循序渐进地开展教学。它的设计思路是：复习与新知识（新课内容）相关的旧知识（学生已学过的知识），分析新旧知识的联系点，围绕新课主题设问，让学生思考，教师点题引入新课。

（2）实验导入法

化学的基础是实验，实验在化学教学过程中具有很重要的地位。在学习理论方面实验可以为学生表现更为直观的认识材料，帮助学生在其他途径加深对课本中的理论知识的理解和掌握，提高学生学习化学的积极性和主动性，让学生了解化学的神秘和奥妙，由此可以引出下一阶段的主题思路。他的设计理念是由教师或者是教师帮助学生完成实验，帮助学生观察实验结果，引导学生得出实验理论，解答学生的疑惑，由此引入到下一阶段课题

的讲解中。

（3）事例导入法

事例引入法是利用中学生强烈的好奇心，用日常生活中的化学现象创设问题情境，激发学生学习兴趣和探索欲望的方法。它的设计思路是：引导学生回忆在日常生活中见到的化学现象，围绕新课主题设问，让学生思考，教师点题引入新课。

（4）设疑导入法

"学起于思，思源于疑。"设疑导入法是教师通过设疑，以引起学生积极思考的方法，是一种有目的的思维导向。它的设计思路是：教师通过问题或实验等形式设置问题情境，让学生自觉思考，教师点题引入新课。

（5）类比导入法

有些化学概念看表面意思很相近，但其实是有很大区别的，对这种概念学生们比较容易混淆，对于概念的深入解释，只靠教师单纯地输出知识，效果不见得那么好，不如教师抛出一个问题，引导学生自行思考，帮助学生解答疑问，得出结论。类比导入法能够让学生在思考和讨论的过程中增加对化学概念的深入认识。

它的设计思路是：教师提出两个或多个表面相似而其本质不尽相同的化学概念，通过讨论组织教学，调动学生的学习兴趣，教师点题引入新课。如讲解"电解"内容时，可先让学生回忆电离的知识，然后再提出问题：电解与电离是否相同？如果不同，它们又有何区别和联系？再如"硝酸"的性质导入，先让学生回忆浓硫酸的化学性质，对比归纳出浓硝酸、稀硝酸的化学性质。

3. 体会与思考

在进入下一阶段的课题导入时，虽然只需要简短的语言，却可以使学生置于不同的情境和语境中，引导学生做出思考，帮助学生得出结论，不仅可以承接上一课题的内容，还可以引出新一阶段的知识。抛弃枯燥的惯例语言，新的课题导入可以提高学生的注意力和积极性，调动学生学习化学知识的自主性。教师在设计和实施的导入语言时，需要注意以下几个方面：

（1）导入的目的性与针对性要强，要有助于学生初步明确将学什么，怎么学，为什么要学；要针对教材内容和学生实际，采用适当的导入方法。

（2）导入要具有关联性。导入的内容与新课重点紧密相关，能揭示新旧知识相联系的结点。

（3）导入要具有直观性和启发性。尽量以生动、具体的事例或实验为基础，引入新知识、新观念。设问或讲述能达到激其情、引其疑、发人深思的目的。

（4）导入要有趣味性，有一定艺术魅力，即能引人注目、颇有风趣、造成悬念引人入胜。这个魅力很大程度上依赖教师生动的语言和炽热的感情。

（5）创设情境要自然，绝不能牵强附会。要善于发现、紧扣学生的认知冲突，使学生的求知心理和所学内容之间形成一种"不协调"，把学生引入与问题有关的情境中去，正面诱发和促进学生积极思维。

在介绍一些精彩的新课程时，有的课程是生动的、精彩的、富有感染力的，有的课程是直观的生动的、毫无预测的、充满悬念的，有些人讨论过去和现在，赋予新课程浓厚的兴趣和关注点，具有启发思考的作用。不管使用哪种方法，其目的是要求教师在教学过程中既要利用奇妙的、出乎意料的结果，吸引学生的注意力，又要紧扣课本知识内容。进行下一阶段课题的导入方法有很多，需要我们不断地与时俱进，推陈出新，探索出更多方式。

第四节 宏观课堂——课堂管理和调控

一、课堂问题行为的类型及其影响因素

课堂问题行为主要是指在课堂上做出与可能性的规范和教学要求相违背的行为，并且影响教学进度和教学效果的课堂行为。这样的行为不仅会影响课堂秩序和教学效果，还会危及学生心理和身体的健康。一个学生在课堂上的不良行为，不仅会影响到他自身的学习成绩，同时还会影响他身边其他同学的学习效果。通常情况下，一个学生的不良课堂行为会引起另一个学生的效仿，长此以往，诱发更多的学生效仿此类行为。这就是我们所说的病原体传染现象。他会逐渐蔓延到整个班级、整个学校，破坏课堂纪律，影响教学进度。课堂问题行为是教师最怕发生的，但也是经常遇到的。所以教师应该加强关注学生的学习状态，杜绝此类行为的发生。

现在来说，最常见的一种分类是通过学生的行为表现进行分类，可以把课堂分成两大类：一类是外向型问题行为，另一类是内向型表现行为，外向型行为最主要的特点就是易被别人察觉，直接破坏课堂规则，严重破坏教学进度。对于这一类行为，教师应该果断制止，严加管理，禁止此类行为出现在课堂中。

内向型问题行为主要特点是在课堂上不集中注意力、发呆、思考与课堂内容无关的问题；他们通常怕被提问、性格较孤僻、独来独往，不愿与同学沟通；对待作业不认真，抄袭其他同学作业等；甚至会出现迟到、逃学、早退等抗拒学校的行为。内向型问题行为不会轻易被老师发现，并且大多数行为不会直接影响课堂秩序。但是这类行为对教学效果有很大的影响，甚至对学生个人成长会造成很大的危害。所以要求老师在维护课堂秩序时，不能仅仅依靠表象的外部行为直接下判定，也就要求教师不能只约束外向性问题行为，对待内向型问题行为同样要严加管理，果断制止。

（一）学生方面的影响因素

大多数在课堂中出现的问题，大部分的原因都是学生的问题。其中最主要的因素就是

挫折。在平时的学习生活中可能会因为成绩的高低、同学关系的变化、教师对待课程的要求等表现出种种不适应，例如：紧张、焦虑、害怕等情绪，在一定情况的刺激下就会演变成课堂问题。

1. 寻求注意。研究发现，一些自尊感较强但因为成绩较差或其他原因得不到集体和教师承认的学生，往往故意在课堂上制造一些麻烦以引起教师和同学的注意。

2. 性别特征。在小学阶段，男孩活动量大，精力旺盛，喜欢探究，但他们的心理成熟程度和自控能力比同年龄的女孩普遍要低些，因而出现课堂问题行为的可能性要高于女孩。

3. 人格因素。学生的课堂行为问题在一定程度上与其个性心理特征如能力、性格、气质、情绪等也有联系。例如，内倾化的人格，常表现出抑制退缩行为，不愿与人交往，自我意识强，易受暗示。而外倾化的人格，则喜欢交际，迎合热闹，胆子较大，善于获取新事物，自制能力较弱，违反纪律的情况相对较多。

4. 生理因素。学生的生理因素也是常导致问题行为的因素之一，生理上的不健康（无论是短期的还是长期的）、发育期的紧张、疲劳和营养不良等都会影响学生的行为，这方面因素在日常学习生活中往往被忽略。另外，还有些学生的过度活动是由于脑功能轻微失调（简称 mbd）造成的，教师对这类学生更加关心，帮助他们掌握控制冲动的方法。

（二）教师方面的影响因素

课堂中经常发生的问题行为，表面看上去主要是学生的问题，但教师也脱不了关系，甚至有些行为是教师单方面造成的。如何让学生遵守课堂规则，形成良好的课堂秩序，必须是师生双方共同努力的结果。教师也须对自身行为进行反思和约束。通常来说，教师造成课堂问题行为的因素主要有以下几个方面：

1. 教学不当

教学不当指教师由于备课不充分，缺乏教学组织能力，或表达能力差而造成教学失误，进而引起课堂问题行为。常见的教学不当有教学要求不当，如对学生要求过高或过低；教学组织不当；如教学从一个活动跳跃到下一个活动时缺乏顺利"过渡"的环节，会使学生无法参与教学过程；如教师讲解不当，在学生面前讲课时显得无能、迟钝、笨拙，而且在一段时间里困在一个问题上，那么学生就有可在课堂上捣乱。

2. 管理不当

这可能是教师引起课堂问题行为的最主要因素。这方面最突出的问题是教师对学生的问题行为反应过激，滥用惩罚手段。如有些教师对学生的个别不良行为经常做出过激反应，动辄中断教学大加训斥，有的甚至不惜花费整堂课时间进行冗长的训斥，这种失当的管理方法往往会激化矛盾，使个别学生的问题行为扩散开来，产生"病原体传染"效应。还有些教师过于相信惩罚在解决问题行为方面的效力，常常不分青红皂白地运用各种手段对学生进行惩罚。研究发现，滥用惩罚手段特别是体罚或变相体罚学生，不仅不能很好地维持课堂秩序，还会大大降低教师的威信，甚至引起学生对教师的怨恨情绪，诱发学生攻击性的课堂问题行为。

3. 丧失威信

在学生心目中失去威信的教师是很难管好课堂的，丧失威信也是多方面因素造成的，前面提到的教学不当、管理不当也会造成教师威信下降。一般说来，以下行为的教师容易在学生心目中丧失威信：

（1）业务水平低，教学方法不好。

（2）对教学不认真负责，上课懒懒散散。

（3）对学生的要求不一致，说了以后不检查。

（4）向学生许愿，但总是不兑现。

（5）不关心学生，待人冷漠。

（6）缺乏自我批评精神，明知错了，也要强词夺理。

（7）带有偏见，处事不公。

（三）环境方面的影响因素

环境方面包括社会环境和校内环境，其中很多因素都会影响学生的行为，如网络、传媒、家庭环境、班级、朋友，甚至小到座位编排，教师的光感、色彩等。都会影响到学生在课堂上的行为。我们不难发现家庭环境不和伴有暴力和争吵事件的家庭，其孩子性格都较为孤僻，不愿与人交往，在课堂中的表现时不愿回答问题，胡思乱想等，甚至脾气暴躁，寻衅滋事。有研究发现，如果教室的墙壁和桌椅的色彩对比过于强烈，容易吸引学生的注意力，无法使他们集中精神，导致听课不专心。如果教室的温度过高就会是学生烦躁不安，学生在课堂上出现不友善的行为和学生间的冲突也会增加，导致课堂知识不稳定。

在实际的教学过程中，我们不难发现班级中如果人数较少，其课堂纪律则容易保持，教师在管理课堂纪律方面用时较少，对于人数过多的班级，教室面积固定，所以每个学生的个人空间就会相对应减少，学生之间难免会受到挤压，这通常是导致学生争吵主要原因。这个方面导致的课堂纪律不稳定，应该是教育工作者不能忽视的问题。

二、课堂纪律与问题行为的管理策略

（一）将一般要求变为课堂程序和常规

有效的课堂管理，实际上是在建立有序的课堂规则的过程中实现的。教师每天面对的是几十个性格各异、活泼好动的孩子，如果没有一套行之有效的课堂程序和常规，就不可能将这些孩子有序地组织在教学活动中。实践表明，教师适时将一些一般性要求固定下来，形成学生的课堂行为规范，并严格监督执行。这样做不仅可以提高课堂管理效率，避免秩序混乱，而且一旦学生适应这些规则后会形成心理上的稳定感，增强对课堂教学的认同感。

例如，音乐课上要求学生上课时随着教师的琴声一行行列队轻轻走入教室，在音乐声中向教师问好、坐下，下课后仍按小组队形踩着音乐节奏轻轻退出教室。这种要求一旦成为学生的行为习惯，就可以长久地发挥作用，产生积极的管理效益和教学效益。相反，如果一个教师不注意课堂规则的建立，只凭着不断提出的各种要求、指令维持课堂秩序，不仅管理效率低，浪费时间，而且容易因要求不当引起新的课堂问题行为。

（二）及时巩固课堂管理制度

一旦形成了课堂管理规则，就要及时反复巩固它，必要时还要加以修正。巩固管理制度的教师行为主要有：

1. 认真监控。

指教师应仔细认真地观察课堂活动，讲课时应始终密切注意学生的动态，学生做作业时教师要经常巡视全班学生。善于指导学生行为的教师应能在学生的不恰当行为造成混乱之前就有所察觉。

2. 及时恰当地处理问题行为。

教师只发现问题还是不够的，还必须采取一定措施处理问题行为，采取什么措施取决于问题的性质和场合。例如，有些学生静坐在座位上但不听课，看连环画或伏在桌子上睡觉但无鼾声，这类问题行为属于内向性的，它不明显干扰课堂教学，因此教师不宜在课堂里停止教学而公开指责他们，可以采取给予信号、邻近控制、向其发问和课后谈话等措施加以处理。有些学生大声喧哗、戏弄同学、扮小丑和顶撞教师，这类行为是外向性的，它们对课堂有较大干扰，教师必须通过警告、批评等措施迅速制止，必要时可以适当惩罚。

3. 灵活运用奖惩手段。

运用奖励手段，鼓励正当行为，通过惩罚制止不良行为，这是巩固管理制度，提高管理效率的有效途径之一。奖惩的具体办法有很多，如教师表情上的赞同与不赞同，表扬与批评，给予学生某种荣誉或取消荣誉等。在实施奖惩时须注意以下几点：一是根据实际情况灵活运用，以奖励为主；二是维护课堂规则的权威性，严格按规则实施奖惩；三是惩罚手段不能滥用，更不能体罚学生。

（三）降低课堂焦虑水平

焦虑是一种情绪状态，是一个人自尊心受到威胁时的情绪反应。适度的焦虑可以有效激励学生的学习，但焦虑过度则可能影响学生的学习成绩并导致问题行为。有效的课堂管理应该帮助学生在焦虑过度而尚未形成问题行为前降低焦虑的强度。调控学生焦虑的办法主要有两种：一是通过谈话了解、诊断焦虑的原因，然后诱导学生把造成焦虑的烦恼宣泄出来。二是针对焦虑的原因适当调整教学情境，如调整教学要求、进度，调整教学评价的方法或要求等。课堂中不仅存在着学生的焦虑，教师也会产生焦虑。通常情况下，课堂纪律问题是引起教师焦虑的重要原因之一。有些教师特别是一些新教师，由于缺乏课堂管理的成功经验，对学生纪律问题经常忧心忡忡，担心课堂上出现问题行为，于是常常采取一些生硬措施控制课堂，频繁指责训斥学生。这样做反而激化了矛盾，扰乱了课堂，进一步加剧了教师的焦虑。实际上，能否维持好课堂纪律，很大程度上取决于教师对学生的态度及教师与全体学生间的人际关系。教师如果能真正关心、尊重、爱护学生，了解学生的要求，讲求工作方法，学生反过来会维护、支持教师的工作，课堂纪律就容易维持，教师的焦虑水平也会大大降低，课堂管理效率会得到相应提高。

（四）实行行为矫正，开展心理辅导

行为矫正是用条件反射的原理来强化学生良好的行为以取代或消除其不良行为的一种方法。行为矫正的方法比较适合于较为简单的问题行为，例如上课爱讲话、好动等行为。行为矫正的具体步骤包括以下几点：

1. 确定须矫正的问题行为；

2. 制定矫正目标；

3. 选择适当的强化物和强化时间；

4. 排除维持或强化问题行为的刺激；

5. 以良好行为逐渐取代或消除问题行为。

心理辅导的方法有助于提高课堂纪律水平，形成良好行为习惯。心理辅导的主要目标是通过调整学生的自我意识，排除自我潜能发挥的障碍，以及帮助学生正确认识自己和评价自己来改变学生的外部行为。从这一点看，心理辅导是从内而外地做工作，它不像行为矫正那样完全以改变外部行为表现为目标，因而比较适合于调整较为复杂的问题行为。但心理辅导工作能否奏效，还取决于师生之间是否真正建立起了信任、融洽、合作的人际关系，能否展开真诚的思想、情感交流。因此，这项工作对教师的要求是比较高的，教师应注意提高自身素养，加强与学生的联系与交往，不断提高课堂管理效率。

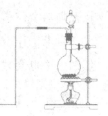

第七章 高中化学课堂有效提问研究

综观课堂教学提问的现状，我们不难发现虽然广大教师已经充分认识到了课堂提问的重要性，但是由于环境因素、自身专业水平等多方面因素的影响，在实际教学中课堂提问并不是都能达到预期的教学目标，其间仍然存在着大量的问题。那什么样的课堂提问是有效的？如何进行有效的课堂提问？本章将对此集中展开探讨。

第一节 相关概念界定

一、提问

"提问"一词在《现代汉语辞海》中被定义为："提出问题要求回答"，而在《现代汉语词典》中的解释是"提出问题不必要解答"，并特别指明提问主要是指教师对学生提问。本研究中的提问主要指在课堂上教师有目的地提供一些教学提示或向学生传递所学内容相关知识，以暗示学生做些什么，怎么做，从而引导学生积极参与课堂的活动，主要指课堂中教师对学生的提问，当然也包括在教师引导下学生对老师和同学的提问。

二、有效提问

"有效提问"的核心是"有效"。在《现代汉语词典》中"有效"一词的解释为："能够实现预期目的，有效果。"所谓"有效"在教学中包含以下两层含义：第一，对学生"有效"：可以促进学生在知识、情感、态度和学习能力等方面的全面发展；第二，对教师"有效"：可以提高教师的教学技能，促进其专业成长。据此，有效提问是指教师在深入了解教学内容和学生实际情况的基础上，精心预设问题，在教学中通过创设良好的问题情境，生成适当的问题以引导学生主动思考和参与对话，并能根据学生的反应可以及时、适当地做出评价的过程。

三、高中化学课堂有效提问

有效提问指提出的问题能使人产生一种怀疑、困惑、焦虑、探索的心理状态，这种心理又驱使个体积极思维，不断提出问题和解决问题。在高中化学课堂的提问不仅需要教师根据课程标准对教学内容有较深刻的认识，还需要根据学生实际掌握的知识水平进行设计。在化学课堂中，提问前要创造良好的情景，选择适当的时间提问，引导学生主动思考，帮助学生解答疑惑，同时按照学生的真实反应做出适当的调整和评价，最终目的是师生双方都得到较好的成长。

四、高中化学课堂有效提问的特征

在高中化学课堂中有效的提问相比于低效或无效的提问，作者通过对课堂的观察和分析发现。没有效率的问题，一般呈现以下特点。一是教师自己提问自己回答，问题并没有什么实质性的作用和意义，教师在课堂上提问时，顺带自己回答，导致学生对问题毫无印象。二是选择性的提问。教师在课堂上习惯使用是不是、对不对等疑问语句让学生在问题答案的选择过程中怀疑自己不够坚定。三是问题的难易程度设置不当。问题太简单，导致学生随口就会说出答案，毫无挑战性；问题太刁钻，就会打击学生解决问题的积极性。四是学生思考问题的时间不够。当教师在课堂中突出一个质量较高的问题，由于学生思考问题的时间过短，并没有实现预期抛出问题的效果，这也属于没有效率的提问。究竟什么形式、难易的提问才算是有效的提问呢？作者在借鉴相关资料以及课堂观察分析的基础上发现有些问题具有下面几个特征：

（一）有较高的知识关联度

所谓知识关联度是指教师所提出的问题和学生已有知识发生联系的程度。有效的问题一般都是教师在对外部现象或材料进行深入观察基础上，结合学生的已有经验进行分析、对比，再将二者进行充分关联，使之转化为学生有所知有所不知的问题。

比如在探究乙醇结构时，已经引导学生通过有机物的成键特点——"碳四键、氢一键、氧两键"推测出乙醇的可能结构简式：CH_3-O-CH_3 或 CH_3CH_2OH，学生已经知道金属钠保存在煤油中，而煤油是由多种碳氢化合物（C-H）组成的，金属钠可以和水反应。此时教师就可以引导学生从形成化学键元素的种类分析："煤油中存在哪些类型的化学键？""水中的化学键类型是什么？""金属钠能与水剧烈反应，却可以安静地被保存在煤油中说明它和哪种类型的化学键会发生反应？"。最后提出"对照乙醇的两种可能结构，如何设计实验去验证乙醇的真实结构？"。通过层层设问，教师将学生的已知和未知进行充分关联，学生在实验探究过程中，得到乙醇的真实结构。

（二）有较高的思维参与度

解决有效的问题，要求学生要具有丰富的课堂回答问题的经验，同时需要他们在回答问题的过程中依靠严密的思维逻辑，调动学生思考问题的积极性，发挥问题的实质作用。所以想要回答有效性问题，就需要学生调动多种思维模式和逻辑来解决这个问题。如果教师在实际讲解过程中，提出的问题不具备这个特点，那么和这个问题处在同一单元结构的其他问题必定会具有这一特征。

比如在进行苯的性质的教学中，学生通过实验观察可以得出这样的结论：苯在 $FeBr_3$ 的催化作用下可与液溴发生化学反应。至于反应类型，可引导学生进行如下探究："结合学过的有机反应类型进行猜想并写出可能的化学反应方程式""对比所写的化学反应方程式，分析其反应特点并比较他们在反应产物上有什么不同""如何设计实验方案探究该反应究竟是何种类型？"。通过一系列问题的设计，一步步指引学生去思考，教会学生思考问题的方法并引导学生设计实验去探究。在这个过程中，学生的思维被一连串的问题所激活，思维参与度明显提高。

第二节 高中化学课堂有效提问的理论基础

一、最近发展区理论

20 世纪 20—30 年代，维果斯基提出了最近发展区理论。在这个理论中他将学生的发展分为"现在"和"潜在"两种水平，其中"现在水平"指的学生在独立活动时所能解决的任务水平，"潜在水平"指学生在别人的帮助下才能解决的任务水平。"最近发展区"就是指两者之间的差距。在设计问题和对教师的课堂提问进行评价时，首先需要考虑的就是学生的最近发展区。问题的设计得太难，超出学生的最近发展区，学生就不会回答或对你的提问毫无反应，提问若都在学生的现有水平，尽管学生都可以准确、完美地回答，但对学生而言只是对掌握知识的简单重复，不利于学生思维能力的培养。只有适当超出学生已有认知水平的问题，才是真正有效的问题，才能使学生处于一种"愤""悱"状态，才能够激发学生思维，调动学生积极性，实现真正师生互动。

二、建构主义理论

当代心理学理论中行为主义发展到认知主义后的进一步发展之后就出现了建构主义，建主义被喻为是"当代教育心理学中的一场革命"。与行为主义所不同的是，建构主义更强调意义的生成，强调知识是动态、建构的，是学习者的知识经验在一定的条件下由内向外的"生长"，其过程不是被动的、机械的传递和授受，而是在学生的主动参与下积极地参与和对话。虽然前人已经建构好了化学的相关知识，但对于学生而言却是未知的。教师的作用就是引导学生学习前人的建构过程去建构自己的知识。在建构主义指导下的有效提问要在充分了解学生已有知识经验的基础上，为学生创设能唤起学生求知欲，激发学生学习兴趣的问题情景。灵活调节问题的难度和范围，使之符合学生的"最近发展区"能够给学生适时和适当正面的反馈，激发学生的学习兴趣。

三、问题教学法

问题教学法是随着新课改的实施而逐渐兴起的一种教学方法。其主要是指将教材上的知识点通过教师的情境设计以问题的形式呈现给学生，让学生在一系列发现问题和解决问题的思维活动中，实现对学生知识的掌握，技能的提高和自学能力的发展的一种教学方法。其主要过程可以分为三大环节：一是创造问题情境，让学生去发现和提出问题，并进一步明确要解决的问题；二是对问题进行探究，集合个人或是集体的智慧设计问题的解决方案并着手解决；三是对解决的问题进行反馈整理，并对问题进行质疑，进一步拓展延伸。这三大环节，教师在实际教学中可以灵活应用。课堂提问和问题教学法有相同之处，都是通过教师精心地预设问题的情境来激发和鼓励学生参与，最后相互探讨中来实现问题解决的一种教学活动。课堂提问的有效实施，需要问题教学法的指导，才能实现在日常的课堂教学中更好地设计提问，以引起学生思考从而培养学生的质疑精神和创新精神的目的。

四、课堂互动理论

课堂上的互动属于人际关系互动的一种形式，它主要表现形式是，在特定的时间和地点（课堂）以及特定的人群（师和生、生生）中，把平等对话作为基础进行特殊的沟通互动。其中包括师生双方在课堂上所展现的不同形式、性质以及程度的心理相互作用或行为的相互影响。课堂互动的主要形式是课堂提问，它的主要表现形式是通过教师和学生之间发生的语言行为以及非语言行为基础进行的互动。在课堂提问的过程中，教师的言语行为主要表现为教师的说话方式使用符号图形表示以及提问题并引导学生思路、解答问题以及获取知识的目的。学生的言语行为主要表现为学生向教师提问、思维模式以及教师解决学生问题的思路回答和讨论。在课堂中也会发生非语言的行为，它主要是指学生教师之间，或者学生与学生之间为解决问题所产生的肢体动作，面部表情和眼神等，这属于师生互动的一种重要形式，教师可以通过对非语言行为的观察了解学生掌握知识和解决问题的实际情况。

课堂互动理论对本研究的启示：教师应在平等对话的基础上，在提问过程中综合运用适当的言语行为和非语言行为与学生进行互动，同时对学生语言行为和非语言行为呈现出的信息进行整合，及时对问题的类型、难度和呈现次序进行调整，以提高课堂提问的有效性。

第三节 高中化学课堂中有效提问的实施策略

一、有效问题设计的策略

（一）选择适合的问题类型

提问的目的在于能够进行师生之间在课堂上的有效互动，促进学生们主动参与课堂，为课堂目标的实现提供途径，同时在这一过程中也可以培养学生的自主学习能力和主动学习能力。当然不同层次的问题对学生们的影响是不一样的，现在教育学研究报告告诉我们：高认知水平的学习活动更需要通过一定的外在因素来刺激学生的思维和发展，这体现在具体教学活动开展的过程中，可以通过教师每节课安排教学任务，并将教学过程分成多个教学片段，从技能和方法等多个角度入手，对这些教学片段进行逐个完善，并且在完善的过程中至少要涉及一个相对核心或者高水平认知的问题，针对这些问题进行随机提问。

在对乙烯的化学性质进行讲解时，可以首先让学生们观察乙烯的物理性质，准确地描绘出一些物质的颜色、状态、气味等，但是有关于乙烯的化学性质则无法通过直接观察的方式得到认知，如对于乙烯的水溶性缺乏感性的认知，教师就可以通过设问展开教学，再如如何通过实验的方式探究乙烯的溶解性的问题，设置这样的问题，一方面激发了学生们的好奇心，另一方面也可以推动学生们从正确的角度寻找探究问题的办法，促进学生整体思维的发展。

（二）控制问题的难易程度

在教育测量中，问题的难度可以用 $PH=1-P/W$ 来表示，W 课堂上学生总数，P 表示能正确作答的人数，难度 PH 在 $0\sim1$ 之间，PH 值越大，问题的难度越大，正常的问题难度应控制在 $0.3\sim0.8$ 之间，使多数同学通过努力可以获得正确答案。

而在具体的化学教学过程当中，首先要求教师能够充分地了解现阶段学生的水平和能力，并基于学生的发展水平来进行发展性的提问，让学生们通过努力得到对于客观事物的准确认知。首先，问题的难易程度一定要适合学生，并且不可将问题设置得太过容易，一定要让学生们在经过独立思考和团队协作之后得到问题的答案，这种问题的设置方式能够有效调动学生的积极性，并且逐渐养成学生们主动探究和合作学习的能力，推动学生主动思考；其次，对于部分难度较大的问题，教师应通过一定的方式来帮助学生们解决，如可以设置阶梯性问题，将问题的主旨设置为最高程度，从而达到解决这一问题的过程设置成多个阶梯，让学生们每攀登一个阶梯，则可以离真相更近一步。

如在讲解为什么往 $FeCl_2$ 溶液中滴加 $NaOH$ 溶液时会看到白色沉淀迅速转化为灰绿色，最终变为红褐色时，为帮助学生思考，我设计了如下一组问题：红褐色沉淀是什么？

在这过程中铁元素的化合价变了吗？发生了怎样的改变？那说明在这一过程中 $Fe(OH)_2$ 被氧化了还是被还原了？被谁氧化了？学生自然会想到是氧气。最后再深入提问你知道还有哪些试剂可以实现这一转化？转入实验探究部分，学生自然也就会跃跃欲试。这样做教师不但顺利地解决了问题，而且巧妙地引入下一个知识点，同时对学生思维能力的养成也有帮助。

（三）安排好问题的层次结构

按照布鲁姆（Broome）的问题分类标准，按照认知水平由低到高依次可将问题分为知识、理解、应用、分析、综合和评价六个层次。通常对于问题本身来讲并没有有效或者无效的区别，只要教师将问题运用得当，所有的问题都可以为学生们能力提升进行服务。当然在具体操作过程中，还需要基于教师的实际水平进行有效判断，部分教师的教学能力和教学水平较高对于问题的把控能力和对于问题的解决能力较强，所以设置的问题含金量也较高。这要求教师也要充分认识到自己的教学能力和教学水平，合理创设各种问题，并将这些问题按照科学的顺序进行提问，最终达到提升学生的认知水平和解决问题能力的效果。通常情况下，教师都会循序渐进地进行提问，首先提问一些水平和认知性较低的问题，通过这些问题能够对学生知识的掌握能力进行初步的判断；然后再通过设置一些应用水平的问题来考察学生们理论联系实际的能力和解决问题的能力；最后再通过分析与评价高认知水平的问题，实现学生的思想和能力的拔高。提问的最终目的是发展学生们的个人能力和水平，因此对于基础知识掌握较好的学生，可适当地增加高认知水平问题的占比。

（四）创设适宜问题情境

构建主义理论认为学生的学习活动总是在一定的情景下产生的，合理地设置情景能够有效地推动学生们学习兴趣和学习能力的提升，然而问题的设置一旦脱离了情景，则很难吸引到学生们的注意力或者引发学生的思考，因此在课堂教学过程中，教师应结合现有的教学内容合理地构建教学情境，让问题能够更加直观和更加鲜明的在学生面前进行表现，从而充分地调动学生们的认知精神和解决问题的态度，充分调动学生的思维的积极性。这对于教师的要求较高，要求教师在实际教学过程中善于运用自己的"发现之眼"，从丰富多样的生活中汲取素材，并运用在丰富多彩的化学实践教学当中，结合多媒体信息技术来进行更加直观地表现。

1.联系生活实际，创设问题情境

让学生们熟悉生产生活情景并在化学课堂上进行展示，能够让学生更好地体会到化学与生活的紧密联系，充分感受化学知识对于自身的重要意义和作用，从而有效地提高学生们解决问题的能力，激发学生们的兴趣和动力。例如苹果在削完之后如果没能及时吃掉，果肉就会发黄，这一现象也可用到实际教学当中。

对学生进行设问：你知道这是为什么吗？学生经过思考，但不一定会有结果。然后我又紧接着点拨：那你们知道 Fe^{2+} 和 Fe^{3+} 在水溶液中是什么颜色吗？经过这一点拨，学生自然知道原因，然后我又抛出：所以，市售的苹果汁一般都会添加一些还原剂。比如：维生素 C 来防止 Fe^{2+} 被氧化，那你知道除了维生素 C 之外还有那些常见的还原剂可将 Fe^{3+} 还原吗？进而引入 Fe^{2+} 和 Fe^{3+} 的检验与转化的教学。苹果削皮变黄是一种常见的生活现象，可能学生都见过，只是不知道具体原因，我现在把它引入课堂教学，学生自然兴趣浓厚，想一探究竟。

2. 利用化学实验，创设问题情境

化学实验的现象性更强，并且也具有较强的趣味性，能够充分调动学生们的好奇心和求知欲，例如：在涉及钠的氧化物学习过程中，笔者设计了"滴水生火"这个实验，并逐步引导学生来完成，再看到棉花团进行剧烈的燃烧后，学生们对这一现象感觉到非常惊奇，并且对于该现象的原因表现出非常好奇的态度，针对这一现象产生了各种猜想。最终教师就可以告诉他们如何完成这一实验，也就是在棉花团中包括了少量的 Na_2O_2 并针对这一现象来展开提问：Na_2O_2 究竟具有怎样的属性？如何准确地认知到 Na_2O_2 的属性？

3. 利用信息技术创设问题情境

现在的多媒体就是非常成熟，并且能够将动画、声音、图像和图形等因素进行再加工，并在投影设备上进行清晰的展示，这种展示方式能够有效地刺激学生们的各种感官，这种知识的传递方式具有非常强的感染力和真实性，能够有效地调动学生们的课堂积极性。教师在创建问题情境的过程中，也可以充分地利用多媒体技术，例如：在对 SO_2 的性质进行教学时，教师就可以引导学生们通过观看酸雨的危害相关报道来给学生们造成感官上的直接感受并对这部分感受进行提问：酸雨的主要成分是什么？而影响酸雨形成的主要因素是什么？

二、有效提问实施的策略

教师精心设计的问题能否在课堂上准确地发挥预期作用，其实很大程度上都是取决于教师的提问水平，因为涉及了被提问对象的个人能力，问题的水平能否和被提问者的个人能力相挂钩，将会对问题的反馈产生非常直接的影响，同时教师在课堂上的提问速度和学生回答之后，教师所给出的关于这一答案的处理问题方式也有非常直接的关系，因此教师在进行提问时，应格外关注以下几点：

（一）提问时机恰当

课堂提问必须把握准确的时机，并且依照教学进程的发展和学生们的思维过程而提出问题。因为学生们在遇到问题之后，往往会通过原有的方法和经验去解决问题，这就是所谓的思维定式，当然思维定式在多数情况下能够帮我们解决大部分问题，然而在遇到思维定式解决不了的问题之后，就需要教师进行正确的引导和提问。通过一系列具有启发性和层次性的问题，能够有效帮助学生们从不同的角度去思考和解决问题，从而提升学生们分析问题与解决问题的能力。

比如在设计实验验证补铁药中含有铁元素时，往配制好的待测液中滴加KSCN溶液并没有看到预期的血红色，怎么回事？难道这是一瓶黑心药？学生心里自然会产生疑问。这时教师在旁边引导学生分析，学生就很自然能够得出可能是二价铁的结论，然后教师继续追加提问那怎样检验里面加的是Fe^{2+}呢？学生自然兴趣浓厚，跃跃欲试。

（二）对象面向全体

提问过程中，学生们的最大参与度是评价课堂有效性的重要指标，并且在提问实施的过程中教师可以通过选择不同的表达方式来充分活跃课堂气氛，还可以在确定提问对象与确定解答对象这两个方面与学生展开互动，实现良性交互，增加学生们的参与感来最大限度地保障学生们的参与度。

表达方式指的是教师在提出问题之后选择学生作答的方式，如常见的方式包括提问前先指定某一学生对该问题进行回答，提问后学生自愿举手来进行回答，提问后学生一起回答，教师自问自答等。而经过实践证明，教师通过使用先提问再叫答的方式能够尽最大可能地保障学生们都参与到对于问题的思考过程当中。当然选择哪一位学生回答问题，也需要教师通过充分思考，选择回答的学生不仅局限于举手的学生，还要结合问题的难易程度来与该层次的学生进行对应，有选择性地提问学生，并在学生回答问题之后给予学生充分的鼓励和支持，这样不但能够增加大部分学生的课堂表现机会，同时学生也在被夸奖和鼓励的过程中提升了自信心，增加了课堂提问的有效性。

提问对象则指的是教师提出问题之后对于该问题回答者做出选择。这种方式也与上一种方式有共同之处，对于回答问题者的选择应基于问题的难易程度和学生对知识的接受情况，做到"因人提问"。基础较差的学生，可以回答难度较小的问题，重点是让这部分学生能够积极地参与到课堂活动当中，并从回答问题的过程中收获成功的乐趣，提高学生的自信心和学习的兴趣；而基础较好的学生，应回答难度相对较大的问题，并鼓励他们通过使用多种方式来进行解答，多角度和方位地思考问题，能够有效地提升学生综合分析问题的能力。这种分配方式能够让不同层次的学生都有机会参与到课堂教学的过程当中，并能够在课堂学习中得到成功的快感，从而让课堂提问更加有效地发挥其应有的效益。

比如，在展示一瓶变质的$FeCl_2$溶液后，设问：为什么溶液会变成浅浅的黄色？如何证明有Fe^{3+}生成？（刚讲过Fe^{2+}/Fe^{3+}的检验，问题较简单，主要面向中下等生）为什么会有Fe^{3+}生成？你的判断依据是什么？（主要针对中等生）如何让黄色溶液恢复成绿色？那么应该如何保存Fe^{2+}的溶液？是否有其他方法可以实现Fe^{2+}到Fe^{3+}的转化？（主要针对中上等生）这样分层次面向全体学生，就可以使各个层次的学生都有展示自己的机会，增大了课堂参与度，提高了课堂效率。

回答对象则指的是教师评价和反馈时面对学生的范围，因为学生在回答问题之后，教师要对该学生的回答状况进行评价和反馈，而评价的内容和方式应基于学生的具体回答内容，但是在针对这一问题进行反馈时，所需要面对的并不仅仅是该学生一人，而是面向全体学生。只有让学生们充分地感受到教师无时无刻不在关注自己才能够充分调动学生们参与课堂的积极性，这样也能够体现出素质教育的整体性，所以教师在反馈问题时应面向全体学生，让每一位学生都能参与到问题提问的过程当中，并且可以极大的提升后续如知识延伸和问题引导等环节的学生参与度。

（三）及时判断评价

对学生们所做出的回答进行及时的反馈是保障课堂提问有效性的关键，并且在具体实施过程中教师应注意以下几个方面：

1.评价方式多样化

教师在评价时应以鼓励性的语言为主，多用激励性评价，即使学生在回答错误的情况下，也应努力挖掘该学生回答中的闪光点，并给予该学生某一方面的肯定。例如在课堂上学生们表达了一些独特的见解或者对于问题的创新性作答时，教师一定要给这名学生以充分的表扬和鼓励，并通过一些接纳性或者探究性的评价来引导学生们展开进一步的思考，例如："可以说你这个思路很好，但是能具体说说你是怎样想到的吗？"通过这种语句来鼓励和支持他们提出更多具有创造性的想法。

2.评价形式多样化

当然在课堂评价进行的过程中，可以是教师对于学生们的评价，也可以是学生对学生进行评价，如果使用后者的话，教师只需要在评价最后进行点评和小结就能给在课堂的学生带来更多表达观点的想法和机会。这种方式不但能够激发学生思维的积极性，还能够有效地开发学生们学习的潜能。虽然多数情况下，学生之间的的评价，往往就有非常大的片面性，不像教师对学生评价的那样具体，但是毕竟是出于学生群体的评价，能够让被评价者听起来更加贴切，更容易被其他学生接受，因为他们之间的思维水平是一样的。当然在这一过程，中学生也能够加深对所学知识的理解，极大地锻炼了学生个体对于问题的分析能力和对于语言的表达能力。

3.评价尺度多样化

每一位学生的层次和水平不同，所以对这部分学生的评价制度也存在不同，对于成绩优秀的学生要求也要高，在对该学生进行评价时，评价的内容既要做到表扬，也要做到鞭策，多提更高层次的要求。例如："你的做法其实还可以再精炼一些"，再或者"不要骄傲自满，故步自封"；而对于成绩一般的学生则要进行更多的肯定，多鼓励这部分学生，让这部分学生能够清楚地认知到教师对于自己的期许。在评价这部分学生时可以通过说："我相信你能回答正确，大胆说出来，没有问题的"；而对于成绩稍差一点的学生，则应予以更多的激励，及时发现该学生在回答问题时候的闪光点，并对其进行表扬和鼓励，让这部分学生能够充分地认识到教师对于自己的关注和信心，并且帮助他们有效地克服自卑心理, 树立自信心。

(四) 恰当反馈引导

反馈指教师对学生的回答进行深入讲解的过程。这里包括两种情况: 一是当学生回答正确时, 教师可以对其进行适当延伸和追问, 或是请其他学生就答案提出更深层次的见解和补充; 教师也可以以不同的表述方法重复学生的观点和例证, 或是在随后的教学中应用或反复提到学生的观点, 使学生看到他对教学的贡献, 增强他的自豪感和成就感, 使之更努力地投入到对问题的积极思考中来。二是当学生答非所问或是回答不出问题时, 教师要以合适的方法对学生进行鼓励、启发和引导。启发和引导是由帮助学生给出答案的一系列暗示组成的, 当学生回答问题有困难时, 教师首先可以通过重复问题去查核一下学生对问题的理解是否明确, 然后在引导学生对已学知识的回忆和理解基础上, 让其明白解决问题所需的根据和理由, 进而应用所学知识解决问题。在这个过程中教师还可以进一步引导学生思考, 打开思维, 产生新的想法或对其原有想法进行判断和评价。

三、有效反思的策略

是否及时有效地进行反思, 是影响教师课堂提问的重要因素之一。在实际调查中发现能够及时对每节课进行反思的教师并不多, 能够专门将提问这一环节拿出来进行反思的教师更是少之又少。教师除了要注意及时反思之外, 还可以从以下几方面加以注意, 提高自己的反思水平。

(一) 反思时间全程化

传统的观念认为教师的反思时间是在实施课堂提问之后, 但是根据反思的观点, 反思的时间可以贯穿在提问前、提问过程中和提问后三个阶段: 提问前的反思主要发生在课前对提问的思考和预设上, 教师可以在上课前对照有效提问的标准对自己的提问设计进行修正; 提问后的反思主要是指教师对课堂上的出彩之处进行分析并找出不满意的地方并进行完善; 而课堂提问中的反思指的是教师在提问的实施过程中, 针对课堂提问的监控, 及时发现并解决提问过程中发现的突发问题。所以, 不同的反思时间具有不同的任务安排, 教师在提问的实践过程中应注意把握合适的反思时间进行适当反思。

(二) 反思形式多样化

教师反思的过程就是一个积极对话的过程: 与自我对话、与文字对话、与学生对话、与同行对话。按照教师对话对象的不同, 可以把教师反思的形式分为如下几种。

1. 自我反思

指的是教师与自我之间有关对提问设计的认识, 提问过程的监控与思考, 提问效果的评价与分析的对话。教师的自我反思可以贯穿在整个提问过程中, 主要是以课前预设的效果和评价标准为依据，一般是通过书写备课笔记进行反思，也可以结合录音、录像分析进行更加全面和细致的反思。

2．通过学生进行反思

课堂提问真正的服务对象是学生，课堂提问的最终目标也是为了促进学生的发展，这决定了教师在反思时应充分了解学生对课堂提问的反馈意见，主动征求学生对课堂提问的评价。教师可以通过课后找学生访谈，或是编制调查问卷来了解学生对课堂提问的感受和意见，充分发挥学生的主体作用，师生共同努力，提高课堂提问的水平。

3．通过同伴、专家进行反思

教师在反思过程中可能会存在一些不确定的因素，或是在过去的工作已经形成的一些固化的思想、观念，如对低层次问题的偏爱或是笼统的反馈评价，这些问题可能自己不易发现，或者明白自己存在的问题却不知道原因在哪儿，如何改善等，这时候就需要有同伴或是专家参与到自己的反思过程中来，对自己进行帮助和引领。教师可以利用微格教学或是录像的方法邀请同伴或专家对自己提问的某个特定方面进行分析和评价。

（三）反思内容全面化

为了提高自己的提问水平，教师必须对提问进行全面的反思。具体操作时可以参照有效提问的标准或是课堂提问的评价量表进行，从问题设计的理念和依据、提问语言、提问时机、提问对象的选择、课堂理答的方式、现场生成问题的处理等方面进行。不仅反思课堂提问中存在的问题，也要分析其中的闪光点，不仅要反思预设问题的处理情况，也要反思生成问题的生成环境和处理方法，不仅反思教师的提问也要反思学生的提问，通过反思逐渐形成自己的提问风格。

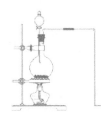

结 语

　　新课改的有效实施使得素质教育效果明显提高，高中化学教学方式有了明显的转变。在整个高中的化学学习过程中，教师需要提高学生学习化学的能力，重视学生实践的能力，全方面促进学生成长。

　　有效的高中化学教学方式是指教师通过研究教材的内容和学生自身的特征来安排和计划适合学生的教学模式，由此可以提高学生的积极性，并使学生对化学知识学习不断深入，从而创新学生的化学思维模式，提高学生各方面综合能力。改善高中化学教师的教学方式以及理念可以提高课堂的效率，使教师在教学过程中把学生当作主要部分，把教学模式中的人文性特征体现得淋漓尽致，由此提高学生在学习中的自觉性和积极性。课堂有效性的提高，有利于学生提高各方面的综合能力，帮助学生把理论知识与实践动手能力有效地结合在一起，由此促进学生的全面发展。

　　一节完整的化学课，除了要求教师与时俱进的教学理念以及切合实际的教学设计，更要求教师加强教学各个部分的衔接能力，充分利用课堂教学时间。相对于本专业的学生和新的化学教师来说，大学期间的学习帮助他们进一步提高理论水平，但是缺乏实战经验的他们往往在教学技能方面有所不足，这已经成为影响新晋教师教学水平的主要因素。本书旨在帮助化学专业学生以及新晋化学教师快速地掌握课堂基本技能，帮助他们提高知识水平和教学水平。

参考文献

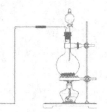

[1] 张丹，刘旭虹，杜芳，等. 基于创造性思维培养的高中化学实验教学创新审思与实践 [J]. 中小学教师培训 ,2020(10):55-59.

[2] 汪结锋. 在高中化学实验教学中培养学生的问题意识 [J]. 知识窗 (教师版),2020(09):92.

[3] 胡军辉. 高中化学"线上 + 线下"混合式教学探讨 [J]. 知识窗 (教师版),2020(09):33.

[4] 闫艳."互联网 +"视角下高中化学生活化教学的实践阐述 [J]. 学周刊 ,2020(30):47-48.

[5] 刘爱华. 基于微课的高中化学信息化教学探究 [J]. 科学咨询 (教育科研),2020(10):222.

[6] 戴广雄. 高中化学生活化教学的研究与实践 [J]. 科学咨询 (教育科研),2020(10):269.

[7] 茹珊珊. 信息技术背景下的高中化学教学探究 [J]. 科学咨询 (科技·管理),2020(10):206.

[8] 黄莉. 分层教学在高中化学教学中的应用探讨 [J]. 科学咨询 (科技·管理),2020(10):224.

[9] 马一卓，胡永涛. 核心素养视野下高中化学教学模式探究 [J]. 科学咨询 (科技·管理),2020(10):251.

[10] 斯国平. 高中化学实验教学探究 [J]. 科学咨询 (科技·管理),2020(10):256.

[11] 廖艳琴. 学科核心素养视角下的高中化学实验课教学策略解析 [J]. 学周刊 ,2020(29):23-24.

[12] 马玉虎. 基于发展学科核心素养的高中化学教学实践与思考 [J]. 学周刊 ,2020(29):29-30.

[13] 代小慧. 高中化学教学中"以学定教，以教导学"的运用 [J]. 学周刊 ,2020(29):99-100.

[14] 张生安. 探究实验在高中化学教学中的应用 [J]. 试题与研究 ,2020(27):178-179.

[15] 涂永坤. 核心素养下高中化学元素化合物教学方法分析 [J]. 名师在线 ,2020(27):6-7.

[16] 孙业颖，武冬梅. 短视频在高中化学教学中的应用 [J]. 基础教育论坛 ,2020(28):49-50.

[17] 张娟. 高中化学实验探究式教学模式的构建策略 [J]. 知识文库 ,2020(18):167+169.

[18] 惠鹏军. 核心素养背景下高中化学课堂教学探讨 [J]. 学周刊 ,2020(28):17-18.

[19] 蒋宝红. 核心素养背景下高中化学课堂教学策略分析 [J]. 学周刊 ,2020(28):25-26.

[20] 邓建余. 基于核心素养的物质结构与性质教学策略分析 [J]. 学周刊 ,2020(28):29-30.

[21] 邓小双 . 学科素养引导的高中化学"离子反应"教学探索 [D]. 四川师范大学 ,2020.

[22] 盛林娟 . 发展高中生"科学探究与创新意识"素养的化学实验选修课的案例研究 [D]. 四川师范大学 ,2020.

[23] 尹梦宇 . 高中化学教学中渗透绿色化学思想的教学策略研究 [D]. 沈阳师范大学 ,2020.

[24] 梁珊 .STSE 背景下高中化学生活化教学实施现状调查与研究 [D]. 伊犁师范大学 ,2020.

[25] 石凯歌 . 高中化学课堂新手与专家教师问题链教学的对比研究 [D]. 伊犁师范大学 ,2020.

[26] 王雪晨 . 基于绿色化学理念的高中化学教学设计与实践 [D]. 喀什大学 ,2020.

[27] 赵立新 . 高中化学"物质结构与性质"模块教学实施的调查研究 [D]. 河北师范大学 ,2020.

[28] 冯晓茜 . 基于微课培养高中生化学核心素养"证据推理与模型认知"的研究 [D]. 内蒙古师范大学 ,2020.

[29] 鲁桂妮 ."五线式"教学模式在高中化学教学中的实践研究 [D]. 内蒙古师范大学 ,2020.

[30] 尚九梅 ."情境探究 – 建构图式"教学法在蒙授高中化学必修课程教学中的实践研究 [D]. 内蒙古师范大学 ,2020.

[31] 李欣 . 基于四线式教学模式的高中化学教学案例研究 [D]. 内蒙古师范大学 ,2020.

[32] 王娟 . 核心素养视域下高中化学课堂教学评价指标体系的构建 [D]. 内蒙古师范大学 ,2020.

[33] 王静 .STSE 教育理念下培养高中生"科学态度与社会责任"核心素养的教学实践研究 [D]. 内蒙古师范大学 ,2020.

[34] 江美丽 . 高中化学"非金属及其化合物"学习困难测查及教学对策研究 [D]. 内蒙古师范大学 ,2020.

[35] 王丽 . 基于"5E"教学模式的高一化学教学设计与实践 [D]. 内蒙古师范大学 ,2020.

[36] 梁安然 . 民族特色情境教学设计在高中化学中的实践研究 [D]. 内蒙古师范大学 ,2020.

[37] 段永红 . 反思性教学在高中化学实验中的实践研究 [D]. 内蒙古师范大学 ,2020.

[38] 罗东 . 新高考背景下高中化学素养类校本教材开发与应用研究 [D]. 云南师范大学 ,2020.

[39] 字娟娟 . 层级互动教学模式在高中化学教学中的研究与应用 [D]. 云南师范大学 ,2020.

[40] 吕梦 . 高中化学走班制分层教学模式的实践探索 [D]. 内蒙古师范大学 ,2020.

[41] 孙佳林 . 高中化学教师教学表现的表征、测量与评价研究 [D]. 东北师范大学 ,2019.

[42] 刘前树 . 基于化学素养的高中化学知识教学研究 [D]. 南京师范大学 ,2011.